KB069631

8 상담 및 심리치료 이론 시리즈

교류분석상담

김장회 · 이영호 공저

Theories of Counseling
and Psychotherapy

학 지사

머리말

국내에 교류분석이 소개된 1980년대 중반 이후, 일부 지역에서 소규모로 이루어지던 교류분석 관련 활동이 최근 들어 왕성하게 이루어지고 있다. 한 예로, 교류분석과 관련한 대표적 학술단체인 한국교류분석상담학회(KTACA)의 정회원 수가 2019년 1월을 기준으로 2,500여 명을 헤아리고, 이 학회에서 발간하는 학술지가 한국연구재단 등재(후보)지로 선정될 만큼 급격한 성장세를 보이고 있다. 이는 교류분석이론이 상담, 교육, 조직 등의 여러 영역에서 유용하게 활용되고 있고 그 효과성 또한 입증되고 있음을 의미하는 것이기도 하다. 하지만 이런 성장세에도 불구하고 교류분석이론에 관한 국내 학자들의 저작은 찾아보기가 어렵다. 대부분 역서에 그치고 있는 현실을 안타까워하던 시점에 학지사가 기획한 '상담 및 심리치료 이론 시리즈'에 교류분석상담을 소개하게 되어 가슴 벅차게 생각한다.

이 책은 교류분석이론을 토대로 상담에 관심이 있는 사람들을 위해 쓰였다. 특히 이 책의 저자들은 Ian Stewart의 상담 모형을 국내 내담자들에게 적용해 본 후, 이를 국내 상담현장에 보다 적절하게 적용할 수 있는 모형을 개발하였다. 이를 바탕으로 교류분석상담 실제에 대해 시작부터 종결까지 저자들이 직접 다룬 사례를 중심으로 구체적이고 쉽게 소개하고자 하였다. 그리하여 교류분석을 공부한 사람들에게 필요한 실제 상담 진행 가이드북으로서, 나아가 상담 과정에 필요한 구체적 개입 전략과 기법을 책에 있는 순서대로 적용해 볼 수 있도록 실용성을 제공하고자 노력하였다.

이 책은 모두 8장으로 구성하였다. 전체적으로 교류분석의 철학과 개념에 관한 개략적 이해와 이를 교류분석상담의 실제에 어떻게 적용하는지를 소개하는 것에 많은 중점을 두었다. 저술 과정에서 교류분석의 여러 개념이 번역자들마다 상이하게 소개되고 있는 것을 어떻게 표현할 것인지에 대해 상당한 논의가 있었다. 고심 끝에 저자들의 합의하에 '각본매트릭스'는 '각본모형'으로, '재결정'은 '재결단'으로, '라켓시스템'은 '라켓체계' 등으로 새롭게 표기하였다. 즉, '매트릭스'는 '모형'으로, '시스템'은 '체계'로 표기하였으며, '초기결정'은 그대로 '결정'이라 하되, '재결정'은 '재결단'으로 표기하였다. 전체 내용 중 특히 1장은 Eric Berne에 대한 독자의 친밀감을 높이고자 영화 속 Berne의 삶을 내레이션하는 방식으로 서술하였다. 특별히 Carol Solomon이 Berne에게 받은 생생한 상담 경험 속에 인간적이고 훌륭한 치료자로서 Berne의 면모와 3P(Permission, Protection, Potency)가 어떻게 실천되었는지 상세한 소개를 하였다. 1장 전체에 대한 검토 및 자문을 해 주신 한국통합TA연구소 박미현 대표님께 깊이 감사드린다.

그리고 수차례 교정과정에서 내용 검토와 수정 작업에 도움을 준 경상대학교 교육학과 정귀임 박사에게도 감사드린다. 특별히 심리치료 이론 시리즈에 교류분석상담을 소개하는 탁견을 내려 주신 학지사 김진환 사장님께 존경과 감사를 드리며, 원고 편집과 교정 작업 전반을 세심하게 진행해 준 백소현 차장님께도 감사드린다.

아무쪼록 이 책이 우리나라 교류분석상담의 발전에 기여하는 작은 주춧돌이 되기를 기대한다. 막상 책이 출간된다고 하니, 당초에 가졌던 기대와 생각을 모두 담아내지 못했다는 아쉬움이 든다. 앞으로 지속적으로 보완해 나갈 생각이다. 이 책이 나오기를 응원해 주고 기다려 준 학도들과 교류분석을 사랑하는 모든 분께 이 책을 바친다.

저자 일동

차례

1장

Eric Berne의 생애와 교류분석

1960년 후반 Eric Berne이 살던 캘리포니아의 카멜(Carmel)은 보헤미안 스타일[1]과 예술을 즐기는 사람들이 모여 사는 편안한 분위기의 오래된 도시였다. 그곳에서 Berne과 Fritz Perls[2], Virginia Satir[3], Goulding[4] 등은 차로 한 시간 정도의 거리에 살면서 친구이자 경쟁자, 가끔은 서로 비판자가 되기도 하는 관계로 지냈다. 그들의 공통점 중 하나는 오래되고 느린

---

1) bohemian style: 자유분방한 생활을 즐기는 유랑인 보헤미안의 의상을 가리키며 집시 룩과 같은 뜻이다. 전체적으로 헐렁한 분위기로 옷을 겹쳐 입는 스타일이나 스페인 풍의 룩이 특징이다. 현대적인 이미지와도 통한다 해서 많이 채택되고 있다. 집시 프린트 등 이국적인 무늬도 그 특징의 하나이다.
2) Fritz Perls: 정신과의사. 게슈탈트 심리치료의 창시자.
3) Virginia Satir: 사회복지사. 경험적 가족치료 모델의 창시자.
4) Bob Goulding: 정신과의사. 교류분석이론가. 재결단 치료 학파의 창시자.

정신분석 방법과 정신분석가들에게 염증을 내고 있는 것이었는데 그들은 "노 히트, 노 런, 노 에러(No hits, No run, No errors!)"라며 수동적이고 오랜 치료기간이 걸리는 정신분석치료를 비난하곤 했다. 그들의 목표는 가장 빠르고 효과적이며 특정계층에 국한하는 것이 아닌 모든 사람에게 적용이 되는 심리치료를 개발하고 발전시키는 것이었다.

그들 중 Berne은 인간의 성격과 사회 행동에 초점을 둔 이론을 개발했고 이것을 '교류분석(Transactional Analysis: TA)'이라 불렀다.

Berne은 세미나에서 종종 "난 모든 집단상담 회기를 시작하기 전에 어떻게 '오늘' 이 사람들을 치료할 수 있을까? 하고 스스로에게 질문을 합니다."라고 말하곤 했다. Perls의 워크숍에 참여했던 Bob Goulding은 단 한 회기의 참여에서 자신의 인생이 바뀌었다고 이야기를 했다. Satir 또한 네다섯 번의 회기에 전체 가족을 변화시켰다. 이들이 개발하고자 했던 빠르고 효과적인 심리치료는 오늘날 많은 심리치료사가 배우고 사용하는 치료기법이 되었다.

모든 심리치료이론에서 창시자의 성격과 개인적인 세계, 어린 시절의 경험, 당시의 사회 환경은 그 이론에 영향을 미치고 이에 대한 연구는 이론이 발달하게 된 배경과 창시자가 가진 약점까지도 알려준다(Atwood & Stolorow, 1979). 그런 의미에서 Berne의 일생을 재조명해 보는 것은 교류분석이론을 학습함에 있어서 큰 의미가 있다. 이에 본 장에서는 교류분석이론의 창시자이자 주요 학자인 Berne의 생애사를 중요한 의미를 가지는 몇 단락으로 나누어 조명하고자 한다.

1. 어린 시절과 성장 경험

Eric Berne(1910~1970)은 1910년 5월, 캐나다의 몬트리올에서 의사인 아버지(David Hiller Bernstein)와 문학적 재능이 풍부한 전문작가이자 편집가인 어머니(Sara Gordon Bernstein) 사이에서 1남 1녀 중 장남으로 태어났고 Leonard Bernstein(애칭 'Lennie')이라고 불렸다. 그의 여동생 Grace Bernstein는 5년 후 태어났다.

Berne의 조부들은 폴란드와 러시아에서 캐나다로 이민 온 유대인들로 조부 중 한 사람은 러시아의 근위병 장교였으며 친조부는 원래 직물 디자이너였으나 이민 후 검안에 관심이 많아서 검안사가 되었다. 그리고 근시와 노안으로 고생하는 사람들에게 양심적으로 안경을 만들어 주면서 주변인들에게 안경사(glass man)로 불렸다. 그는 일종의 의사처럼 사람들의 안경이 잘 맞지 않으면 맞을 때까지 고쳐 주곤 했는데 이런 영향으로 Berne의 아버지는 의사가 되었는지도 모른다.

Berne은 『What do you say after you say hello』에서 "내 인생의 의미는 내 부모를 통해 나에게 전해진 내 조상들의 오래되고 영광스러운 전통을 따른 것에 있다. 비록 내가 음악을 연주하는 시늉만 했다 하여도 내가 직접 작곡한 음악보다 그 전통의 음악이 더 달콤했다."라고 하였다.

Berne의 부모는 모두 캐나다 퀘벡주에 있는 전통 있는 명문 맥길(McGill) 대학을 졸업하였는데 Berne은 의사였지만 스스로의 정체성을 'Writer(책을 쓰는 사람)'라고 생각하였고 이는 어머니인 Sara의 영향이 컸던 탓이다. 그의 어머니의 이름은 아직도 몬트리올 고등학교에 새겨져 있을 만큼 뛰어난 성적으로 맥길 대학에 진학하였고 장학금을 받고 학교를 다녔다.

Berne이 어린 시절 살던 집은 73. Ste-Famille St.에 있는 3층의 아름다운 주택으로 '의사선생님 댁'으로 불렸다. Berne의 아버지는 집에서도 치료실을 운영했지만 왕진도 나갔으며 몬트리올 게토(ghetto)에 헤르츨 진료소(Herzl Dispensary)라는 유대인 이민자와 유럽의 집단학살에서 탈출한 난민을 위한 무료 진료소도 운영하고 있었다.

Berne의 어린 시절은 아버지의 사망 이전과 이후로 분명하게 달라졌다. 그가 50대 중반에 저술하였던 『몬트리올에서의 어린 시절(A Montreal Childhood)』에는 왕진을 나가는 아버지를 따라다녔던 경험이 자세하게 기술되어 있다. "아버지의 왕진을 따라가서 기다릴 때 친구들은 나를 랍비나 목사의 아들처럼 대하였다. 내가 무관심하게 있어도 그들은 나를 특별하게 여겼다. 나는 나도 언젠가 의사가 될 것을 막연하게 예견했다. 그래서 아버지의 왕진이 끝날 때까지 그들과 어울려 놀지 않고 차에서 기다렸다." 의사인 아버지를 가진 것은 그에게 특별한 의미의 특권이며 자랑이었다. 그러한 Berne에게 겨우 아홉 살이었던 1918년에서 2년 동안은 매우 슬프고 힘든 시기였다. Berne의 아버지는 당시 유행하던 스페인 독감에 걸려 2년간 투병하던 끝에 사망하였다. 마지막으로 Berne이 아버지를 보러 방에 들어갔을 때 그는 Berne의 손을 잡고 "네 동생과 엄마를 잘 돌봐줘야 한다."고 부탁을 했고 이것이 마지막 유언이 되었다.

Berne의 인생에 가장 큰 영향을 끼친 사건 중 하나인 '아버지의 죽음'으로 인해 가족은 점차 심각한 재정적 위기에 놓이게 되고, 그의 어머니는 지역 유대인 신문(The Chronicle)의 기자로 일자리를 구했다. 집을 세 구역으로 나누어서 세를 놓았고 Berne은 다니던 사립학교를 그만두고 공립학교로 옮기게 된다. 그는 비록 어렸지만 아버지가 남긴 말을 가슴에 새기며 가족이 자신을 의지할 수 있도록 최선을 다했다. 아버지의 장례식에서 "아버지의 관을 뒤에 두고 앞으로 걸어나가는 것이 남자가 할 일이다."(Berne, 2010, p. 98)라는 것을 상기한 Berne은 어렸지만 1년간 유대교 추모식에 참여하면서 유대인으로서의 정체성도 가지게 되었다. 그는 잠들기 전 늘 하던 유대교 기도에 "저의 아버지를 축복해 주시고 나쁜 꿈을 꾸지 않게 해 주세요."라는 구절을 더해서 기도를 하였다.

Berne은 "나는 평생 사람들에게 어떻게 친밀해지는지 가르쳐 왔지만 정작 나 자신은 한 번도 그런 친밀감을 가져본 적이 없다."(Jorgensen & jorgensen, 1984, p. 244)고 말했다. 젊은 나이에 남편을 잃은 그의 어머니는 우울해하였고 자녀들을 위해 오랜 시간 일을 하였으므로 이는 어린 Berne에게는 어머니 또한 잃었다고 생각할 수 있었다. 게다가 부모와 함께 살았던 풍요롭고 아름다웠던 '의사선생님 댁'은 더 이상 그에게 없었다.

Berne의 정체성은 의사였던 아버지 그리고 부모가 타인을 돕는 일에 헌신적이었던 경험, 아버지의 유언 등이 영향을 끼쳐 젊은 시절부터 타인의 안녕을 위해 지속적으로 노력을 하면서 확립되어 갔다. 이는 특히 그의 전문가적인 자질에서 더욱 명확해졌는데 그와 함께 McAuley 신경정신병원에서 일을 했던 Dr. Charles Berger는 "내가 정말 Berne을 좋아했던 점은 그가 수련생이나 그의 환자를 밝게 격려하여 그들이 자신의 가장 큰 가능성을 깨닫게 한다는 점이었다."라고 회고했다.

Berne에게 영향을 끼친 두 번째 사건은 '반유대주의'의 경험이었다(Heathcote, 2016). 20세기 초 반유대주의 물결은 캐나다를 휩쓸었고 유대인은 모든 사람들이 갈 수 있는 호텔이나 해변에서 '개와 유대인 출입금지'라는 팻말을 마주해야 했다. 몬트리올에는 유대인 학교도 있었으나 Berne과 그의 누이동생은 유대인이 몇 명 없는 다른 학교에 다녔다. 아버지의 무료 진료소가 있었던 유대인 거주지역은 그들에게는 낯선 지역이었고 그 지역에 사는 사람들을 만나면 왠지 불편했다. Berne이 훗날 몬트리올 맥길 의대를 졸업하고 미국으로 인턴을 갈 수밖에 없었던 것도 캐나다 전역의 어느 대학에서나 유대인 인턴의 자리는 단 두 자리만 허용되었기 때문이었다.

Berne의 어머니는 유럽에서 유대인들이 핍박을 받는 것과 관련된 기사를 게재하였고 비록 Berne이 어렸지만 이에 관련된 이야기를 자주 나누었다. 그녀는 그 지역에서 가장 지적인 사람으로 평가받고 있었는데 매주 일요일 저녁이면 예술가나 작가 등 지식인들이 Berne의 집에 모여 정치와 문화에 대한 다양한 논쟁을 벌였다. 이것이 Berne에게는 신문이라는 새로운 세계에 대한 흥미와 도전을 가지게 된 계기가 되었고 그가 대학에 진학한 후, 맥길 대학신문에 칼럼을 기고하게 되는 자양분이 되었다. 또 지역의 지식인들이 모여 담소와 논쟁을 나누던 경험은 Berne이 젊어서는 정신과의사들과 일주일에 한 번 자신의 집에서 조촐한 파티를 여는 것을 일상화하게 되고 교류분석 멤버들과 화요 세미나를 여는 것으로 대치되게 된다.

Berne은 유대인의 고통을 자세하게 알게 되었지만 한편으로는 유대인이 낮은 계급에 있는 듯한 수치감을 느끼기도 하였다. Berne의 첫 아내였던 Elinor는 Berne이 자신의 심한 곱슬머리가 유대인처럼 보이기 때문에 싫어했다고 회고하였다. 그의 세 번째 아내 Tore 또한, Berne의 이름에 대해 물었을 때 'Lennard Bernstein'은 유대인의 이름 같아서 'Eric Berne'으로 개명을 하였다고 대답했다고 하였다.

반유대주의에 대한 그의 경험은 공정한 세계에 대한 강한 열망으로 나타나게 되었다. 우리는 그 증거를 제2차 세계대전이 끝난 직후 출간된 그의 저서 『The Mind in Action』에서 볼 수 있는데 그는 시민, 과학자, 정신과의사 등의 의무에 대해 강하고 열렬하게 기술해 놓았다. 공평함에 대한 그의 열망은 교류분석 이론의 철학적 근간이 되는 'I am OK, You are OK'의 건강한 인생태도를 발전시키게 된다. 'I+ You+'는 품위 있는 삶을 위한 가장 좋은 태도이며 사회에 가장 위험한 태도는 한 쌍의 극단적인 'OK/not OK' 태도라고 하였다(Berne, 1972, p. 91). 예를 들면, 백인-흑인, 부자-가난한 사람, 기독교인-이교도, 똑똑한 사람-멍청한 사람, 유대인-아리안 등으로 대치시켜 놓은 것이 그런 것이다. Berne은 심리치료의 본성인 전문적인 치료와 사랑으로 내담자들을 I+ You+의 안정된 태도로 변화시켜야 한다고 하였다.

2. 초기 정신과의사 시절

Berne의 어머니는 Berne에게 아버지 뒤를 이어 의사가 되기를 격려하였고, Berne은 25세가 되던 1935년에 맥길 의과대학에서 의사자격증과 외과 석사학위를 받았다. 의과대학을 졸업하고 미국으로 가서 뉴저지의 앵글우드(Englewood) 병원에서 인턴을 마치고, 1936년부터 예일 의과대학 정신과에서 레지던트로 2년간 (1938~1939) 근무하는 동안 정식으로 미국 시민이 되었고 이름도 Leonard Bernstein에서 Eric Berne으로 개명하였다. Berne의 첫 번째 직장은 그가 1943년에 미 육군의료단에 들어가서 근무하기 전까지 뉴욕시의 시온(Mt. Zion) 병원이었고 여기서 직책은 정신과 부교수 격인 부 임상가였다.

1940년, Berne은 코네티컷의 노워크(Norwalk)에 개인 개업을 하였다. 여기서 그는 첫 번째 부인 Elinor를 1941년에 만나 결혼하였고 2명의 자녀 Ellen과 Peter를 두었다. Elinor는 음악 교사로 전쟁 반대 시위에도 참여하는 지적인 여성이었다. 하지만 두 사람의 결혼은 처음부터 그다지 평탄하지 않았고 결국 7년 후 이혼을 하게 된다. 1940~1943년까지 Berne은 그의 웨스트포트 집과 뉴욕시에 있는 개인 진료실을 왔다 갔다 하며 생활하였고, 1941년에 본격적인 정신분석 수련을 시작했는데 뉴욕 정신분석협회(New York Psychoanalytic Institute)에서 Paul Federn에게 수련을 시작하였다.

3. 전쟁 중의 미 육군의료단 복무 시기

분석 훈련은 2년간 행해졌는데 그때가 마침 제2차 세계대전 중이었기 때문에 군에서 정신의학자에 대한 필요성과 요구가 컸다. 그리하여 Berne은 1943～1946년까지 군내 육군의료단 정신과 군의관에 중위로 입대하여 소령으로 전역하였다.

이 기간 동안에 그는 수많은 병사들의 정신질환 진료를 하였고 이를 통해 집단치료의 효과를 골고루 체험함과 동시에 단시간에 정확한 진단을 내리는 방법에 관심을 기울였다. 특히 Berne은 필요에 따라서 병사들이 비언어적 커뮤니케이션을 사용하는 것을 관찰한 것이 그 후 교류분석의 이론적 기초를 만드는 데 유익한 것이 되었다고 회고하였다. 이것은 후에 문화인류학자 Gregory Bateson의 커뮤니케이션에 관한 이론에서 커다란 영향을 받는 자양분이 되었다.

한 해 전(1945년)에 Berne은 『The Mind in Action』이라는 첫 저술을 완성하였고 Simon and Schuster of New York과 출판계약을 하였다. 제2차 대전이 끝난 해에 Berne은 샌프란시스코 정신분석협회(San Francisco Psychoanalytic Institute)에서 정신분석 수련을 재개하기 위해 그곳으로 이동하였다. 그 후 줄곧 캘리포니아가 생활의 무대가 되었는데, 그는 오로지 정신분석 의사자격을 취득하기 위해 열심히 배우고 수련에 정진했다.

4. 정신분석협회의 거절과 전화위복의 시간

Berne은 1941년에 뉴욕의 정신분석연구소에서 훈련을 시작하였고 1947년부터 2년간 샌프란시스코 정신분석협회에서 Erik Erikson의 정신분석을 전수받았다. 이 당시 그는 확실히 자신이 정신분석가가 될 것이라고 믿었다.

그러나 1956년에 Berne이 그토록 갈망하던 정신분석협회에 대한 그의 자격요청은 이후 수년간 자기분석이 더 필요하다는 이유로 보류되었다. 이것은 Berne의 인생에서 매우 씁쓸하고 좌절스러운 경험이었으나 중요한 터닝 포인트가 되도록 했다. 1953년 샌프란시스코 정신분석협회의 교육 분과 의장인 Emanuel Windholz(1953)는 편지에서 "당신의 수련감독자는 당신이 정신분석치료를 하기에 적합하지 않은 문제를 가졌다고 분명하게 말을 하였습니다. 당신은 내담자와의 개별상담에서 내담자를 잘 이해하고 있는 것으로 보입니다. 그러나 규준화된 정신분석 기술에 따라 치료적 목표를 설정하고 과정을 따르는 것은 만족스럽게 하지 못하고 있는 것으로 보입니다."라며 Berne에게 정신분석치료를 그만두라고 권유하였지만, Berne은 정신분석치료에 대한 그의 열망을 표현하면서 계속해서 수련을 하겠다는 뜻을 밝혔다. 그들은 Berne에게 새로운 논문을 제출할 것을 요구하였다. 하지만 그 논문은 다음과 같은 평가를 받게 된다. "이 연구에서 연구자는 환자의 무의식을 잘 이해하고 있는 것으로 보이고 각각의 회기마다 개입을 위한 기술적 문제를 잘 사정하였다. 그러나 전통적인 정신분석 기술을 사용하는 것을 어려워하는 것은 연구자가 그 전과 비교했을 때 변화하지 않은 점이다."

1956년 Berne은 샌프란시스코 정신분석협회에 '정신분석이 어렵다는 것을 그간 배웠으며 더 나은 방법 또한 가능하다는 것을 알게 되었다.'는 어찌 보면 조금은 거만한 편지를 써서 보내고 정신분석협회와 결별하였다. 협회에서 Berne을 거절한 것에 대해 편지에 명시하지 않았던 다른 이유가 있을지도 모른다. 1960년대 말 Fanita English(1981)와 Berne이 나눈 대화를 보면 어떤 단초가 보이기도 한다. English는 "나는(당신은 아마 동의하지 않겠지만) 당신이 그들과 게임을 했다고 생각해요. 그 게임은 '나를 거절한 것을 나중에 후회할 거야.'라고 부를 수 있겠지요. 고의로 그들의 RC 혹은 CP를 도발하고 적절한 시기에 당신이 얼마나 유능한지 혹은 당신이 얼마나 과소평가되었는지 알려 주는 것이죠."라고 말하였다.

사실 Berne은 그의 전 생애 동안 자신이 믿는 것을 위해 다른 이들에게 도전하고 주장하고 맞섰다. 특히 정신건강전문가들이 그들의 환자치료에서 확신을 가지지 못할 때 도발적으로 직면을 했다. 결과적으로 Berne의 동료들은 그를 사랑하거나 미워하거나 둘 중 하나이지 그 중간인 경우는 잘 없었다.

비록 정신분석협회의 거절이 그에게는 인생에서 몇 안 되는 주요한 상실 경험이 되었지만 다행스럽게도 자신만의 자아심리학을 개발하고 교류분석을 창안하는 데 의미 있는 터닝 포인트가 되었다. 문자 그대로 분개한 Berne은 정신분석협회의 인정과 지지라는 이득 없이 새로운 정신분석과 정신치료에 공헌할 그의 오랜 야심과 결의를 굳히고 정력적으로 자기연구에 박차를 가하였다.

이 시기에 Berne의 개인적인 생활에도 변화가 있었다. Erikson의 정신분석을 사사하기 시작하고 얼마 지나지 않아 1947년 Berne은 Dorothy de Mass Way라는 젊은 이혼녀를 만났고 사랑에 빠졌다. 그들이 결혼하기 전 해인 1948년, Berne은 Dorothy와 함께 여행을 갔고 필리핀, 홍콩, 싱가포르, 실론, 인도 그리고 터키의 17개 정신병원들도 방문하였다. 여행에서 돌아온 Berne은 Dorothy와 결혼을 하고자 하였으나 Erikson은 Berne이 자신과 진행하던 분석이 끝날 때까지 결혼하지 않기를 충고하였다. Berne은 그의 충고대로 1949년 분석을 마칠 때까지 결혼을 하지 않았다. Jack Dusay에 의하면 Berne은 Erikson과 분석을 마친 후 Erikson과 결별하고 Dorothy와 결혼을 하겠다고 결심했다고 한다.

Dorothy는 결혼할 때 3명의 아이들을 데리고 왔고 3년 후 그녀와 Berne 사이에서 아들 Ricky가 태어났으며 3년 뒤 막내인 Terry가 태어났다. 이 시기에 Berne은 집단상담을 하면서 때로 자신의 가족생활을 언급하곤 하였는데, 그의 아내가 호두까기 인형들을 뜨개질로 만들지 않았을까 상상해 보곤 한다고 하였다. 딸은 영화잡지에 나올 정도로 예쁘고 또 다른 아이는 음악에 맞춰 발레를 연습하고(그의 의붓딸), 아들은 스포츠 영웅을 오려낸 듯하고 또 다른 아이는 플루트를 연주하고 가장 어린 아이는 잠자기 전 목욕 거품을 묻히고 돌아다니는 것을 좋아한다며 행복해하였다. Berne은 대가족의 가부장제에서 가장(家長)의 역할을 좋아했고, 이들을 돌보는 것을 매우 즐거워하였다. 그는 권위적인 부모보다는 가능하면 허용적이고 양육적인 부모 역할을 선호하고 실제로도 그러하였다.

또한 이 시기 Berne과 Dorothy는 매우 안정적이고 규칙적인 생활을 하였다. 그가 카멜에서 근무를 하는 경우 Dorothy는 7시 30분에 일어나고 Berne은 8시 15분쯤 일어나서 아침을 먹고 몇 블록 떨어진 그의 사무실로 출근을 하였다. 그는 정확하게 11시에 그녀에게 전화를 하였는데 심지어 그들이 이혼을 한 후에도 이 의식은 계속되었다. 그리고 1시부터 3시까지 식당에서 점심을 먹었는데 Dorothy도 자주 함께 하였다. 저녁에는 집에 돌아와 잠깐 쪽잠을 잔 후 저녁을 먹고 정확하게 45분간 아이들과 놀아주었다. 그런 다음 자신의 서재로 들어가서 새벽 2시에서 3시까지 글을 썼다. Berne은 자신의 집에 있는 큰 정원의 한쪽 모퉁이에 아이들이 불러도 잘 들리지 않을 정도의 일종의 작업실 같은 서재를 지어놓고 1949~1964년까지의 기간 동안 대부분의 저술을 여기서 하였다. 마치 푸줏간에서 사용하는 듯한 흰 종이를 벽에 걸어 타이프라이터와 연결시켜 놓고 종이를 갈아끼우느라 생각이 방해받지 않게 하였다. 그는 "잘되는 밤에는 거의 4야드나 쓸 수 있어."라고 말하였다. 그리고 매주 일요일 3시에 다섯 명의 아이들을 데리고 바닷가에 나가서 그들과 이야기를 하였다. 이 시절의 Berne에게 사회적 관계는 거의 없었다.

카멜에서 이러한 생산적인 저술 작업 시기 동안 Berne은 1950년에 샌프란시스코의 시온 병원에서 Assistant Psychiatrist로 일하는 동시에 미 육군병원 군의관 자문의로서도 일하였다. 1951년에 그는 부가적으로 재향군인병원, 샌프란시스코의 정신위생과에서 정신과 외래의사로도 일하였다. 이러한 세 가지 부가적인 일 외에도 Berne은 샌프란시스코의 카멜에서 개인 개업을 하였다. 결과적으로 그는 자신의 한 주를 정확하게 구조화할 수밖에 없었다. 예를 들면, 월요일 아침 카멜에서 환자를 진료하고 오후에는 샌프란시스코로 갔다. 화요일에는 병원에서 일을 하고 오후에는 개인진료를 하였다. 1950년과 1951년에는 화요일 저녁 세미나를 개최하고 수요일에 다시 병원에 돌아갔으며 1960년에서 1970년 사이에는 캘리포니아 의대에서 강의를 하였다. 수요일 오전에는 환자를 보고 오후에는 교류분석 101 과정을 열었고 목요일 아침에는 개인진료를 하고 다시 카멜로 돌아와서 저녁에는 몬트레이 교류분석 세미나를 열었다. 금요일에는 저술 작업을 하고 오후에는 1951년부터는 한주도 빠짐없이 그의 집에서 포커를 쳤다. 주말에도 글을 썼고 1969년에서 1970년 사이의 겨울에는 한 번에 여섯 권의 책을 쓰기도 하였다.

5. 교류분석의 개발과 인정

교류분석의 기원에 대한 가장 중요한 흔적은 1949년에 시작한 직관(intuition)에 관한 5, 6편의 논문에 포함되어 있다. 이미 이러한 연구들은 Berne이 정신분석가로서 지위를 얻기 위해 열심히 일하는 시기의 전반까지 이루어졌고, Berne은 그의 저술에서 Freud의 무의식 개념에 용감하게 도전하였다.

1952년 정신분석 수련 중이었지만 Berne은 이미 훗날 교류분석의 근간이 되는 그의 용어들을 사용하고 있었다. 1952년 10월

28일 그의 노트에는 '교류' '게임'이라는 말이 등장하고 '당신과 그가 싸우도록 하겠어.'라고 게임으로 가는 교류를 적어 놓았다. 1952년 10월 7일과 1953년 9월의 메모에는 '각본이론'이라고 적어 놓았고 집단에서 사람들은 자신이 어린 시절 순응한 각본대로 행동을 하며 드라마를 연출하듯 반복하는데, 이는 그 사람의 부모나 형제에 대한 어린 시절의 태도에서 기인한다고 설명하였다.

1953년 6월 30일 그의 노트에는 A(Adult, 어른)와 C(Child, 아이)의 관계에 대해 탐색한 내용이 적혀 있다[이 시기에 아직 P(Parent, 부모)는 생각하지 못했다]. 그는 만약 집단에 6명이 앉아 있는 것이라면 모두 A와 C의 자아상태를 가지고 있으므로 사실은 12명이 있는 것과 같다고 하였다. 같은 해 7월 14일의 노트에는 집단심리학을 위한 새로운 이론의 조합과정을 적어 놓았고, 10월 13일에는 새로운 접근법을 '집단상담 교류시스템'이라고 이름을 붙였다.

Berne에게 수련을 받은 첫 사회복지사인 Virginia Mitchell은, P-A-C는 1951~1955년 사이에 개념이 만들어지기 시작했지만 카멜의 집단상담에서는 활발하게 이야기되지는 않았다고 한다. Berne은 그녀에게 환자의 말에 주의를 기울이기보다 얼굴 표정에 더 주의를 기울이고 그 사람이 어린아이로 어떤 경험을 했을지 그의 눈, 입, 손, 발, 목소리 톤을 관찰하면서 상상을 하라고 하였다. Berne이 이렇게 자신의 이론을 발전시켜 나가는 것이 그 자신의 어려움을 극복하는 데 기여한 부분도 있었다. 비록 Berne이 훌륭한 강사였지만 그 시절에는 대중 앞에서 강의하는 것을 어려워하고 있었다. 하지만 이론을 발달시키고 사용하면서 점차 자신감을 가졌고, 차갑고 신랄한 사람에서 편안하고 어린아이 같은 모습을 가진 사람, 더 나은 사람으로 변화해 갔다.

Berne은 1956년 이전의 자신의 진료경험과 다양한 아이디어 및 자료들에 근거한 두 편의 독창적인 논문을 썼는데, 샌프란시스코의 시온 병원 정신과 시절과 U.C. 의과대학의 Langley Porter 신경정신과에서 「직관 5: 자아이미지」(Berne, 1957a, written before 1957b), 그리고 「정신치료에서 자아상태(Intuition V: The Ego Image: and "Ego States in Psychotherapy.")」(Berne, 1957b)가 그것이다. Berne은 첫 논문에서 Federn, Kahn, Silberer의 연구들을 참조하여 자신이 어떻게 자아상태 개념을 생각하게 되었는지 어디서 '부모 자아'와 '어린이 자아'를 분리한 아이디어를 가지고 왔는지 소개했다.

두 번째 논문에서 Berne은 오늘날 사용되는 셋으로 이루어진 도식(부모, 어른, 어린이)을 개발하여 발표하였다. Berne은 이러한 세 가지 자아상태를 세 가지 원을 통하여 도식화하는 방법을 소개하였고, 이러한 자아상태가 다른 자아상태를 어떻게 오염시키는지를 스케치한 그림으로 보여 주었으며 이것을 '구조분석'이라는 이론으로 명명하고 '새로운 정신분석적 접근'이라고 공식 용어화하였다.

세 번째 논문은 「교류분석: 집단치료의 새롭고 효과적인 방법」이라는 제목으로 쓰였고 몇 달 후 1957년 가을에 Berne은 로스앤젤레스의 미국집단치료학회 서부지구에 초청받아 「교류분석: 새로운 효과적인 집단치료(Transactional Analysis; A New and Effective Method of Group therapy)」라는 제목의 논문을 발표하여 많은 주목을 받았다. 이듬해인 1958년, 이 논문이 『미국정신치료

저널(American Journal of Psychotherapy)』에 게재됨으로써, Berne이 연구한 '진단과 치료의 새로운 방법'과 교류분석의 명칭이 미국 정신치료자들 사이에 널리 소개되었다. 그리고 Berne은 P-A-C, 구조분석 그리고 자아상태의 개념을 다시 서술하였으며, 1957년 논문에 그의 중요하고 새로운 개념인 게임과 각본을 추가하였다.

1964년 LA에서 열린 미국정신의학회에서 교류분석은 알려지기 시작했다고 Berne은 TAB[5]에서 기술하였다. 이 해는 ITAA가 창립된 해로 처음에 교류분석 대표단은 12명 정도가 앉을 수 있는 방을 배정받았다. 하지만 저녁식사 티켓은 그보다 네 배나 많은 숫자가 팔렸고, 결국 시작하기 전에 교류분석에 참여하기 위한 사람들을 위해 80명 정도의 인원을 수용할 수 있는 방으로 바꾸어 주었다.

여기서 Berne은 참여그룹을 이끌었는데 패널 중 한 사람으로 참여해서 교류분석 시각으로 사례 보기를 주장하며 전문가들 중 참여를 원하는 사람들을 무대로 초대해서 직접 시범을 보여 주기도 하였다. 사실 그 자리에서 수많은 경쟁자와 심리학자, 전문가들이 그의 이론과 치료를 평가하고 비난할 수 있는 위험이 있었음에도 그는 훌륭한 시범을 보였다. 단, 20분 만에 한 사람의 문제를 진단하고(청중 가운데 한 명이 나와서 자신은 일과 사회생활에서 적절하지 않은 순간에 눈물이 터져 나온다고 하였다) 그 자리에서 그녀가 자신을 통찰할 수 있게 하고 그 방법을 알아차리게 하였다. 그것은 보는 것만으로도 전율이 느껴지는 일이었다고 후에 그의 세 번

_____

5) TAB: Transactional Analysis Bulletin

째 부인이 된 Torre가 말하였다.

　같은 해 출간된『Games People Play』는 원래는 심리치료를 하는 사람들을 위한 책이었다. 하지만 당시 심리학 저서로는 상상할 수 없을 수준인 550만 부가 팔렸고, Harris의『I'm OK-You're OK』는 1,000만 부가, Muriel James와 Dorothy Jongeward의『Born to Win』은 800만 부가 팔리게 되었다. 그로브 출판사는 1965년 8월 15일자『뉴욕타임즈』의 전면 광고를 할애하여 헤드라인에는 '포커를 치는 샌프란시스코 정신과의사의 이야기, 올해의 베스트셀러 다크호스'라고 소개하며 어떻게 Berne이 포커에서 이기는지, 그가 30개국의 정신과 병원을 여행한 이야기, 그리고 게임은 무엇인지 광고하였다. 그리고 이 책은 인간관계의 심리에 대해 질적인 기여를 하고 있다고 보이기 때문에 편집자는 기꺼이 책의 출간을 결정했다고 결론을 맺고 있다. 초판은 3,000부를 찍어내었지만 결국은 엄청난 판매실적을 이루었다. 그는 여러 잡지에 인터뷰를 하고 National Education Network에 2부작으로 인터뷰도 하게 되어 1967년 2월 7일과 14일에 방영이 되었다.

6. 교류분석 세미나와 삶

　Berne의 연구에 풍부한 자료를 제공했던 것은 그가 자기 집에서 개최한 12년간의 화요 세미나이다. 이 세미나는 1958년부터 63년까지는 1200 Washington St.에서, 그리고 63년부터 70년까지는 165 Collins St.에서 계속되었다. 1958년 전에는 카멜의 자신의 집에서 분석에 새로운 접근을 개발하는 데 필수적인 토의를 하며 격식을 갖추지 않은 세미나를 열었다. 이러한 1950년 초반 몬트레이에서 열었던 임상 세미나는 교류분석을 발전시키는 데 근간이 되었던 중요하고 의미 있는 활동이었다. 이 화요 세미나는 교류분석잡지(TAB)의 발간에 필요한 기금마련을 위하여 샌프란시스코 사회정신의학 세미나로 1958년에 시작되었고, Berne은 편집자로 1962년 1월에 처음 TAB를 발간하였다.

주로 정신과의사, 심리학자, 사회사업가들이었던 동료들은 언제나 계단에 걸터앉아 '안녕하세요?'라고 인사를 하는 Berne을 만날 수 있었고, 그는 반갑게 악수를 하거나 여자들에게는 따뜻한 포옹으로 맞아 주었다. 8시 30분부터 10시까지는 대부분 진지하게 발표를 듣는 시간이었으며 발표자와 주제에 대한 예의로 커피나 음료수도 마시지 않았다. 발표를 마치면 항상 발표자에게 준비해 온 주제에 대한 감사와 격려를 아끼지 않았고 사례를 분석하고 평가해 주었다. 커피와 와인 혹은 가벼운 음료로 뒤풀이를 할 때는 Berne의 어린이 자아가 마음껏 활동하는 것을 볼 수 있었고, 같이 즐기는 것 또한 Berne은 발표만큼이나 중요하게 여겼다. 그리고 가끔은 그가 좋아하던 근처의 The Spaghetti Factory나 Sun Wah Kues라는 식당으로 자리를 옮겨 즐기곤 하였다.

사례를 발표할 때 Berne은 완전히 집중을 해서 듣고 지지적인 관심을 표현하였다. 비록 사례가 기대 이하일지라도 방법에 대해 비난을 하지 않고 "자, 그럼 내가 이것을 좀 볼게요."라고 말하며 문제의 중심으로 부드럽게 접근을 하였다. 그런 다음 사례를 다시 분석하면서 이야기하였는데 초심자의 어설픈 사례는 순식간에

Berne의 전문적인 경험과 지식으로 교류분석의 의미있는 연구물로 변해버리는 것을 볼 수 있었다.

12년간의 세미나를 운영하던 시기가 Berne에게는 '교류분석 황금기'라고 할 수 있다. Claude Steiner는 "정말 좋았어요. 매 회기 놀랍고 흥분되는 시간이었어요. 비록 나는 그가 뭐라고 할지 알고 있었지만 그래도 늘 새롭고 굉장한 시간들이었어요."라고 하였다.

오리건주 로즈버그의 Veterans 병원에 정신과의사로 일하던 Bob Goulding은 매주 400마일을 운전해서 오고 가면서도 세미나에 참석을 하고 Berne에게 개인 훈련과 슈퍼비전을 받았다. 그는 우연히 친구에게서 Berne의 책(『Transactional Analysis in Psychotherapy』)을 빌려 읽고 "세상에! 이 사람을 만나야겠어. 내가 몇 년간이나 찾고 있던 모든 것이 이 책에 있어. 정말 좋은 심리치료야."라고 말했다고 한다.

우리에게는 에피스크립트와 라켓티어링 등으로 잘 알려진 Fanita English는 자신이 처음 교류분석 책을 만났을 당시 심리치료를 포기하려는 마음이 들 만큼 그녀의 치료는 무엇인가에 걸려 나아가지 않는 느낌이 들던 때였다고 회고하였다. 10년간 치료를 해왔지만 그녀의 환자들은 나아지지 않는 것 같았고 변화도 없는 듯했다. 이런 상황에서 "그 책은 마치 탐정소설 같았어요. 질문들에 대답을 찾을 수 있었기 때문에 책을 내려놓을 수가 없었어요."라고 말했다. 그녀는 교류분석 수련과 세미나에 참석하기 시작하였고 후에 주요 교류분석 이론가가 되었다.

'3P' 개념으로 널리 알려진 Pat Crossman은 영국 옥스퍼드에서 국민건강보험의 정신의학 분야에서 10년간 활동하던 정신건강 사회복지사였다. 당시 국민건강은 새로운 시스템이었고 분석은 지지부진했으며 의사들은 서로를 공격하고 모든 것이 효과적이지 않은 상태였다. Pat은 그 책을 동료나 환자들과 나누기 시작했고 변화가 시작되었다. "당시, 정신과의사들에게 집단치료는 어려운 작업이었어요. 마치 정신분석 교회처럼 되어 버리거나 전이로 인해 분열되는 두려움이 있었지요. 나는 뭔가 새롭고 신선한 것을 시도해 보려고 했지만 어려웠어요. 그런데 교류분석은 정신병동에서 환자들에게 무슨 일이 벌어지고 있는지에 대한 설명이 가능했어요. 환자들은 의사와 게임을 하고 있었고 그들에게 저항을 하고 있었던 거예요. 그 책은 부모 자아, 어른 자아, 어린이 자아, 게임, 각본 등 모든 것을 단순하게 설명했어요. 매우 학문적인 책이었지만 가식이 없는 느낌이었어요. 난 이 책의 저자는 정말 좋은 사람일 거라고 느꼈어요. 1964년 남편이 버클리의 교수로 가게 되었을 때 Berne에게 전화를 해서 그간 옥스퍼드에서의 경험을 이야기했어요. Berne은 즉시 나를 초대했어요." Pat은 그 이후 교류분석의 핵심 멤버가 되었고 Berne이 출장을 갈 때면 그녀에게 자신의 자리를 맡아 줄 것을 부탁하곤 했다.

John M. Dusay는 그가 근무했던 캘리포니아 의과대학의 신경정신과병원 알림판에서 샌프란시스코 정신사회 세미나에 대해 보게 되었다. 그는 그의 슈퍼바이저였던 Stephen B. Karpman과 함께 참석하였다. Karpman은 처음 Berne의 연설을 들었을 때 그가 그곳에 참석한 다른 사람들보다 IQ가 100 이상은 더 되는 사람처럼 생각되었다고 하였다. 마치 다른 세상에서 온 사람처럼 100

피트 위에서 사람들을 내려다보는 관점을 가진 공상소설 속 화성인이나 다른 별에서 온 사람이 아닌가 하는 생각이 들었다고 하였다.

Bill Collins가 처음 세미나에 참석하였던 때 그는 캘리포니아 Vacaville 교도소 의료병동의 사회복지사였다. 첫 만남에서 그는 Berne과 논쟁을 벌였으나 Berne은 "난 사회과학이나 치료분야에서 일하는 어느 누구와도 논쟁하지 않네. 왜냐하면 그들은 나를 도발하거든."이라고 하였다. 곧 Bill은 교류분석을 교도소에서 사용하였고 후에 "Berne의 말이 맞았어요. Berne은 자신이 하던 대로 따라 하지 말고 내가 원하는 대로 하라고 했어요. 나는 Berne으로부터 많은 허가를 받았고 그 허가는 나를 학업이나 연구 등으로 이끌었지요. 사회복지사들은 내게 어떻게 사회복지 석사가 정신과의사들과 심리학자들을 가르치는 것이 가능한지 물었지요. 나는 Berne에게서 배웠다고 했어요. 나는 교류분석을 직접 사용하였기 때문에 내가 무슨 말을 하고 있는지 정말 알았고 마치 큰아버지 같은 Berne이 내게 '가서 그들을 다 잡아버려!'라고 하는 듯이 많은 허가를 주었다고 느꼈지요."라고 하였다.

심리치료 임상사회복지사였던 Mary Boulton은 Berne에 대해 다음과 같이 회고했다. "Berne은 마치 혼자 연기하는 코미디언 같았어요. 그는 사람들이 웃고 즐기면서 가장 잘 배울 수 있다고 생각했기 때문에 언제나 유머가 가미된 그의 철학과 태도, 그리고 그의 자유로운 어린이 자아(FC)가 활동하던 세미나는 정말 사람들을 빠져들게 하였지요."

Kenneth Everts 박사는 "그의 에너지는 정말 끝이 없는 것 같았어요. 나는 종종 그가 잠을 자기는 하는지 궁금해하곤 했는데 화요일 아침에 날아가서 하루 종일 일하고 밤에는 세미나를 개최하였는데, 그는 다음날 일이 있지만 늦게까지 그렇게 일을 하는 것에 전혀 개의치 않는 것처럼 보였어요."라고 하였다.

1958년 시온 병원 시절부터 주요 참석자들은 그의 이론을 함께 점차 발전시키고 그의 아이디어들을 더욱 날카롭게 다듬어 나가면서 세미나에 참여하는 사람들의 수는 눈덩이처럼 불어나기 시작했다. 그리고 점차 새로운 사람들이 참여하게 되면서 "어른 자아가 뭔가요?"라는 질문을 시작으로 많은 질문을 쏟아내자 Berne은 '한 가지 이상 질문하지 말 것, 두 번 이상 참석 시까지 입을 열지 말 것' 등을 요구했다. 이로 인해 새로 온 사람들이 기분이 나빠 떠나게 되자 멤버들은 교류분석을 가르칠 필요성을 느끼게 되었다. 교류분석 수업은 '101'이라고 불리게 되었고 6주 정도 공부를 하고 졸업을 하였는데 졸업식 날에는 가장무도회를 열었다. Berne은 이 파티를 너무 좋아하였는데 플라멩코 댄서 같은 모자와 수술이 달린 스웨이드 조끼를 입고 행복한 어린이 자아를 드러내며 자신이 어떻게 보이는지 물었다. 처음 열었던 '101' 코스는 TAB에 실렸고 1959년 9월 29일 부터는 10주간 코스로 열리게 되었다. 이 코스는 지역의 의사들과 전문가들이 발 디딜 틈 없이 빼꼭하게 모여들어 간이의자까지 동원해야 할 정도로 인기 강좌가 되었다. Dusay는 Berne의 '101' 코스를 셀 수 없을 만큼 되풀이해서 들었는데 결국은 Berne 이외에 101 코스를 가르치는 첫 번째 멤버가 되었다.

이 시기에 Berne은 상상할 수 없을 만큼 많은 일을 하였다. 이혼 후, 두 아이의 양육비와 현재 가족을 부양하는 문제, 그리고 두 곳의 치료실을 운영해야 하는 비용, 더불어 교류분석을 위한 활동에 소요되는 비용들이 필요한 시기였다. 예를 들어, 1961년 그의 활동은 6주간 다섯 코스를 일류 의대병원에서 운영하고 이틀간 열리는 워크숍을 교도소나 학교병원이나 사회복지기관에서 네 번 열고 하루 워크숍을 세 번씩 두 국가기관과 병원에서 열고, 두 곳의 병원과 사회기관에서 세 번의 강의를 하였다. 그는 샌프란시스코에서 버클리까지 강의를 위해 헬리콥터를 타고 다녔고 그의 치료실을 운영하기 위해 매주 샌프란시스코에서 카멜까지 비행기를 이용하였다. 그는 매주 50명의 환자를 진료하고 밤에는 책을 썼는데 1963년 『조직과 집단에서 구조와 역동(The Structure and Dynamics of Organizations and Groups)』과 1966년 『집단치료의 원리(The Principles of Group Treatment)』를 출간하였다. 그렇지만 Berne은 활동만큼 큰돈을 벌지 못했기 때문에 교류분석 멤버들은 거의 자원봉사 형태로 함께 도와서 세미나를 꾸려나갔다. 1963년 교류분석과 관련된 사람들이 충분히 모였을 때 그들은 매년 정기 학술대회를 열기로 결정하였고 캘리포니아의 퍼시픽 그루브에 있는 낡은 Asilomar Conference Ground에서 첫 콘퍼런스를 진행하였다. Berne과 그의 딸 Ellen은 참석자들이 그들의 이름을 적는 테이블에 앉아서 그날의 프로그램에 대해 설명하며 뒤풀이 파티에 대한 농담을 하였는데 장소는 일반 가정집의 거실만한 사이즈의 방이었고 그날 먹었던 음식도 파티라고 하기에는 너무나 약소한 것이었지만 사람들은 서로의 일에 대해 이야기하였고 그것이 콘퍼런스의 전부였다. 그러나 그 다음 해에는 방이 두 개인 장소에서 열었으므로 사람들은 선택을 해서 들을 수 있었다. Bill Collins는 LA에서 자가용 비행기로 콘퍼런스에 참석하기 위해 왔고 Berne은 TAB에 이를 언급하며 "어떤 멤버는 자가용 비행기로 왔고 어떤 멤버는 오토바이를 타고 왔다."고 하였다. Mary Goulding은 "내가 기억하는 Berne의 가장 최고의 모습은 여름 콘퍼런스에서의 모습이에요. 그는 방마다 돌아보며 5분이나 10분쯤 머물면서 발표를 듣고 질문을 하곤 했지요. 그는 무엇이 중요한지 무엇이 중요하지 않은지 알았고 그에게는 언제나 새로운 개념들이 있었어요. 그리고 그것들을 정말 기가 막히게 연결하곤 했지요."

매년 콘퍼런스가 커져 갔지만 초기 멤버들은 그들이 처음 가졌던 흥미와 헌신을 잃지 않았다. Berne은 TAB의 편집자이며 매주 화요 세미나를 개최하고 교류분석협회를 꾸려나가면서 어떤 월급이나 돈도 받지 않았다. 1964년에 Berne과 동료들은 교류분석협회를 창설하기로 결정하였고, 이름을 국제교류분석협회(International Transactional Analysis Association: ITAA)로 하였으며, 지금은 미국 이외에도 많은 교류분석전문가들을 양성하는 인정받는 세계적인 협회가 되었다.

7. 치료자로서 Berne

1960년대 Berne은 샌프란시스코에 있는 성 메리병원 McAuley 신경정신과에서 집단치료의 주요 선구자 역할을 하였다. 그는 병동에 있는 모든 입원환자들에게 집단치료를 하였는데 환자들과 그는 안쪽에 둥글게 둘러앉고 레지던트와 다른 스태프들은 바깥에서 원을 그려 둘러앉았다. 그리고 그는 안쪽 원의 환자들에게 이렇게 물으며 집단치료를 시작하였다. "누가 오늘 치료를 받고 싶으신가요?" 한 시간 후에 안과 밖의 원은 자리를 바꿔 앉고 환자들은 오늘의 치료에 대해 Berne이 스태프들과 의사들에게 질문을 하는 것을 들을 수 있었다. 이런 획기적인 집단 방식은 수련생들과 환자들에게 대단한 영향을 끼치게 되었다. 하지만 당시 정신과 의사들의 치료법은 관습적인 치료와 약물처방을 하고 그래도 치료가 되지 않으면 우울증의 경우 전기치료를 추천하는 것이 일반적이었는데 이는 Berne의 철학과는 대치되는 것이었다. 의사들과 정신과의사들은 Berne의 치료에 대해 화를 냈고 병원의 레지던트들도 Berne을 좋아하지 않았다. Berne도 그들과 맞섰지만 그래도 자신보다 젊고 배우려는 수련생들은 항상 존중해 주었다. 병원에서 Berne의 조력자이자 동료였던 Levaggi는 Dr. Khlentzos가 스태프들에게 한 연설을 다음과 같이 소개하고 있다.

"우리는 Eric Berne이라는 치료자와 함께하고 있는 것을 행운이라고 여겨야 합니다. 그는 우리에게 뭔가를 가르칠 수 있는 것을 가진 사람입니다. 여러분들은 동의하지 않을지 몰라도 그가 자신의 철학과 지식을 나누어 주는 사람인 것만으로도 존중받아야 합니다. 그는 현대의 Freud이며 그의 노력을 알아주는 시기가 앞으로 올 것입니다. 만약 누구라도 그의 방법에 대해 불만이 있다면 나에게 오시기 바랍니다. 나는 Berne을 잃고 싶지 않기 때문에 누구의 불만이라도 내가 처리를 하겠습니다. 열린 마음으로 배우고

자 할 때 기꺼이 배울 수 있음을 모두 알게 되길 바랍니다." 병원에서 Berne에 대한 불만은 계속 되었지만 점차 입원환자와 방문환자의 집단치료가 성공적이 되면서 안과 밖의 원으로 치료하던 것은 효과적이라 평가를 받게 되었다.

치료자로서 그는 아주 높은 목표를 세워놓고 있었다. 늘 말하던 첫 번째는 "진전이 아니라 치료하라", 그리고 두 번째 목표는 "가능한 한 빨리 치료하라"였다. 그는 "만약 치료자가 완벽하게 준비되었다면 단 1회기에라도 어떤 환자든지 치료할 수 있다."고 말하였다. 물론 그는 이 말을 할 때면 이 목표가 얼마나 어려운지 잘 안다는 듯한 미소를 띠었지만 그는 언제나 장기적 치료보다 빠른 치료를 목표로 하였다.

8. Solomon 박사가 회고하는 치료자 Berne

치료자로서 Berne에 대한 경험은 누구보다 그의 내담자였던 Carol Solomon 박사[6]의 이야기를 통해 잘 알 수 있다. 그녀는 2013년 오사카에서 열린 ITAA 콘퍼런스에서 누구도 경험해 보지 못한 Berne의 내담자로서의 치료 경험을 기억하며 Eric Berne의 새로운 모습을 조명했다.

---

6) 샌프란시스코에서 활동하고 있는 교류분석 심리학자. 뮤리엘 제임스 상을 수상했고 현재 캘리포니아 대학에서 Eric Berne의 소장품과 유물들을 모아서 온라인으로 저장하고 다음 세대로 전수하는 프로젝트를 진행하고 있다.

1) 상담에서 계약 맺기

Carol이 처음 Berne을 만났던 때는 그녀가 19세 때로 뉴욕에서 미국 서부로 막 이사를 왔을 때였다. 그녀는 심한 우울증으로 뉴욕에서 2년간 분석을 받았었지만 효과가 없었다. 그녀는 Berne이 유명한 사람인지도 몰랐고 베스트셀러의 저자인지도 몰랐다. 그녀가 Berne을 찾아간 이유는 Berne의 사무실이 뉴욕에 있을 때 자신의 아버지 사무실 옆 빌딩에 있었던 것을 기억했기 때문이었다.

Berne과의 첫 만남에서 Carol은 충격을 받았다. 그간의 분석에서 그녀는 분석가를 찾아가 이야기하고 시간이 되면 나오고 다시 약속시간에 찾아가 이야기하고 나오고를 반복했었다. 분석가는 말은 그다지 하지 않고 그저 듣기만 했었다. 그런데 첫 만남에서 Berne은 "네가 원하는 것은 뭐니?"라고 물었다는 것이다. 그런 직접적인 질문을 처음 들은 Carol은 아무 대답도 할 수 없었고 Berne은 다시 한 번 질문을 반복했다. "네가 여기서 원하는 것은 뭐니?" 그녀는 울음을 터트리면서 이렇게 말했다. "왜 저에게 이렇게 심술 맞게 구시는 거예요?"

Berne은 "음, 내가 심술 맞게 구는 게 아니란다. 나는 여기서 심리상담의 가게를 열고 있고 너는 여기에 뭔가를 사러 온 거잖아. 그래서 네가 원하는 게 뭔지를 물은 거야." 한참 생각 끝에 Carol은 "전 항상 우울해요. 다른 사람들은 그렇지 않은데요. 난 우울하고 싶지가 않아요." Berne은 "그래, 좋아."라고 대답했다. 이것이 Berne과 환자로서 맺은 처음 계약이었던 것이다.

또 다른 계약의 예는 Carol이 뉴욕에서 분석을 받을 때 그녀는 항상 상담가에게 이렇게 말하곤 했다. "난 우리 엄마가 정말 싫어요. 그런데 나는 엄마를 닮았어요. 그게 정말 싫어요." 상담가의 대답은 언제나 "바보같이 굴지 마! 너는 엄마와는 달라."였다. 그런데 Berne과의 초기 회기에서 그녀가 같은 문제를 이야기했을 때 Berne의 반응은 달랐다. "난 정말 우리 엄마가 싫어요. 그런데 난 엄마를 닮았어요."라고 말하자 Berne은 조용한 목소리로 "그러니? 그래서 넌 어떻게 하고 싶은데?"라고 물었다. 그는 Carol에게 변화를 위해서 무엇을 해야 할지 생각하도록 한 것이다. Berne은 항상 내담자들이 그들의 변화를 위해서 무엇을 할지 생각하도록 격려했고 스스로 찾아내도록 했다.

계약 맺기는 교류분석에서 개인성장의 핵심이다. Carol과 Berne의 대화는 내담자가 자기진술을 통해 변화하고자 하는 목표를 가지게 되었음을 의미하고 있다. 위의 대화는 정확하게 계약 맺기의 형태를 보여 주는 것은 아니지만 내담자인 Carol은 이 부분을 계약의 시작이라고 보고 있었다. '우울함에서 벗어나기' '엄마와는 다른 사람이 되기'라는 모호한 목표를 분명하고 조작적 형태의 계약 진술문으로 전환하는 것이 Berne과 Carol의 다음 작업이 되었을 듯하다.

2) 교류분석 용어 사용하기

두 번째 회기에서 Berne은 자아상태 그림을 그리면서 자아상태를 설명했다. 당시 Carol은 19세였지만 다양한 심리학 이론서들을 읽었고 그녀의 반항하는 어린이 자아는 Berne의 이상한 그림과 단어들을 받아들이기를 거부했다. "난 박사님의 그 바보 같은 단어들을 사용하지 않을 거예요. 정말 바보 같아요." Berne은 침묵했다. 그리고 "그래? 좋아, 그럼 이렇게 해. 나의 바보 같은 단어를 사용하고 싶지 않으면 너 자신의 단어를 사용해 봐." 이것이 그녀가 처음 접한 교류분석이었고 그 이후 일생 동안 그녀가 사용하는 단어가 되었다.

사실 교류분석의 용어는 Berne의 사후에도 많은 논란의 대상이었다. Yalom은 교류분석은 게슈탈트 치료와 비교하면 새로움과 독창성이 떨어지는 심리치료로 기본적 관심, 인간을 보는 시각, 목표, 치료적 접근이 전형적이라며 비판을 했지만 교류분석의 용어만큼은 새롭고 유용하다고 인정했다. 하지만 Ian Stewart는 이 견해에 동조하지 않는다. 그는 교류분석 심리치료 전문가 중에 교류분석 용어를 '가장 유용한 특징'이라고 말하는 사람은 더 이상 없다고 한다. 많은 교류분석 전문가들이 더 이상 상담에서 이러한 용어를 사용하지 않으며 Berne 자신 또한 상담의 축어록에서 용어를 사용하고 있지 않음이 보이지만 Berne의 용어에 대한 전략은 추상적인 심리 단어를 제거하는 것이 아니라 사람들이 맺는 관계 방식을 알기 쉽게 기술하는 데 있었다는 것이다. Berne은 잘 드러나지 않고 감추어진 마음의 현상에 곧바로 주의를 기울이게 하려는 목적으로 용어를 만들었지만 교류분석이론을 정확하게 이해하지 못하는 이론가들로부터 이론을 단순하게 만드는 것이 교류분석 용어라는 비판을 들어야만 했다.

3) 내담자를 보호하기

Berne이 환자를 보호했던 예는 지금까지 Berne이 남긴 편지에서 잘 볼 수가 있다. 필요하다면 Berne은 환자들의 가족에게 환자의 상태를 설명하는 편지를 쓰곤 했는데 부모에게 자녀의 상태를 잘 설명하기도 하고 남편을 돌보는 아내에게 지지하는 편지를 보내기도 했다. 또한 다른 의사들에게 자신의 환자에 대해 설명하면서 부탁을 하기도 하고 문제 해결을 위한 방법을 제시하기도 했다.

Carol이 Berne과의 치료를 계속하고 있던 어느 날 그녀의 아버지는 더 이상 그녀의 치료비를 줄 수가 없다고 말했다. 당시 그녀의 동생 또한 심한 우울증으로 병원에 입원해 있었기 때문에 치료비가 너무 많이 든다는 것이었다. Berne과 마지막 회기라고 생각하고 있었던 그녀에게 Berne은 다음 회기 약속을 잡았고 영문도 모른 채 그녀는 약속대로 Berne을 만났다. "어떻게 된 거예요? 박사님?" Berne은 한 장의 편지를 보여 주었다. 거기에는 다음과 같이 쓰여 있었다. '나는 당신에게 당신의 딸 Carol의 상담비를 지불할 것을 요청합니다. 지금 현재의 상태로 봐서는 그녀가 병원에 입원할 필요는 없습니다. Eric Berne.'

그녀는 깜짝 놀랐다. '내가 병원에 입원할 필요가 없다는 것이 무슨 뜻이지?' 미소를 머금은 채 눈을 찡긋거리며 Berne은 "난 없는 얘기를 지어내지는 않았단다."라고 말하며 자신이 각진 교류(angular transaction)를 사용하여 얼마나 멋있는 결과를 만들었는지 자랑스러워하였다. 그런 Berne을 보며 Berne은 치료자로서 그녀가 진정으로 좋아지기를 바란다는 것을 느낄 수 있었다고 했다.

또 다른 예는 Berne의 양육적 부모 자아와 Carol의 반항하는 어린이 자아의 각진 교류가 함께했던 일이다. Berne은 Carol의 건강을 위해 다른 의사에게 검진을 받도록 했고 Berne과의 회기 전에 병원을 찾은 Carol은 피를 뽑으러 갔다. Carol의 혈관이 잘 찾아지지 않았기 때문에 간호사는 여덟 번이나 Carol의 팔을 찔렀다. 어린 그녀는 Berne의 사무실에 앉자마자 불평을 쏟아냈고 그것을 듣던 Berne은 일어나 책상으로 가 전화기를 들었다. 그는 화가 난 목소리로 "나 Eric Berne이요. William 박사 바꾸시오. (…침묵…) William 선생이 지금 환자하고 있든 말든 그건 내 상관이 아니니 바꾸시오. (…침묵…) William 선생! 당신의 간호사가 조금 전에 나의 환자에게 여덟 번이나 주사를 찌른 것을 아시오? 이건 용납할 수 없는 일이요. 전혀 용납할 수가 없소. 그럼 끊겠소." 이런 Berne의 태도는 Berne이 무례한 사람이었다는 뜻이 아니라 그가 얼마나 환자를 보호하고자 했으며 그가 환자들에게 보여 준 힘과 보호의 의미로 Carol은 기억한다고 했다.

교류분석 고전학파에서는 치료자의 가장 중요한 기능은 내담자에게 새로운 세 가지 3P의 메시지를 제공하는 것이라고 했다. 보호(protection), 허가(permission), 역량(potency)의 3P 중 보호(protection)는 내담자가 어린이 자아(C) 상태에서 부모 자아(P) 상태에 놓인 치료자를 볼 때 원래 자신에게 부정적인 메시지를 주었던 실제 부모보다 더 강력한 영향력을 가진 인물로 여겨야 하며, 그럼으로써 자신이 부모의 부정적 명령을 따르지 않아서 발생하는 두려운 결과로부터 보호해 줄 수 있는 존재로 보는 것이 중요하다(제석봉 외 역, 2010).

　Carol은 경제적인 이유로 상담을 중지해야 하는 시점에서 Berne의 편지가 자신의 아버지의 결정을 바꾸게 했다는 점과, 힘없는 환자의 편에 서서 과도할 만큼 상대 의사에게 불만을 토로하던 Berne의 모습에서 그야말로 힘 있는 치료자로서 자신을 보호하는 듯한 강한 메시지를 받을 수 있었다.

4) 정체성

　Berne이 내담자와 했던 작업 중에 또 다른 중요한 것은 정체성과 이름을 바꾸는 문제였다. Berne 자신도 여러 가지 이름을 사용하고 있었고(레오나드 간다락, 사이프리안 시르, 램스버턴 홀슬리, 레오나드 번스타인, 에릭 번스타인, 에릭 번), 'Eric Berne'이라는 이름을 사용하기 전까지 여러 번 이름을 바꾸었다. Berne에게 있어서 이름이란 자신의 아버지를 기리는 마음이었기 때문에 정체성과 관련된 중요한 문제라고 인식했다.

　Carol 또한 양아버지의 이름인 Carol Jubenet이란 이름을 사용하고 있었는데 그것은 Carol의 선택이라기보다 주어진 이름이었기 때문이었다. Berne은 Carol에게 친아버지의 이름인 Carol Solomon이라는 이름도 선택할 수 있다고 말했지만 그녀는 오랫동안 망설였다. 어느 날 Carol은 콘택트렌즈를 썼다가 그만 한쪽 렌즈를 배수구에 빠트리고 말았다. 그 파란색 렌즈는 그녀가 가장 아끼는 것이었기 때문에 Berne을 만나러 가서도 그녀는 풀이 죽어 있었다. 무슨 일이 있냐고 묻는 Berne에게 "오늘 렌즈를 소독

하다가 제가 가장 좋아하는 파란색 렌즈를 그만 잃어버렸어요." 그러자 Berne은 즉각적으로 이렇게 물었다. "그건 Jubenet 렌즈니? Solomon 렌즈니?" Carol은 자신도 모르게 "그건 Solomon 렌즈예요."라고 대답했다. Berne은 "그래? 그럼 이제부터 너의 이름은 Carol Solomon이다." 그날 오후 Berne의 사무실에서 나온 Carol은 은행을 찾아가 그녀의 모든 서명을 Carol Solomon으로 바꾸었다.

정체성(identity)에 대해 Clark 등은 개인의 정체성은 '자신에 대한 지각이며 인생 경험을 통해 자신에 대해 스스로 내린 결정에 의해 만들어진다.'라고 하였다. Levin-Landeer는 정체성을 그녀의 발달 단계 이론 중 4단계를 설명하는 데 사용했다(Clarke, 2011). 청소년기에 정체성을 명확하게 하는 것은 이 시기의 과제라고 할 수 있는데 자신이 가진 가치에 의문을 제기하며 삶의 의미를 명확하게 하고자 노력하는 것은 성장을 위해 필수적인 부분이다. Carol 또한 청소년기라 할 수 있는 19세에 Berne을 만났고 Carol의 정체감 형성을 돕기 위해 Berne이 던진 즉각적인 질문은 효과가 있었던 것으로 보인다.

5) 직관

Carol은 Berne이 직관을 아주 중요하게 생각했다고 증언했다. 어느 날 Berne은 Carol에게 다음 주는 개인상담 시간을 잡기가 어려우니 집단상담에 참석할 것을 요청했다. Carol이 살고 있던 카멜에서 샌프란시스코까지는 두 시간이 걸리는데 운전 중 길을 잃은 Carol은 20분이나 늦게 집단상담에 도착했다. 비어 있는 의자에 앉아 주변을 둘러보니 Berne은 눈을 감고 한 중년 여성의 이야기에 귀를 기울이고 있었고 다른 참석자들도 모두 그 이야기를 듣고 있었다. 그 여성은 끊임없이 "난 정말 우리 딸 때문에 미치겠어요. 어떻게 해야 할지 도무지 모르겠어요."라며 10분 동안 같은 이야기를 반복했지만 아무도 말을 하는 사람이 없었다. 마침내 Carol이 "혹시 딸이 임신을 했나요?"라고 묻자 그 중년 여성은 "네."라고 대답을 했다. 그 말을 들은 Berne은 눈을 번쩍 뜨고 의자에서 일어나 "그것을 어떻게 알았니?"라며 놀라워했다. 다음 주 개인상담에서 Berne이 맨 처음 물은 것도 "너 그걸 어떻게 알았니?"였고 Carol이 가진 직관에 대해 놀라워했다.

또 다른 회기에 Carol은 카우치에 누워 이야기를 하면서 Berne이 여느 때보다 자신의 이야기에 귀를 기울이고 있음을 느낄 수 있었다. "Berne 박사님, 혹시 집단상담에서 저에 관한 이야기를 하셨나요?" 그러자 Berne은 너무나 놀라며 "어떻게 그걸 알 수 있지?"라고 대답했다. Carol이 가진 직관력에 대한 Berne의 놀라움과 긍정적인 스트로크가 그녀를 상담가로 이끌었음을 알 수 있게 한 대목이었다.

Berne이 직관에 대해 관심을 가진 것은 1945년 제2차 세계대전 당시 육군의 정신과에서 일을 할 때였다. 그는 「직관력의 본질」(1949)이라는 논문에서 직관력 실험에 대한 의미를 이야기했는데 과학적, 임상적 작업에서 직관력은 타당하고 유용한 도구가 될 수 있다고 했다. 군인들과 작업하면서 알게 된 비언어적 신호에 대한 정밀한 관찰은 Berne의 심리치료의 대표적인 특징이 되었고 교류에 있어서 진짜 메시지와 의미가 다른 심리적 메시지를 전달하는 방식에 대한 의사소통 이론의 주춧돌이 되었다(박현주 역, 2009). Carol의 직관력을 놀라워하며 높이 평가한 Berne의 반응에서 다음의 이야기를 떠올릴 수 있다.

"… 과학적 방법을 사용할 때가 있고 직관을 사용할 때가 있다. 과학적 방법은 확실성을 가져오고, 직관은 가능성을 가져온다. 이 둘을 함께 사용할 때만이 창조적 사고를 할 수 있는 토대가 된다."(Berne, 1949, p. 30: 박현주 역, 2009 재인용)

6) 허가

Carol이 받았던 강력한 허가(permission)의 이야기는 감동적이다. 당시 Carol은 뚱뚱한 소녀였다고 한다. Berne과 상담 중에 그녀는 "난 뚱뚱하고 못생긴 애예요. 난 내가 싫어요."라고 말했다. 한참 동안 Carol을 바라보던 Berne은 "넌 못생기지 않았어. 넌 참 예쁜 아이야, 단지 살이 좀 찐 예쁜 아이야." 그리고 그녀가 상담실을 떠나기 전 Berne은 처방전 노트에 뭔가를 쓰더니 그녀에게 내밀었다. 거기에는 '아름다워질 수 있는 자격증, Eric Berne으로부터'라고 쓰여 있었다.

그것이 Berne과의 마지막 회기였고 그 후 몇 달 뒤 Carol은 살을 빼기로 결심했으며 공부를 위해서 학교로 돌아갔다. 10킬로 정도를 뺀 후 Carol은 그녀의 바뀐 외모와 그간의 노력을 Berne에게 보여 주고 싶어서 그와 약속을 잡았다. 약속된 시간에 찾아갔지만 그녀가 들을 수 있었던 소식은 Berne이 심장마비로 쓰러

졌다는 이야기뿐이었다. 아직도 Berne이 써 준 그 노트를 간직하고 있다고 말하는 Carol의 목소리는 잠기고 갈라졌다.

허가는 단순히 긍정적인 명령이 아니다. 여러 가지 선택 중 자유롭게 택할 수 있는 면허와도 같은 것이다. 자신이 원하면 사용할 수도 있고 사용하지 않을 수도 있다. Berne에 따르면 허가에서 사용하는 말은 긍정적일 수도 있고 부정적일 수도 있다. 허가는 사람들이 각본을 깨고 나오는 데 핵심적인 역할을 하며 많은 허가를 받을수록 각본에 덜 얽매이게 된다. 치료자는 허가를 주는 과정에서 내담자의 어른 자아가 포기하고 싶어 하는 각본패턴을 버릴 수 있는 자격을 내담자에게 부여하고 내담자가 이를 받아들이면 각본으로 인한 행동으로부터 해방되는 작용을 한다(박현주 역, 2009). Carol은 자신의 몸이 마음에 들지 않는다고 불평만 늘어놓다가 Berne이 준 허가를 진정으로 받아들인 다음 스스로 살을 빼고 다시 학교에서 공부를 시작하였다. 허가와 더불어 내담자의 어린이 자아에 Berne이 심어 준 힘(potency)이 작용한 것이다. 그러므로 Berne의 노트에는 어떤 조건도 없이 '아름다워질 수 있는 자격증'이라고 쓰여 있었던 것이다.

7) 치료적 관계 맺기

모든 상담에서 상담자와 내담자가 좋은 치료적 관계를 맺는 것은 필수적이다. Berne 또한 이 부분을 중요하게 여겼다. 상담자와 내담자 두 인격체의 만남에서 두 사람의 성격적인 특성이 잘 맞고 내담자의 문제에 상담자가 적극적인 관심을 가지고 특히 공유할 수 있는 경험이 있을 때 치료관계가 잘 이루어지고 깊은 수준의 공감이 가능하다. Carol과 Berne은 같은 유대인으로 차별을 느꼈고 둘 다 뛰어난 직관을 가지고 있었으며 둘 다 어릴 때 아버지를 여의었다. Carol은 태어나서 6주 만에 친아버지를 여의었고 12세에 양아버지마저 돌아가셨다. Berne은 두 딸을 잃은 것에 대한 비슷한 경험을 가지고 있었는데 첫 번째 부인인 Elinor와 이혼을 하면서 그의 딸 Ellen을 키울 수 없게 된 점을 딸을 잃은 것으로 느꼈고, 두 번째 결혼에서 얻은 양딸을 교통사고로 잃고 큰 슬픔에 잠기기도 했다. 이런 비슷한 요소들이 Carol과 Berne에게 좋은 관계를 맺게 하는 요인이 되었다.

좋은 치료적 관계를 맺기 위해 내담자와 치료자가 서로를 지각하는 방식은 큰 영향을 미치는 요인이 된다. 내담자의 입장에서 보면 치료자의 경험과 숙련도, 임상가의 성격과 지적 능력, 내담자에 대한 호감 등이 관계형성에 중요한 영향을 미치는 요인이다. 치료자의 입장에서는 치료에 대한 동기가 낮거나 적대적이거나 비판적인 사람으로 비춰질 때, 인간적으로 좋아할 만한 면이 없거나 도저히 관계가 발전될 가망이 없는 것처럼 지각된다면 역시 치료적 관계 형성에 상당한 어려움이 있을 것이다. 반드시 치료자와 내담자가 공통된 인생 경험을 가질 수는 없겠지만 두 인격의 만남에서 공통된 인간사에 대한 이해는 신뢰관계와 공감적 이해를 이끌어 낼 수 있는 치료의 바탕으로 작용함을 볼 수가 있다.

8) 집단상담

Berne의 개인상담시간이 분석에 무게를 둔다면 집단상담에서는 교류가 중심이었다. 집단치료에서 Berne의 메시지를 요약하면 다음과 같다.

'네 자신이 되어라' '이야기 하라' '직관을 믿어라' '위험을 기꺼이 감수하라' '당신이 옳다고 생각하는 대로 행동하라'

Berne이 집단에서 보여 준 모습은 Carol이 경험한 그 어떤 교류분석 상담가들보다 말이 없었다. 그저 눈을 감고 있거나 내려뜨고 조용히 앉아 집단원들의 이야기를 듣고 집단원들의 어린이 자아가 활동하기를 기다리며 관찰하고 있었다. 그리고 집단원들이 스스로를 자각할 수 있도록 기회를 주었다. 순응하는 어린이 자아에서 어른 자아로 스스로에게 '무엇을 해야 할까' 물을 수 있는 기회를 주는 것이다. 하지만 직면이 필요할 때면 조용하지만 힘이 있게 집단원들에게 직면을 했다.

한번은 아버지를 열 살에 전쟁에서 잃은 남자가 집단상담에 참여했다. 그의 아버지는 2차 세계대전 중 폭발로 사망했는데 그는 전혀 감정을 느끼지 못하는 문제로 집단에 참여를 했다. 해결되지 않은 애도 문제는 그 남자를 여러 가지로 힘들게 하고 있었다. 그 남자가 "아버지가 돌아가셨을 때…"라고 말을 시작하자 Berne은 "당신 아버지는 그냥 돌아가신 게 아닙니다. 당신 아버지는 폭발로 날아가 버린 겁니다."라고 말했다. 그 말을 들은 그 남자는 주체할 수 없는 감정을 드러내기 시작했다.

　Berne은 집단상담자를 위한 두 가지 중요한 점을 이야기하였는데 그중 하나는 상담자가 스스로에게 해야 하는 기본적인 질문들이다. ① 나는 왜 이것을 하고 있는가?(다른 것을 하지 않고) ② 나의 내담자들은 왜 여기 있는가? ③ 왜 나의 내담자들은 해결책으로 심리치료를 선택하였는가? ④ 이 회기에서 무엇을 제공할 것인가?

　두 번째는 상담자의 자산이다. ① 관찰에 대한 특별한 힘(관찰하기), ② 편견 없이 기꺼이 살펴보기(평정심), ③ 최선의 치료 효과를 위해 집단을 구조화하는 능력(계획)(Clarke, 2011)이다. 앞의 예는 Berne 자신의 말대로 관찰과 평정심을 유지하면서 직면을 하고 있는 집단상담자의 모습을 잘 볼 수 있는 장면이다.

9) 경계 세우기

　비록, Carol이 Berne과 상담을 하고 Berne에게 교류분석을 배우는 가까운 사이였으나 항상 내담자와 상담자 간, 교사와 학생 간의 경계에 대해서는 철저했다고 Carol은 말했다. 어느 날 공부를 마치고 같이 나오게 되었는데 길가에 Berne의 스포츠카가 주차되어 있었다. Carol이 "박사님, 차가 정말 멋있네요. 저 좀 태워 주시면 안 될까요?"라고 하자 Berne은 Carol을 한참 쳐다보다가 차문을 열어 주며 타라고 했다. 그리고 그 주변을 한 바퀴 돌아 제자리에 Carol을 내려 주며 다음 주에 보자고 인사를 하며 갔다.

　경계는 어느 개인이 허용할 수 있는 것과 침범해 들어오는 것과의 사이이며 '안전함'과 '위해함'의 사이로 눈에 실질적으로 보이지 않는 상상 속의 선이라 할 수 있다(Clarke, 2011). 오랜 상담을 통해 친밀감이 형성되면 내담자와의 경계가 모호해지는 경우가 있다. Berne은 그러한 경계를 명확히 했을 뿐만 아니라 내담자가 자신이 거절당했다는 상처를 받지 않도록 슬기롭게 Carol의 요구를 처리한 것이다.

10) 치료회기 중의 Berne의 모습

Berne은 어른 자아(A)를 높이 평가하고 자주 문제를 해결하려면 'A를 켜라.'라고 말했다. 회기 중 Carol이 "요즘 내가 어디에 서 있는지 잘 모르겠어요."라고 말을 하자 Berne이 "네가 어디에 있는지 알 필요는 없지만 네가 지금 무엇을 하고 있는지는 알아야 돼."라고 말하였다. 이런 Berne의 반응은 A로 생각하게 하고 최고의 결정과 행동 계획을 만들게 해 주었다.

또한 Berne은 치료자로서 환자의 전이로부터 도움을 받기는 하지만 자신의 감정을 말로 표현하지는 않았고, 단지 내담자들이 그 것을 볼 수 있도록 하였다. 그는 굉장한 직관력을 가지고 상담에 임했고 그 당시 누구나 회기 중 여러 번 묻곤 하던 "당신의 느낌은 어떠하세요?"라고 묻지 않았다. 그는 다른 사람의 감정을 알고 있는 것처럼 행동을 했고 때로는 내담자 자신도 알지 못하는 자신의 정서를 Berne은 알고 있는 것처럼 보였다.

그가 교류분석에 대해 이야기할 때는 칠판에 정말 간단한 도형을 그려서 자아상태와 교류에 대해 설명을 하곤 했는데 요즘 교류분석 상담자들이 사용하는 것보다 훨씬 간단한 것이었다. 그리고 내담자와 함께 있을 때 그는 언제나 진실로 현재에 머물러 있는 것처럼 보였고 누구보다 침묵을 상담의 도구로 적절하게 사용하였다. 그가 내담자들에게 보여 주는 정서는 '놀이 같은 즐거움'과 '돌보아 줌' 등과 같은 것이었다.

Carol의 이야기를 통해서 우리는 Berne의 상담자로서의 새로운 모습을 볼 수 있다. 그것은 Carol이 내담자로 Berne을 처음 만났기에 가능했던 일이다. Carol은 Berne이 고독한 천재였다고 했다. Berne의 아이큐는 200에 가까웠고 여러 언어를 구사했으며 일생 동안 단지 두 손가락을 사용하여 끊임없이 글을 썼다. 경제적으로 넉넉지 않았고 이혼으로 자신의 아이들을 키울 수 없음을 가슴 아파했다. 또 공산주의자로 의심을 받아 정부로부터 조사를 받았으며 그 일로 인해 해고되고, 뒷날 그 순간을 '마치 종이봉지를 머리에 쓰고 사는 것같이 나는 보이지 않는 사람이었다.'고 아들에게 그 시절을 회고했다. Berne 또한 그 시대를 살아가던 한 인간임을 느낄 수 있는 이야기였다. 그는 이론가로서 심리학자로서, 또 의사로서 자신이 믿는 바대로 행동했고 자신의 느낌으로 치료를 이끌었으며 자신의 내담자에게는 한없이 공감하고 돌봐 주며 지지해 주는 사람이었다.

9. Berne 생애의 말년

Berne은 두 번째 이혼 후 책을 집필하고 정기적인 세미나를 열면서 더욱 교류분석이론을 개발하는 것에 몰두하였다. 1967년 Berne은 Torre Peterson을 만나 결혼하였다. 그녀가 그를 처음 만난 곳은 여름 학회에서였다. 비록 나이 차이는 많이 나고 Torre가 정규교육을 받지는 않았으나 멘사 회원일 만큼 높은 지능의 소유자였다는 점, 그녀가 유대계 혈통이었다는 것, 심리학에 큰 관심을 가지고 있었던 점 등이 그들을 가깝게 했고 결국 짧은 기간이었지만 결혼을 하게 된다.

이 시기에 Berne은 그의 어린이 자아를 있는 그대로 활동하도록 스스로 허가한 최초의 시기이기도 하다. 막내아들의 드럼을 치기도 하고 매주 세미나 후 뒤풀이 시간에는 춤을 격렬하게 추기도 하였는데 그의 춤은 춤이라기보다 운동에 가까울 만큼 뛰기만 하는 것이었다고 친구들은 말하였다. 그는 1966년 『뉴욕타임즈』 인터뷰에서 스스로를 '57세의 청소년'이라고 표현할 만큼 인생의 새로운 단계에 접어들었다. 샌프란시스코 교류분석 멤버들은 Berne의 이러한 시기를 그들의 양육적 부모 자아(NP)에서 잘 이해했고 받아들였다. Jacqui Schiff는 Berne과 춤을 추었던 경험을 "나는 리듬감이 전혀 없어요. 그래도 Eric은 개의치 않는 것 같았고 우린 그저 눈치보지 않고 즐겁게 같이 춤을 추었지요."라고 말했다.

Torre와의 결혼 기간 동안 Torre는 유대의 전통을 강조하고 그들의 집은 히피 스타일로 꾸몄다. 하지만 Berne은 여전히 자신의 저술 활동과 진료, 교류분석 관련 세미나를 이어 가고 Torre는 자신이 Berne의 식사를 챙기거나 Berne에게 방해가 되지 않도록 해야 하는 역할에 마치 하녀가 된 듯한 심정을 표현하곤 하였다. Steiner는 Berne이 자신의 가정생활과 교류분석이 섞이는 것을 싫어하였기 때문에 그녀의 아내들이 세미나에 참여하는 것을 꺼렸다고 한다. 하지만 Torre는 준비만 해 주는 역할에서 그치지 않고 세미나에 참여했고 목소리를 내기 시작했다.

1970년 초에 Berne은 Torre와 이혼하였고 두 번째 아내였던 Dorothy와 재결합을 원하였다. Dorothy는 마음을 결정하지 못하였지만 두 사람은 9월에 함께 여행을 하며 그 문제를 상의해 보기로 하였다. 심장마비가 일어나기 2주 전 Berne은 친구들에게 자신이 얼마나 잘 지내고 있는지 이야기했으며 딸 Ellen에게도 자주 전화를 걸기 시작했다. 하지만 6월 26일 통증을 호소해 심장발작이 원인이라는 의학적 진단을 받고 병원에 입원하였다. 입원한 다음 주 화요일에 그는 Karpman에게 전화를 걸어 교류분석의 주요 멤버들이 병원을 방문해 주었으면 하고 기대하고 있고 만약 못 온다면 꽃이나 맛있는 사과, 손수 만든 카드를 보내주길 원한다고 했다. Steiner가 그의 친구 Hogie Wyckoff와 마지막으로 Berne을 방문했을 때 그들은 방 안을 풍선으로 장식하고 포스터와 배너를 걸고 음악을 연주하며 Berne의 어린이 자아(C)를 자극하려고 애를 썼다. 하지만 Berne의 외양은 그들이 기대하던 것보다 훨씬 심각하게 보였고 Steiner는 Berne이 퇴원을 하면 자신이 카멜로 이사를 와서 당분간 함께 지내겠다고 이야기를 했다.

3주 후, 이번에는 더 큰 또 다른 심장발작이 일어났고 이것은 결국 그를 죽음으로 데려간 원인이 되었다. Berne은 1970년 7월 15일에 사망하였다. Dorothy와 그의 동생은 미디어나 교류분석 협회 사람들의 참여를 제한한 조용한 가족만의 장례식을 원하였고 Berne은 El Carmelo Cemetery in Pacific Grove, California에 잠들었다. 그의 묘비석에는 단지 Berne의 출생과 사망을 알리는 날짜 외에는 아무런 말도 씌어 있지 않다.

Berne은 그의 책 『What Do You Say After You Say Hello?』에 다음과 같은 구절을 남겼다.

> 죽음을 맞이할 때 누가 당신 옆에 있을 것인가?
> 당신의 마지막 말은 무엇일까?
> 당신은 무엇을 남길 것인가?
> 당신의 묘비에 그들은 무엇이라고 새길 것인가?
> 당신의 묘비 앞에는 뭐라고 쓰일 것인가?
> 뒤에는 뭐라고 쓰일 것인가?
> 당신이 죽은 후 그들은 어떤 놀라운 것을 발견할 것인가?
> 당신은 승자인가, 패자인가?

2장
교류분석의 철학적 토대와 인간관

교류분석은 Freud의 정신분석에서 이론적 근원을 찾을 수 있지만 철학적 지향점을 볼 때, 인본주의 심리학으로 분류된다. 교류분석에서 인간은 기본적으로 낙관적인 존재이다. 따라서 인간의 성격과 행동을 Freud식의 결정론적 관점이 아닌 반결정론적(antideterministic) 관점에서 조망한다. 과거, 특히 생애초기에 경험하는 중요한 타인과의 관계 경험이 미치는 영향력보다 개인의 선택에 따른 변화가능성을 강조한다. 인간은 누구나 실존적 존재로서 존엄성과 가치를 지니고 있으며 자신의 삶과 환경에 대해 새롭게 결정할 수 있다는 것이다. 따라서 과거 사건이나 경험을 운명으로 받아들이는 수동적인 희생자의 태도는 교류분석이 제시하는 인간관과는 거리가 멀다. 개인은 자기 삶에 대한 책임의식을 바탕으로 사고와 감정과 행동 방식을 재구조화할 수 있는 능동적인 존재이다. 과거의 질곡에서 벗어나 자신의 운명을 새롭게 결정할 권리와 권한을 지니고 있다. 자신에 대한 이러한 가치와 능력을 알아차리고 삶의 전 영역에서 주도권을 행사해야 한다. 이러한 교류분석의 인간관은 다음의 세 가지 철학적 가정을 통해 구체적으로 드러난다(Berne, 1966; Stewart, 1992). 따라서 먼저 Berne의 철학적 토대가 된 배경을 살펴본다.

1. 교류분석이론 인간관의 배경이 된 Berne의 철학적 토대

Berne의 교류분석이론이 정립되어 가는 시대적 상황 속에 면면히 흐르는 철학적 사조들이 있었다. Berne은 고대와 현대를 포괄하는 많은 철학적 사조에 관심이 많았고 이러한 부분들을 자신의 이론에 접목하였다. Stewart(1992)는 Berne이 교류분석이론과 이론이 지향하는 사상을 정립하는 것과 동시에 이를 치료에 적용함에 있어서 가장 많은 영향을 끼친 철학적 사조 세 가지를 언급하였다. 즉, 경험주의(empiricism)[1], 현상학(phenomenology)[2], 실존주의(existentialism)[3]가 그것이다.

---

1) 베이컨, 홉스, 로크, 버클리, 흄으로 전개되는 영국 경험주의(Empirismus, 經驗主義)-현실에서의 관찰 가능성을 강조하고 정확성을 검증할 수 있는 것에 의미를 부여한다.
2) 독일의 철학자 에드문트 후설에 의해 창시된 철학운동의 하나인 현상학(phenomenology, 現象學)은 M. 하이데거, O.베커 등이 대표되며 이 현상학의 기본원리는 주관으로서의 의식과 객관으로서의 대상을 하나로 연결하는 지향성의 원리이다.
3) 19세기 합리주의적 관념론이나 실증주의에 반대하여, 개인으로서의 인간의 주체적 존재성을 강조하는 철학 및 문예상의 사조로 사르트르, 부버 등이 대표되는 철학인 실존주의(existentialism, 實存主義)는 개개의 단독자인 현실적 인간, 즉 현실의 자각적 존재로서 실존(existence, existenz)의 구조를 인식·해명하려고 하는 철학사상이다.

1) 경험주의와 교류분석

Berne은 자신의 이론을 실제 생활과 세상에서 일어나는 일, 사건들과 밀접하게 관련지었고, 끊임없이 자신의 이론을 현실에서의 관찰과 비교하여 그 정확성을 검증하고자 하였다(박현주, 2009). Berne은 일부 정신분석가들이 과도하게 비현실적으로 동시에 지나친 추상성으로 이론화, 개념화하는 것에 대한 부정적 인식이 많았고 이에 대한 반작용과 교류분석을 발전시키기 시작했던 그 당시 유행한 정신분석이론과 대치 점에 서게 된 또 다른 심리학인 행동주의에 영향을 받은 듯하다. 그렇다고 해서 Berne이 추상적인 개념을 일체 거부하고 오로지 관찰될 수 있는 상태만을 다루고자 한 극단적인 경험주의자는 아니었다. Berne의 이론은 추상적인 개념과 관찰 가능한 진술 모두를 담고 있으며, 그의 이론의 논리적 구조 안에서 이 둘이 서로 잘 연결되어 있다. 동시에 이 추상적 개념을 누구나 이해하기 쉽게 삶 속에 녹아든 용어로 생활 속에서 관찰 가능한 개념으로 정립하고자 노력하였다. 이에 대한 단적인 예가 부모 자아, 어른 자아, 어린이 자아로, 그리고 통제적인 부모 자아, 양육적인 부모 자아, 어른 자아, 자유로운 어린이 자아, 순응하는 어린이 자아로 용어화, 개념화하여 설명되는 것이다. 아울러 오늘날 이러한 경험주의가 교류분석으로 강조되는 단적인 슬로건은 "너의 복잡한 내면을 명쾌하게 알아차렸다면 관찰과 검증 가능한 변화된 행동으로 보여라!"이다.

2) 현상학과 교류분석

　현상학의 방법은 '본질에 대한 직관'을 강조하는데 이는 먼저 순수하게 사물의 본질을 직관하는 데 방해되는 요소들을 옆으로 치워놓는 것이다. 현상학적으로 가장 본원적이고 일차적인 경험이 무엇이냐는 것은 '나 자신의 주관성 경험'이다. 후설도 언제나 명확한 출발점은 '나'라는 존재를 강조하였고 이는 곧 인간은 자신의 직접적, 개인적 경험을 통해서 세계를 가장 잘 이해할 수 있다는 것이다.

　이는 이 당시 과학이 강조한 '객관적인' 분석과는 뚜렷하게 대비됨과 동시에 경험주의적 관점과도 궤를 달리한다. Berne은 이러한 점을 해결하였고 이는 이후 교류분석이론에서 매우 핵심적인 위치를 차지하게 된다. Berne이 직관에 대한 논문을 통하여 이론을 정립하면서 이것이 이후 교류분석으로 발전된다. 직관 연구의 핵심주제는 한 개인의 직관 그 자체를 어떻게 경험적인 것으로 연결할 수 있는가였다. 그리하여 Berne은 임상가들이 어떻게 직관과 객관적 관찰을 치료적으로 유용하게 결합시킬 수 있는지를 보여 주고자 했다.

　심리상담의 '예술성'과 관련된 직관과 객관적 관찰을 함께 사용하는 것이 각각을 따로 사용할 때보다 훨씬 더 좋은 결과를 가져올 수 있다고 했다. 오늘날 이러한 현상학은 교류분석상담에서 상담자가 내담자의 자아상태, 교류, 게임, 각본을 분석함에 있어서 상담자의 직관과 동시에 행동으로 보이는 내담자를 예리하게 관찰하는 것이 중요함을 시사하고 있다. 아울러 오늘날 이러한 현상학이 교류분석으로 강조되는 단적인 슬로건은 "타인이 평가하고 말하는 것보다 내가 경험하고 확인하는 것을 중요하게 여겨라!"이다.

3) 실존주의와 교류분석

실존주의가 추구한 것은 '나 자신에게 해당하는 진리'이다. 이런 진리를 '주체적 진리'라고 한다. 종래의 철학은 "이런 사람이 됩시다!" "이런 사회를 만듭시다!"라고 외쳤다. 이것 또한 중요하다. 인간이 사회적 동물인 이상, 모두 함께 사회를 만들고 그 속에서 살아갈 수밖에 없다. 하지만 사회에 신경을 쓰고 뜻을 맞추려고 해서는 둘도 없는 '개개인'의 삶이 엉망이 되는 경우가 많다. 결국 그렇게 사는 건 자신의 인생이 아니다. '인간 주체의 삶'이 유행한 시대에는 그 배경에 사회의 위기가 있었고, 인간성을 상실하기 쉬운 사회 환경이 있었다. 실존주의자들이 '개개인의 실존'을 외친 것은 '시대의 필요성'이 있었기 때문이다.

Berne이 자신의 이론과 실존주의 치료 접근을 비교하는 것을 좋아한 이유는 교류분석이 상당히 정립되어 간 그 시대적 배경이 '개인의 실존'을 강조한 것도 작용하였고, 보다 직접적으로 국가와 사회가 가족에게 다시 가족 속에 부모가 자녀에게 요구하고 자녀가 이에 무조건 맞추는 것이 실존의 상실이자 개인의 자율성 유보로 나타난다고 보았기 때문이다.

이러한 측면에서 실존주의자로서 Berne의 면모를 잘 보여 주는 예가 포커를 매우 좋아하고 잘한 Berne의 진술에서 잘 드러난다.

즉, 포커 판에서는 아무도 자신을 간섭하지 않고, 아무도 동정하지 않으므로 포커를 치는 자신의 모든 행동에 대한 책임은 온전히 자신에게 있다는 것이다. 배팅을 한 것도 자신이므로 다른 누구도 탓할 수 없고, 그 결과는 온전히 나의 몫이라는 것이다. 따라서 인생의 의미는 환경이나 사건에서 찾을 수 있는 것이 아니고, 경험하는 당사자 안에서 발견되는 것에 의미를 부여한다. 결국 개인의 책임을 강조하는데, 왜냐하면 인간의 행동이란 자신이 선택한 결과이기 때문이다. 그리하여 사르트르는 "인생은 B(irth)와 D(eath) 사이의 C(hoice)라고 하였다." 이러한 측면에서 오늘날 이러한 실존주의가 교류분석으로 강조되는 단적인 슬로건은 "선택할 수 있는 상황이 실존이다! 그러므로 그 선택에 대한 책임을 자신이 짐으로써 실존한다!"이다.

2. 교류분석의 인간관

Berne은 세 가지 철학적, 사상적 토대를 배경으로 교류분석이론이 지향하는 인간관을 정립하였고 이 매력 있는 인간관은 오늘날 교류분석이론이 많은 임상가들에게 각광받는 이론으로 평가받는 이유가 되고 있다. 세 가지 인간관은 다음과 같다.

1) 인간은 누구나 OK다

첫 번째 이 인간관은 인본주의적 관점으로 행동에 관한 것보다는 인간의 본질에 대한 긍정성(OK)을 인정한다. 이는 Berne의 '인간은 누구나 왕자, 공주로 태어났다.'고 하는 선언을 통해 강조되었다. 교류분석이론은 기본적으로 인간은 누구나 OK라고 간주한다. 여기서 '누구나'라는 것은 아무도 예외 없음을 뜻한다. 즉, 경제적 수준, 신체적 조건, 출신 배경, 나이, 학력, 직업, 외모, 인종, 문화, 종교 등 기타 어떤 기준이나 이유로도 '누구나' 포함되어야 하는 OK의 범주에서 제외될 수가 없다는 것이다. 이 땅의 모든 사람은 어떠한 예외나 차별도 없이 OK인 것이다. 지극히 당위적인 표현이다. 하지만 이러한 표현이 새롭게 들릴 만큼 수많은 차별과 조건적인 OK가 난무하고 있음을 부인하기 어려운 현실이다.

'OK'는 영어의 일상적인 표현으로 '괜찮아' '좋아'를 의미한다. 화자나 상대방의 문제없음을 밝은 기운으로 확인시켜주는 단어이다. 듣는 사람으로 하여금 상쾌하고 기분 좋은 느낌을 불러일으킨다. 무의식적으로는 존재에 대한 확인 욕구를 충족시키는 인정자극이다. '당신은 OK입니다.'라는 언어적, 비언어적 메시지는 당사자의 정체감을 확인시키고, 나아가 자기 존중감을 높여준다.

우리는 얼마나 자주 '나는 OK가 아니야.'라는 경험과 씨름했던가? 생애 전반에 걸쳐 평가와 조건화에 길들여져 있는 수많은 개인과, 경쟁과 성공의 함수로 짜인 사회구조 속에서 오히려 'OK 아님'이 일상적이고 지배적인 언어로 자리매김하고 있다. 개인이 겪고 있는 온갖 병리적인 증상의 이면에는 'OK 아님'의 그림자가 짙게 드리워져 있다. 그렇기에 '당신은 OK입니다.' '나는 OK입니다.'라는 진술은 인간 존재에 대한 재발견에 간주될 만큼 강력하고 감동적이다. '당신은 OK입니다!'라는 목소리는 누구나 들었어야 하고, 들어야 할 당위의 언어이다. 다만, 여러 이유로 알아차리지 못하였고, 듣지 못하였던 것이다. 교류분석이 말하고 있는 '인간은 누구나 OK이다.'는 그래서 더욱 큰 울림으로 다가온다. 정말로 '인간은 누구나 OK이다.'

2) 인간은 누구나 사고할 능력을 가지고 있다

인간을 사고능력 존재로 보는 두 번째 인간관의 바탕에는 각 개인은 사고할 수 있으므로 자신의 행동에 대한 책임을 져야 한다는 실존주의적 철학이 깔려 있다. 교류분석이론은 인간을 사고할 능력을 지닌 존재로 바라본다. 아니, 단순히 바라보기만 하는 것이 아니라 그런 능력을 지닌 존재로 간주한다. 인간이 다른 동물과 구별된다고 할 때, 일반적으로 '사고할 수 있는 능력'의 소유 여부가 지목되곤 한다. 이런 점에서 인간의 사고할 수 있음을 인간관으로 강조하는 것이 특별한 것인가?라고 생각할 수도 있다. 하지만 교류분석이론이 재차 강조하고 있는 '사고할 수 있음'의 인간관은 근대철학의 아버지로 불리는 데카르트의 명제인 '코기토 에르고 숨(cogito ergo sum)', 즉 '나는 생각한다, 고로 나는 존재한다.'에서 드러나는 인간관과 맞닿아 있다고 할 수 있다. 데카르트의 명제는 '나'라는 주체가 존재하는 것은 바로 '생각'하기 때문임을 가리킨다. 이는 '나'라는 존재에 대한 중세적인 관점과 결별하고 근대철학을 열게 한 인식의 코페르니쿠스적 변화이다. 인간을 사고할 수 있는 능력을 지닌 것으로 간주한다는 것은 존재론적 차원의 획기적인 변화와 연결될 만큼 그 무게감이 크고 의미심장하다.

사고함을 통해 자신의 삶을 재구성하고 주도권을 행사할 수 있기 때문이다. 패배적인 인생각본을 버리고 새로운 승자 각본을 쓰는 것은 '사고할 수 있음'에서 출발한다. 사고할 수 있음은 자신이 살아온 삶과 살아갈 삶을 통찰할 수 있음을 의미한다. 사고함을 통해 지금까지 살아온 삶의 각본을 새롭게 구성할 수 있는 것이다. 따라서 인간은 누구나 사고할 능력을 가지고 있다는 관점은 인간의 변화 가능성과 자기 삶에 대한 주체성을 확언하는 것이다.

3) 인간은 자신의 운명을 스스로 결정하며, 결정은 얼마든지 변화될 수 있다

경험주의, 현상학, 실존주의 철학이 바탕이 되는 이 세 번째 인간관은 오늘날 많은 사람들에게 희망과 동기를 부여하고 있다. 교류분석이론은 인간이 기존의 익숙한 행동양식에서 벗어나 새로운 행동을 선택할 능력을 갖고 있다는 반결정론적 철학을 견지한다. 사람은 누구나 OK이다. 하지만 때와 상황에 따라 적절하지 않은 (not-OK) 행동을 하곤 한다. 이런 결정은 어린 시절에 결정한 초기 전략을 따르는 데서 비롯된다. 어린 시절에 수립한 전략은 당시로서는 최선의 방법이었다. 하지만 성장한 후에도 여전히 동일한 전략을 사용함으로써 고통을 경험한다. 그 경험이 비생산적이고 고통스러워도 어린 시절의 전략을 바꾸기란 쉽지 않다. 바꾸지 않으면 고수할 수밖에 없는 것이다. 과거, 생애 초기에 결정한 특정 전략과 행동방식을 운명처럼 받아들이는 것은 수동적인 자세이다. 자신의 처지를 한탄하면서 환경을 탓하거나 비난의 화살을 내부로 돌려 자신을 탓하기도 한다. 안타깝게도 대부분의 사람들이 이런 사실을 알아차리지 못한 채 어린 시절 채택한 삶의 방식을 세월이 지나 성인이 되어서도 반복한다. 반복된 행동 방식은 성격으로 굳어진다. 역기능적인 행동 증상이 반복되고 자신과 대인관계에 불편을 초래하게 되면 성격장애로 진단되기도 한다.

교류분석은 이러한 불편과 고통을 새로운 결단을 통해 변화시킬 수 있다고 확언한다. 즉, 생애 초기에 삶의 전략으로 채택한 초기 결정이 자신의 행복에 도움이 되지 않음을 자각하면 이것을 새로운 결정으로 대체할 수 있다는 것이다. 자기인생의 주인공은 자신이며 본인이 결심하고 행동하면 인생은 바뀔 수 있다는 것이며 결국 인간은 자기 자신이 자각하고 재결단하여 자신의 꿈을 이룰 수 있는 존재라는 것이다.

3장

교류분석의 주요 개념

국제교류분석협회(International Transactional Analysis Association: ITAA)는 교류분석을 '개인의 성장과 변화를 위한 체계적인 심리치료'로 정의하고 있다. 개인의 성장을 목표로 한다는 점에서는 발달적 특성을, 변화를 목표로 한다는 점에서는 교육 혹은 치료적 특성을 가진 것으로 분류할 수 있다. 동시에 교류분석은 적용면에서 인지, 정서, 행동, 신체, 영성을 통합한다. 따라서 인지, 정서, 행동 및 영성이론이면서 통합적 이론이라 할 수 있다. 특히 타 이론들에 비해 융통성이 있고 포괄적이어서 상담 및 심리치료 장면에 효과적으로 활용될 수 있는 뛰어난 이론이다. 이러한 특징은 교류분석이론이 담고 있는 주요 개념들을 살펴봄으로써 확인할 수 있다. 본 장에서는 교류분석이론의 주요 개념들에 대해 구체적으로 살펴본다.

1. 자아상태

1) 자아상태 1차 구조모델

교류분석에서는 성격을 서로 구별되는 세 가지의 자아상태로 설명한다. 즉, 뚜렷이 구별되는 것으로 가정한다. Berne은 자아상태를 각각 부모 자아상태(Parent), 어른 자아상태(Adult), 어린이 자아상태(Child)로 명명하였다. 이 용어가 처음에는 일상에서 사용하고 있는 부모(parent), 어른(adult), 어린이(child)와 비교되면서 지지를 받지 못했지만 Berne은 이 자아상태를 반복해서 관찰되는 행동과 연결시켰다. 이는 상당한 업적으로 평가된다. Freud가 제시한 초자아(super ego), 자아(ego), 원초아(id) 개념은 성격에 관한 추상적인 개념적 설명인 반면, Berne의 자아상태는 성격의 관찰되는 개념이라는 점에서 현상학적이다. 따라서 상대방의 자아상태를 현재의 시점에서 관찰하고, 분석함으로써 상담 및 심리치료, 교육, 각종 대인관계 장면 등에서 이를 활용할 수 있게 해준다.

어떤 사람이 자신의 부모 혹은 부모의 위치에 있는 권위적인 사람의 행동이나 사고 혹은 감정을 따라하고 있다면 '부모 자아상태(parent ego-state)'에 놓여 있는 것이다. 만약, 자신의 주위에서 일어나고 있는 사건에 대해 지금-여기에서의 생각, 감정, 행동으로 반응한다면 '어른 자아상태(adult ego-state)에 놓여 있는 것이다. 한편, 자신이 어렸을 때 했던 것처럼 행동하거나 사고하거나 감정을 느낀다면, '어린이 자아상태(child ego-state)에 놓여 있는 것이다. 이러한 자아상태를 일상적인 표현으로 'P자아상태' 'A자아상태' 'C자아상태'에 놓여 있다고 하고, 이 세 자아상태를 합친 것을 '자아상태 모델' 혹은 'PAC' 모델이라고 지칭하며 다음의 그림과 같이 나타낸다.

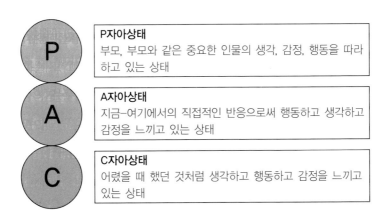

P자아상태
부모, 부모와 같은 중요한 인물의 생각, 감정, 행동을 따라하고 있는 상태

A자아상태
지금–여기에서의 직접적인 반응으로써 행동하고 생각하고 감정을 느끼고 있는 상태

C자아상태
어렸을 때 했던 것처럼 생각하고 행동하고 감정을 느끼고 있는 상태

[그림 3-1] 자아상태 1차 구조모델

한 개인은 P자아상태, A자아상태, C자아상태 모두에서 사고하고, 감정을 느끼고, 행동한다. 이는 C자아상태서 주로 '감정'을 느끼고 A자아상태에서 '생각'하고 P자아상태에서는 주로 '판단'을 한다는 일부의 설명과는 다른 것이다. 즉, 어떤 자아상태에서도 생각하고 느끼고 판단한다. 더불어, P 와 C자아상태는 '과거'를 반영하는 것으로서 과거 아동기 시절의 사고, 감정, 행동을 재연하는 것이다. A자아상태는 성장, 성숙한 사람으로서 '지금–여기' '현재'의 시점에서 반응하는 것이다. Berne은 P와 C가 과거를 반영한다는 점을 명확히 하였다.

2) 자아상태 2차 구조모델

2차 구조모델은 한 사람의 성격을 심층적으로 이해할 수 있는 토대를 제공한다. 1차 구조모델에서는 행동의 이유, 구체적인 성격 등이 안개와 같이 희미하게 보였다면 2차 구조모델을 통해서는 선명하게 드러난다. 2차 구조모델은 서류철과 같다. 성장과정에서 경험한 사고와 정서 및 행동이 P_1, A_1, C_1이라는 구조 안에 체계적으로 분류되어 있다. 부모나 부모와 같이 중요한 인물들로부터 보고, 듣고, 느낀 수많은 내용들이 내사(introjection)를 통해 P_3, A_3, C_3 구조 안에 차곡차곡 저장되어 있다. 이렇게 보관된 내용들을 면밀히 분석함으로써 개인의 행동이나 성격에 대한 깊이 있는 이해를 도모할 수 있다. 따라서 이러한 2차 구조모델 각각의 자아상태가 무엇인지 정확하게 이해할 필요가 있다. 다만, 유념할 것은 2차 구조모델을 보다 용이하게 설명하기 위해 1차 구조모델의 P, A, C에 P_2, A_2, C_2라는 명칭을 부여한 후, P_2 안에 있는 세 자아상태는 P_3, A_3, C_3로, C_2 안에 있는 자아상태는 P_1, A_1, C_1로 명명하였다는 점이다. 2차 구조모델의 자아상태에 대해 구체적으로 살펴보면 다음과 같다.

(1) P_3 (부모 자아상태 속의 부모)

부모는 그들의 부모, 즉 조부모로부터 지시, 명령, 가르침 등을 받았고, 그중 일부는 자녀에게 전달된다. 예를 들면, "강원도 사람은 옥수수와 감자가 주식이다."와 같은 지역적 특성에 관한 이야기나 "형제간이라도 빚보증은 절대 서지 마라."는 가르침, "대대로 공무원에 종사하라."와 같은 직업적 명령, "가화만사성(家和萬事成)"과 같은 가훈 등이 이에 해당한다. 또한 부모의 생애에 큰 영향을 미친 역사적 사건이나 시대적 상황을 반영하는 메시지들도 포함된다. 예를 들면, "제사를 모시기 위해서는 반드시 아들을 낳아야 한다." "처가는 멀수록 좋다." "여자는 시집가면 출가외인(出嫁外人)이다."와 같은 것들이다. 이런 메시지들이 검증이나 근거 없이 일방적으로 제시되고, 대를 이어 전달된 내용이 P_3의 형태로 내사되어 저장되어 있다. 한마디로 세대를 통해 전달된 메시지들이다.

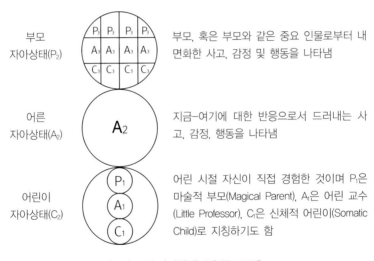

[그림 3-2] 자아상태 2차 구조모델

(2) A_3 (부모 자아상태 속의 어른)

부모 자아상태(P_2) 속의 어른(A) 자아는 P자아상태에 있는 인물로부터 듣고 모방해 온 객관적인 사실에 대한 진술이다. 부모나 부모와 같이 중요한 인물들이 이유 혹은 근거를 들어 말한 현실에 대한 객관적인 사실과 메시지들을 담고 있다. 예를 들면, "일찍 자고 일찍 일어나야 학교에 늦지 않을 수 있으니 일찍 자거라." "길을 건너기 전에는 항상 좌우를 살피고 건너야 안전하다." "양치질은 식사 후 하루 세 번은 해야 충치가 생기지 않고 이빨이 튼튼해질 수 있어."와 같은 진술들이다. 이러한 진술들은 특징적으로 합당한 이유를 들고 있다. 즉, 타당한 근거를 들어서 제시한다는 점에서 자녀는 이 메시지들을 그대로 받아들일 가능성이 높다. 하지만 "달에는 토끼가 산다."거나 "암(癌)에 걸리면 죽는다."와 같이 부모세대 당시에는 경험적으로 타당하다고 여겨졌으나 세월이 지나면서 지금은 사실이 아닌 것으로 확인되는 진술도 있다.

(3) C₃ (부모 자아상태 속의 어린이)

부모 혹은 부모처럼 중요한 인물들 모두 C자아상태를 가지고 있으므로 상황에 따라서 C자아상태의 느낌과 감정을 표현한다. 이들이 표현하는 정서와 감정을 관찰하거나 경험한 것을 C₃ 속에 저장한다. 어린 시절의 기억을 탐색해 나가면, 부모가 C자아상태에서 느낀 감정과 행동에 접근하여 그들이 보여 준 감정이나 반응을 경험할 수 있다. 예를 들면, 어린 시절 어머니는 아버지와 다투고 나면 굳은 표정으로 한동안 말을 하지 않곤 했는데, 지금도 그때 어머니의 표정과 화난 모습이 떠오르면서, 지금 나의 배우자와의 갈등 상황에서 비슷하게 반응하는 나 자신을 발견하곤 한다.

(4) A_2 (어른 자아상태)

A_2는 1차 구조모델의 A와 동일한 자아상태이다. A_2 자아상태는 P_2의 내용이 적절한지를 평가하고, 평가 결과 옳은 내용이라 판단되면 이를 A_2에 저장한다. 어른 자아상태는 부모 및 어린이 자아상태와 달리 과거의 경험을 재연하지 않는다. 이러한 이유로 2차 구조모델에서 자아상태는 별도로 구분하지 않는다. 어른 자아상태가 지금-여기에서의 현실검증과 문제해결 전략들을 모아둔 곳이라는 점에서 '사고' 기능만 하는 것으로 오해할 수 있다. 하지만 사고와 더불어 지금-여기에서의 적절한 감정 반응까지를 포함한다. 즉, 위기 상황에서 무조건적으로 작동하는 '공포' '불안' '슬픔' 등은 위험 상황에서 문제를 해결하거나 개인을 보호하는 역할을 한다. 따라서 문제해결에 도움이 되는 적절한 정서 반응은 A_2에 포함된다.

(5) P_1 (어린이 자아상태 속의 부모),

P_1, A_1, C_1은 모두 C자아상태의 내용을 어린 시절의 기본적인 욕구와 소망(C_1), 이것을 어떻게 충족할 수 있는지에 대한 환상(P_1), 직관적인 문제해결 기술(A_1) 등으로 구분하여 이름을 붙인 것이다. 2차 구조모델에서는 C자아상태를 C_2로 지칭한다.

사람은 출생 이후부터 수많은 규칙들을 학습한다. 부모로부터 해야 할 것과 하지 말아야 할 것에 대한 끊임없는 가르침에 노출된다. 어린아이는 이런 규칙들의 적절성을 검토할 능력이 없다. 따라서 모든 규칙은 반드시 지켜야 하는 것으로 받아들인다. 하지만 때로는 지키고 싶지 않은 규칙이 있고, 규칙을 어기고 싶은 상황이 발생하기도 한다. 이 경우, 어린 아이는 규칙을 그냥 어기는 것이 아니라 스스로를 두렵게 함으로써 그 규칙에 따르도록 한다. 예를 들면, "내가 착하게 행동하면 모두가 나를 좋아할 거야." "내가 밥을 다 먹지 않으면, 엄마 아빠가 나를 버릴지도 몰라."와 같은 것이다.

이러한 메시지는 부모가 실제로 준 메시지보다 과장된 것으로서 매우 위협적이고 파괴적인 영향을 줄 수 있다. 즉, 부모의 실제 의도와는 달리, "차라리 죽어 버려라." "절대로 즐겨서는 안 돼." 등과 같은 부정적인 메시지로 지각될 수 있다. 이처럼 P_1의 충동적이고 강박적인 반응의 속성으로 인해 C_2 안의 P_1을 전극(electrode)으로도 지칭한다(Berne, 1972).

(6) A_1 (어린이 자아상태 속의 어른)

C자아상태 안의 A인 A_1은 문제 해결을 위해 어린이가 사용하는 전략들의 저장소이다. 부모 메시지에 대한 P_1의 환상이나 C_1의 감각적 정서 경험에 직면하여 문제 해결 전략을 구사한다. 이러한 전략을 수립하는 과정에서 어린아이가 마주하게 되는 삶의 경험에 따라, 초기결정(early decision)이 내려지고 이는 인생각본(life script)의 형성으로 이어진다. 어린아이가 성장함에 따라 전략도 발달하지만 전반적으로 이성과 논리보다는 직관이나 감각에 의존한다. 창의성을 발휘하여 문제 해결 전략을 구사한다는 점에서 A_1은 '꼬마 교수(little professor)'라고도 불린다. A_1의 예로, "아빠의 행동을 흉내 내자 엄마, 아빠가 손뼉을 치며 크게 웃었으니 앞으로는 이런 행동을 더 많이 해야겠다."와 같은 전략 혹은 결정이 이

에 해당한다.

(7) C_1 (어린이 자아상태 속의 어린이)

유아는 신체적 감각을 통해 세상을 경험한다. 이런 이유로 C_1은 신체적 어린이(somatic child)로도 불린다. 신체적 감각을 통해 공포, 불안, 슬픔, 고통, 따뜻함, 즐거움 등과 같은 여러 감정들을 온몸으로 느끼고 이에 대한 정보와 기억을 C_1에 저장한다. 다섯 살 때, 회초리로 종아리를 맞으면서 느꼈던 아빠에 대한 공포감, 여섯 살 때, 황혼이 질 무렵 엄마 손을 잡고 들판을 걸으면서 느꼈던 따뜻함과 만족감, 어렸을 때, 엄마와의 다툼으로 화가 난 아빠가 밥상을 엎으셨을 때의 슬픔과 고통 등이 C_1에 저장된다. 따라서 성인이 된 이후, 과거 장면을 회상하는 과정에서 C_1의 감정을 재경험할 수 있다.

3) 자아상태 기능모델

앞서 살펴본 자아상태의 1차 및 2차 구조모델은 구조, 즉 자아상태의 내용 혹은 구성요소가 무엇인지에 관한 것이었다. 반면, 자아상태의 '기능'은 자아상태가 어떻게 사용되고 표현되는지에 관한 것이다. 자아상태가 사용되고 표현된다는 것은 상황이나 맥락 속에서 관찰될 수 있음을 의미한다. 따라서 지금-여기에서 관찰되는 '행동'적인 단서들을 통해 상대방의 자아상태를 추론할 수 있다. 개인의 성격은 P, A, C 세 가지 자아상태로 구성되어 있지만, 타인과 상호작용할 때는 다섯 가지의 기능을 수행한다. P는 통제적 부모(Controlling Parent), 혹은 비판적 부모(Critical Parent, 이하 CP)와 양육적 부모(Nurturing Parent, 이하 NP)로 나뉜다. C는 자유로운 어린이(Free Child, 이하 FC)와 순응하는 어린이(Adapted Child, 이하 AC)로 구분된다. A의 기능은 하나로서 구분되지 않는다. 일상생활에서 이러한 다섯 가지 기능이 어떻게 드러나는지, 그리고 효율적인 삶을 살기 위해 어떻게 기능해야 하는지를 분석하는 것을 기능분석(functional analysis)이라고 한다.

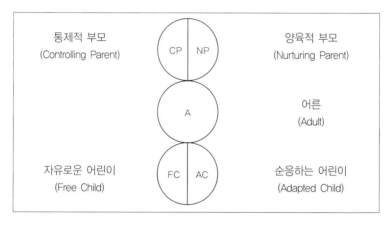

[그림 3-3] 자아상태 기능모델

(1) 통제적 부모(CP)

사람은 출생 이후 상당한 기간 동안, 양육자로부터 해야 할 것과 하지 말아야 할 것에 대한 지속적이고 반복적인 가르침을 받는다. 부모는 "실수하지 마." "너는 어째 하는 일이 매사에 그 모양이니?" "밥 먹을 때는 떠들지 말고 먹으라고 했잖아!" 등과 같은 수많은 통제와 지시적인 메시지로 자녀를 교육한다. 현재 자신이 이런 역할을 하고 있다면 당신은 CP 상태에 놓여 있는 것이다. 자아상태의 기능에는 각각 긍정적 측면과 부정적 측면이 있다.

긍정적 CP는 규칙을 준수하고, 이상을 추구하는 것, 의무와 신념을 따르는 것, 소신이 있고 적극적이며 리더십을 발휘하는 것, 정의감, 높은 추진력 등과 관련이 있다. 반면, 부정적 CP는 비판과 비난, 편견과 배타성, 권위, 징계, 처벌 등의 속성을 보인다. 따라서 부정적 CP가 높은 경우 자신의 가치관이나 사고방식을 옳다고 여기며 완고하고 경직된 모습을 보이는 경향이 있다. 또한 남을 칭찬하기보다는 책망하고 비판함으로써 갈등을 유발하고 타인의 창의성을 억압하게 된다.

(2) 양육적 부모(NP)

부모의 따뜻한 관심과 보살핌에 관한 기억들은 어린 시절을 회상할 때 행복감에 젖게 한다. 포근하게 안아 주신 어머니의 환한 미소나, 침대에서 잠들기 전 책을 읽어 주시던 아버지의 낭랑한 목소리 같은 기분 좋은 경험들이 NP로 표현된다. 어려움에 처한 사람에게 따뜻한 손을 내미는 것은 NP자아상태에 놓여 있는 것이다.

이러한 NP는 수용, 공감, 배려, 관용, 격려, 보호, 돌봄 등과 같은 긍정적 측면만 있는 것은 아니다. 과잉보호의 형태로 나타난다면 부정적 NP에 해당한다. 부정적 NP는 의존성을 키우고 독립심과 주체성을 박탈하게 된다. 즉, 과잉보호함으로써 자녀의 자율성을 억압하는 것이다.

(3) 어른 자아(A)

A는 사실에 기초해서 상황을 판단하는 부분이다. 수집된 자료를 바탕으로 논리적인 판단을 한다는 점에서 종종 컴퓨터에 비유되기도 한다. A에 의해 행동하는 경우, 감정보다 이성적, 합리적으로 판단한다는 측면에서 성숙한 인간상으로 간주된다. 성장한 사람으로서의 자원을 총 동원하여 지금-여기에서의 상황에 반응할 때 A자아상태에 놓여 있는 것으로 판단한다. 하지만 A가 지나치게 강하면 냉정하고 기계적이고 차갑고 인간미가 없는 타산적인 사람으로 보일 수 있다.

(4) 자유로운 어린이(FC)

FC는 구속 혹은 통제받지 않고 자유롭게 행동하는 부분이다. 부모의 기대를 맞추기보다는 내가 하고 싶은 대로 나를 위해 기능하는 것이다. 울고 싶을 때 울고, 웃고 싶을 때는 웃으면서 진실한 감정을 솔직히 표현한다. FC는 일반적으로 밝고, 유머가 있고, 개방적이고 자발적이다. 따라서 주위사람들에게 즐거움을 주고 매력적인 사람이라는 느낌을 준다. 성인이 되어서 어느 누구에게도 구애받지 않던 어린 시절의 방식대로 행동하는 때가 있는데, 이때는 FC 상태에 놓여 있는 것이다. 부정적인 FC가 높으면 감정조절을 하지 못해 경솔하거나 충동적으로 행동할 수 있다. 잘난 척하거나 자기중심적으로 비쳐질 수 있다.

(5) 순응하는 어린이(AC)

AC는 부모 혹은 중요한 인물의 애정을 잃지 않기 위해 자신의

FC 감정을 억제하고, 그들의 기대에 맞추어 순종하는 부분이다. 어린 아이는 생존 전략의 하나로 부모의 요구와 기대에 순응하는 방식으로 행동한다. 화내거나 울면 아빠에게 혼이 나지만, 웃으면 좋아한다는 것을 알아차린 다음부터는 울고 싶거나 화가 나도, 아빠가 집에 계실 때는 늘 웃으려고 노력한다. 따라서 성인이 되어서도 어린 시절 부모의 기대에 맞추기 위해 결정했던 행동들을 재연할 때는 AC자아상태에 있는 것이다.

AC는 순종적이고 참을성이 있어 인간관계를 원만하게 잘하고, 모범생처럼 보이지만, 스트레스 상황에서는 열등감, 소심함, 불안, 의존성, 폐쇄성 등을 보일 수 있다. 또한 감정표현이 부자연스러워서 부적절한 방식으로 반항이나 분노를 표출하는 경향이 있다.

2. 구조 병리

한 사람의 자아상태 구조는 성격을, 자아상태 기능은 대인관계를 표상한다. 자아상태 구조가 서로 혼합되지 않고, 자아상태 간 이동이 서로 원활하게 이루어지는 사람은 심리적으로 건강한 사람이다. 하지만 자아상태가 혼합되거나 자아상태 간 이동이 매끄럽지 못한 경우가 발생하곤 한다. Berne(1961)은 이를 각각 '오염 (contamination)'과 '배제(exclusion)'로 지칭하였으며, 두 가지 문제 모두를 통칭하여 '구조 병리(structural pathology)'라고 하였다.

1) 오염

오염(contamination)이란 하나의 자아상태가 다른 자아상태의 경계를 침범하여 경계선 안으로 침입하는 것을 의미한다. 예를 들면, C자아상태 내용과 P자아상태 내용을 A자아상태 내용으로 인식하게 되면 A자아상태가 오염되었다고 할 수 있다. A가 오염될 경우, P나 C가 A와의 경계가 허물어져 있기 때문에 왜곡되거나 편파적인 정보를 제공할 수 있다. 이는 어린 시절의 경험을 토대로 한 초기결정, 부모의 편견, 성장기에 가정 내에서 타당한 것으로 받아들여진 비합리적인 생활방식 등이 원인이 된다. 오염을 그림으로 나타내면 다음과 같다. P자아상태가 A자아상태를 침범하면 P 오염(Parent contamination), C자아상태가 A자아상태를 침범하면 C 오염(Child contamination), P자아상태와 C자아상태가 모두 A자아상태를 침범하면 이중오염(double contamination)을 의미한다.

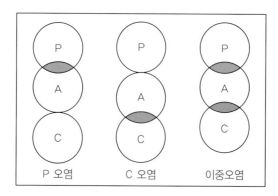

[그림 3-4] 오염

(1) P 오염

P자아상태의 내용을 A자아상태의 내용으로 잘못 인식할 때 P에 의해 오염되었다고 한다. Berne은 이를 편견(prejudice)으로 지칭하였다. P에 의해 오염되면 부모나 사회로부터 받아들인 가치관이나 규범을 객관적 검토 없이 사실인 것으로 왜곡해서 판단하거나 배타적인 태도를 취한다. 예를 들면 다음과 같다.

- 남자는 모두 바람둥이다.
- 부자는 인색하다.
- 세상에는 믿을 사람이 없다.

(2) C 오염

C로부터의 오염은 사실에 근거한 것이 아니라 감정에 의해 발생한 상상이다. Berne은 이를 망상(delusion)으로 지칭한 바 있다. 비합리적인 생각이나 판단으로써 P 오염과 달리 강력한 확신을 갖게 된다. 이는 어린 시절의 경험을 재연하는 것이며 오염된 C자아상태에서 현실을 아동기 상황으로 착각하기 때문에 환상을 사실로 받아들인다. 예를 들면 다음과 같다.

- 나는 문제가 있는 사람이야.
- 내가 죽어야만 엄마가 관심을 보일 거야.
- 나는 수학이나 물리는 잘할 수 없어.

(3) 이중오염

P자아상태의 메시지를 떠올리면서 동시에 C자아상태의 신념으로 동의할 때 이중오염이 발생한다. 이중오염은 A가 사실상 제 기능을 하지 못하기 때문에 자신과 세상에 대해 낡고 왜곡된 신념인 각본신념, 언행 불일치, 감정폭발 등을 나타낸다. 예를 들면 "사람들을 믿을 수 없어."라고 생각하는 동시에 "나는 아무도 믿지 않을 거야."라는 태도를 보인다.

2) 배제

배제(exclusion)란 P, A, C자아상태 간의 자유로운 이동을 허락하지 않음으로써 하나 또는 두 개의 자아상태를 제외시키는 현상을 말한다. 어떤 사람은 세 가지 자아상태 중에서 하나의 자아상태를 거의 활용하지 못하거나 특정한 자아상태만 활용한다.

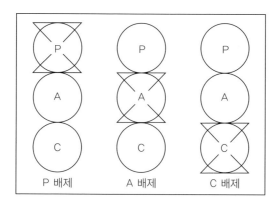

[그림 3-5] 배제

P자아상태를 배제시킨 사람은 세상의 기존 규칙은 배제한 채, 상황에 처할 때마다 규칙을 만들어 내거나 C가 직관으로 상황을 처리한다. 정치가나 사업가 중에 이런 사람들이 많다.

A자아상태를 배제시킨 사람은 성장한 사람으로서의 현실검증 없이 내면의 P-C 간의 대화에만 집중한다. A자아상태의 현실검증능력을 사용하지 못하기 때문에 이상심리 증상을 보일 수 있다. 행동, 감정, 사고의 영역에서 P와 C자아상태 간의 지속적인 갈등을 경험한다.

C자아상태가 배제된 사람은 어린 시절의 기억을 회상하는 데 어려움이 있다. 성인의 감정 표현은 통상 C자아상태에서 이루어지므로 C가 배제된 사람은 주지화(intellectualization), 냉담 등의 반응을 보인다. 따라서 매우 차갑거나 권위적이고 비사교적인 사람으로 비쳐질 수 있다.

세 자아상태 중에서 두 자아상태를 배제시킨 사람은 나머지 하나의 자아상태에서 일관되게 반응한다. P자아상태에만 놓여 있는 사람(일관된 P)은 일관되게 자신의 P자아상태 안에 저장된 규칙만 따른다. 따라서 일련의 P자아상태의 규칙들을 사용하여 다른 사람과 교류하므로 권위적이고 지시적인 사람으로 인식될 수 있다.

A자아상태만 일관되게 사용하는 사람(일관된 A)은 즐길 줄 모르는 사람이다. 특정 상황에 부합하는 감정이나 행동을 드러내려고 한다. 기획가, 정보수집가, 자료처리가의 역할을 주로 수행한다.

C자아상태에만 놓여 있는 사람(일관된 C)은 항상 어린 아이처럼

사고하고 행동한다. 판단력과 현실검증능력이 부족하며 감정적이고 자기중심적으로 행동한다. 난관에 부딪히면 감정적으로 대처한다. 따라서 미성숙하고 신경이 과민한 사람으로 비쳐진다.

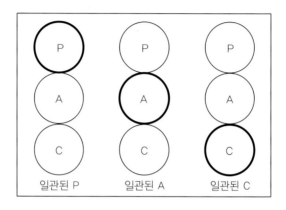

[그림 3-6] 일관성

3. 교류

대인관계에서 효과적인 대화를 위해서는 자신의 생각이나 감정을 적절하게 표현하는 것이 중요하다. 수줍음이나 타인에 대한 눈치 보기, 적절한 표현 여부에 대한 불안감 등으로 자신의 의사를 제대로 표현하지 못하는 경우가 있다. 반면, 타인의 감정이나 입장은 고려하지 않고, 감정적이거나 공격적인 의사표현으로 상처를 주는 사례도 있다. 두 경우 모두 부적절한 의사표현이다. 효과적인 대화란 상대방의 인격과 권리를 존중하면서 자신의 생각과 감정을 적절하게 전달하는 의사표현을 통해 구현된다. 이러한 대화는 인간관계를 원만하게 한다.

교류분석은 사람 간의 대화 유형을 분석하는 틀을 제공한다는 점에서 의사소통이론이라고 할 수 있다. 이러한 이유로 교류분석을 '의사교류분석'이나 '대화분석' 정도로 간주하는 시각이 있다. 하지만 이는 교류분석이론을 단편적으로 바라보는 것이며 몰이해라고 할 수 있다. 교류분석은 말을 하는 사람과 듣는 사람의 자아상태를 각각 비교 분석하여 대화의 흐름을 시각화하는 방식으로 보여 준다. 이는 대인관계에서의 대화 패턴, 즉 '교류'에 대한 분석이다. 이에 더하여 자아구조의 형성과 인생각본의 작성, 라켓체계의 순환 등은 모두 개인 내면에서 이루어지는 '교류'이며 이들을 분석하는 것 또한, '교류' 분석에 해당한다. 따라서 '교류분석'은 대인 간 상호작용을 포함한 개인의 인지, 행동, 정서, 영성, 신체적 반응 등에 대한 총체적인 접근을 특징으로 하는 통합적인 이론임을 기억할 필요가 있다.

한 개인이 타인과의 대화에서 보여 주는 의사소통유형을 교류분석이론에서는 상보교류, 교차교류, 이면교류의 세 가지로 제시한다. 상보교류는 기대했던 반응이 돌아오는 대화이고 언어적인 메시지와 표정, 태도 등 비언어적인 메시지가 일치하는 교류이다. 반면, 교차교류는 기대하고 시작한 발신자의 교류가 저지되고 예상하지 못한 반응이 돌아와서 중도에 대화가 단절되거나 싸움이 되는 교류를 말한다. 이면교류는 표현된 사회적 메시지는 언뜻 보기에 아무렇지도 않으나 실제로는 숨겨진 의도를 지닌 심리적 메시지를 담고 있는 교류로서 인간관계의 갈등을 유발하는 교류이다. 교류분석에서 제시하고 있는 자아상태는 모두 현상학적으로

관찰 가능하다. 즉, 상대방이 지금 이 순간 어떤 자아상태에 있는
지 인식할 수 있다. 따라서 대화에 참여하고 있는 나와 상대방의
자아상태 간 교류방식을 이해하면 상보교류를 선택함으로써 효과
적인 인간관계를 유지할 수 있는 것이다. 모든 대화는 자아상태와
자아상태 간의 대화로 도식화할 수 있다.

1) 상보교류

상보교류(complementary transaction)는 어떤 자아상태에서 보낸
메시지에 대해 예상했던 상대방의 자아상태에서 반응이 오는 교
류이다. 자극과 반응의 교류가 평행되는 교류로서 평행 교류라고
도 한다. 두 개의 자아상태가 상호 관여하는 교류이다. 상보교류
는 언어적인 메시지와 표정, 태도 등의 비언어적인 메시지가 일
치하는 교류이다. 상보교류는 의사소통의 제1규칙에 해당한다
(Berne, 1961).

(1) P 대 P의 교류
제삼자에 대한 동정이나 위로 혹은 비판이나 비난 등의 대화에
서 주로 나타나는 교류이다.

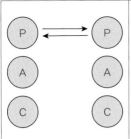

남편: 앞집 아이들은 버릇이 없어. 사람을 봐도 인사를 하지 않아. 게다가 맨날 싸워요. 그 참, 커서 뭐가 되겠어, 뻔하다, 뻔해.

아내: 그러게 말이에요. 눈이 마주쳐도 오히려 째려 본다니까요. 나 참, 기분 나빠서. 어쩜 애들을 그렇게 키웠을까?

(2) A 대 A의 교류

의례적인 인사, 정보교환, 질의응답, 자료 확인 등의 대화에 주로 나타나는 교류이다.

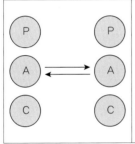

상담자: 약속한 상담시간에 조금 늦으셨는데, 혹시 무슨 급한 일이라도 있으셨나요?

내담자: 네, 비가 와서 그런지, 길이 많이 막혔어요. 이쪽 길도 잘 모르고 해서 시간이 좀 지체 되었습니다.

(3) C 대 C의 교류

자주 만나는 직장동료나 친구, 연인 혹은 부부 등의 대화에 주로 나타나는 교류이다.

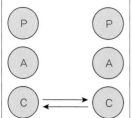

	남편: 여보, 오늘 보너스 두둑하게 받았는데, 휴가 내고 제주도로 놀러갈까?
	아내: 우와, 정말이에요? 좋아요, 내일 당장 떠나요.

(4) FC 대 NP의 교류

도움을 주고받는 조력관계, 격려나 칭찬을 주고받는 관계에서 주로 나타나는 교류이다.

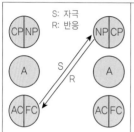

	내담자: 남편이 저를 함부로 대하는 것 같아 너무 속상하고 화가 나요, 당장이라도 이혼하고 싶은 심정이에요.
	상담자: 많이 속상하고 화가 나시겠어요. 이혼하고 싶을 정도이니 얼마나 속상할까요.

(5) A 대 NP의 교류

조언이나 충고를 주고받는 관계에서 주로 나타나는 교류이다.

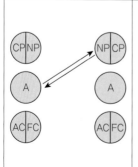

	내담자: 제 아들이 사춘기라서 그런지 무슨 이야기를 하면 다 잔소리로 받아들이고 짜증을 내면서 대화를 하지 않으려고 해요. 어떻게 대해야 할지 막막해요.
	상담자: 아들을 둔 엄마의 고민이 이해가 됩니다. 그럼, 구체적으로 어떤 상황에서, 어떻게 이야기가 오고가는지 좀 더 자세히 말씀해 주시겠어요?

2) 교차교류

교차교류(crossed transaction)란 어떤 반응을 기대하고 시작한 발신자의 교류가 저지되고 수신자로부터 예상 밖의 반응이 돌아와 중도에 대화가 단절되거나 싸움이 유발되는 교류이다. 교차교류에는 네 개의 자아상태가 관여하며 두 대화의 방향이 교차된다. 교차교류가 되는 경우 대화를 새롭게 진행하기 위해서는 누군가 자아상태를 바꿔야 한다. 교차교류는 의사소통의 제2규칙에 해당한다(Berne, 1961).

(1) P → C 대 P → C의 교류

의견대립, 인격무시, 비난, 질책, 비아냥거림 등이 나타나는 교류이다.

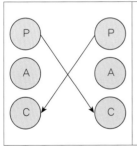

남편: 당신, 오늘 하루 종일 집에서 뭐했어? 방 안에 먼지 날리는 거 안 보여?

아내: 뭐라고요? 나는 맨날 집 안에 틀어박혀 청소만 해야 하는 사람인가요? 방 청소는 당신이 좀 하면 어디가 덧나요?

(2) A → A 대 P → C의 교류

상대방 질문에 대한 설교조의 대응, 상대의 의견 무시 등이 나타나는 교류이다.

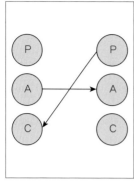

아내: 여보, 상담 선생님이 아들하고 대화할 때는 조언을 줄이고, 경청을 해 보라고 했어. 경청하도록 노력해 볼 생각이야. 당신 생각은 어때요?

남편: 뭐라고? 당신이 경청을 한다고? 당신처럼 말 많은 여자가 어떻게 경청을 하지? 그냥 평소 하던 대로 하세요. 괜히 사람 놀라게 하지 말고.

(3) A → A 대 P → A의 교류

상대방의 정보제공에 대해 비판적인 의견, 의구심, 회의적인 반응 등을 나타내는 교류이다.

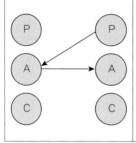

부장: 아직 여유가 있으니 좀 더 생각한 후에 진행하겠습니다.

사장: 지금 한시가 바쁘니 바로 추진하게.

(4) FC → NP 대 CP → AC의 교류

구조로는 평행교류이지만 실제로는 교차하는 교류이다(FC → NP, CP → AC 교차교류).

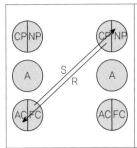

남편: 아휴, 피곤해. 등 좀 주물러 줄래?

아내: 미쳤어, 내가 당신 등 주물러 줄 시간이 어디 있어?

3) 이면교류

이면교류(ulterior transaction)는 표현된 사회적 메시지는 아무렇지도 않게 보이지만 실제로는 숨겨진 의도를 지닌 심리적 메시지를 담고 있는 교류이다. 2개 이상의 자아상태를 동시에 포함하고 있다. 이면교류에서의 행동적 결과는 심리적 수준에서 결정되며, 인간관계에서 갈등 유발의 원인을 제공하는 교류이다. 이면교류는 의사소통의 제3규칙에 해당한다(Berne, 1961).

(1) 이중 이면교류

표현된 사회적 메시지(상보교류)는 아무렇지도 않아 보이지만 실제로는 숨겨진 의도를 지닌 교류이다(S_p: 심리적 수준 자극, R_p: 심리적 수준 반응, S_s: 사회적 수준 자극, R_s: 사회적 수준 반응; 사회적 수준 A → A, A → A, 심리적 수준 P → C, C → P).

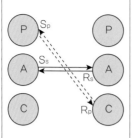

남편: (거칠게) 내 셔츠를 어떻게 했어요?
(심리적 수준: 당신은 항상 내 것을 제대로 챙겨 놓지 않아.)

아내: (살짝 떨리는 목소리로) 옷장에 넣어 놓았어요.
(심리적 수준: 당신은 항상 나를 부당하게 비난하고 있어.)

(2) 각진 이면교류

상대방에게 A에서 A로 가는 사회적 수준의 메시지를 보내는 동시에 상대방이 C에서 반응하기를 기대하며 A에서 상대방의 C로 가는 비밀 메시지를 보낼 수 있다. 즉, 내가 기대하는 상대방의 특정 자아상태에서 반응하도록 유도하는 교류이다.

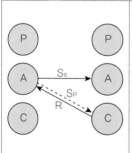

점원: 손님, 이 카메라는 최상품입니다. 그런데 가격이 너무 비싸서 아무나 사지 못하는 제품입니다.
(심리적 수준: 손님이 자존심 상해서 확 질러 줘야 하는데….)

손님: (무시당한 기분으로) 그래요? 그걸로 포장해 줘요.

4) 교류의 선택

대인관계에서 교류는 선택할 수 있다(Karpman, 1971). 사람은 누구에게나 성격처럼 반복되는 행동 패턴이 있다. 대화에서도 갈등과 불편을 유발하는 교류 패턴을 반복한다면 이러한 패턴을 벗어나는 새로운 교류 방식을 선택할 수 있는 것이다. 교차교류나 이면교류에서 벗어나려면 상대방의 자아상태를 바꾸거나 나의 자아상태를 바꾸어야 한다. 아니면 두 사람 모두의 자아상태를 바꾸는 것도 방법이다. Karpman은 현재 진행되고 있는 교류를 변화시키고, 그 상황에서 벗어나기 위한 네 가지 조건을 제시하였다.

- 한 사람 또는 두 사람 모두의 자아상태를 바꾸어라.
- 교차교류를 하라.
- 대화의 주제를 바꾸어라.
- 앞의 주제는 잊어라.

이 네 가지 조건에서 대화의 주제를 바꾸거나 잊는 것은 일반적으로 가능하다. 하지만 첫째와 둘째 조건은 필수적이다. 따라서 불편한 교류에 빠져 있다고 판단되면 자발성을 발휘하여 다섯 가지 기능의 자아상태 중에서 하나를 선택적으로 동원하여 교류를 교차시켜 보는 것이다. 교류를 교차해도 효과가 없다면 또 다른 자아상태를 선택하는 방식으로 현재의 불편한 상황에서 벗어나는 것이 교류에서 선택권을 발휘하는 것이다. 예를 들면 다음과 같다.

아내를 기다리다 걱정이 된 남편은 아내를 보자마자 버럭 소리를 지르며 화를 낸다. 남편에게 오늘 늦을 것이라고 분명히 이야기했던 아내는 남편의 반응에 같이 화를 내며 대응한다. 이는 부부갈등으로 이어진다. 이러한 부부의 교차교류 패턴은 다음과 같다(P → C 대 P → C 교차교류).

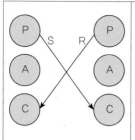

남편: 아니, 지금 들어오는 거야? 지금 몇 시인 줄 알아?

아내: 오늘 늦게 온다고 말했잖아요!

　　사실, 남편은 아내가 늦을 것이라고 했지만 뉴스의 사건, 사고를 보면서 늦은 시간까지 오지 않는 아내가 걱정이 되기 시작하면서 급기야 불안해지기 시작했다. 전화를 했지만 마침 배터리가 방전이 되었는지 연락이 닿지 않았다. 초조하게 기다리는 사람에게 시간은 길게 느껴졌다. 아내의 안전에 대한 걱정이, 귀가한 아내를 보자마자 벌컥 화를 내는 것으로 표현된 것이다. 이 경우, 다음 그림과 같은 '상보적 교류'를 통해 갈등을 피해갈 수 있다. 남편이 C에서 화가 나거나 격한 감정을 나타낼 때 아내가 A를 사용하여 CP와 C의 반응을 통제한다면 긍정적인 부부관계가 가능하다. 즉, 타인과의 교류에서 상대방의 자극에 나 자신이 어떤 자아상태로 반응하는 것이 가장 좋을 것인지를 생각한 후, 가장 적절한 반응을 하는 것이 건강한 대처라고 할 수 있다.

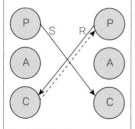

남편: 아니, 지금 들어오는 거야? 지금 몇 시인 줄 알아?

아내: 당신이 기다리는 줄 몰랐어요. 걱정해 줘서 고마워요. 혼자서 심심했지요?

4. 인생각본

1) 인생각본의 정의와 특징

인생각본(life-script)은 '무의식적인 인생계획'(Berne, 1961)이며, 어린 시절에 작성되어 부모에 의해 강화되고 이어지는 사건들에 의해 정당화되어 결국 삶의 한 방도로 선택된 인생 계획(Berne, 1972)이다. 인생각본 개념은 교류분석의 핵심 개념으로서 자아상태, 심리게임, 라켓체계, 인생태도, 시간구조화 등 주요 개념들과 밀접하게 관련되어 있다. 따라서 인생각본에 대한 정확한 이해는 교류분석에 대한 폭넓은 이해와 더불어 문제에 대한 예리한 통찰력을 제공한다.

교류분석에서는 인생각본을 통상 '각본(script)'으로 지칭하기도 한다. 이 각본 개념은 처음 접하는 사람에게 다소 이해하기 어려운 측면이 있다. 일반적으로 '각본'이란 용어는 영화, 연극, 드라마 등에서 사용하는 대본을 지칭하기 때문이다. 간혹 스포츠 경기에서 기적 같은 승리를 거두었을 때 '각본 없는 드라마'를 썼다며 환호하는 장면을 볼 수 있다. 이 말은 모든 드라마는 작가가 작성한 각본대로 진행된다는 것을 확인해 주는 것이기도 하다.

연극이나 영화에 각본이 있듯이 사람에게도 각본이 있다. 사람에게 각본은 자신이 살아갈 삶의 이야기이자 계획이다. 연극에서 각본은 작가가 쓰지만, 개인의 각본은 개인 자신이 쓴다. 사람은 누구나 자신이 살아갈 이야기를 써나간다. 언제부터 쓰는가 하면, 출생하면서부터 쓰기 시작한다. 이후 네 살 무렵이면 기본적인 줄

거리를 결정짓고, 일곱 살쯤 되면 각 부분의 주요 내용을 완성한다. 이어서 열두어 살쯤까지 다듬어 나가면서 부수적인 것을 추가한다. 청년기에 이르면 실생활에 맞도록 업데이트시켜 수정한다. 어른이 되면 이야기의 처음 부분은 대부분 망각하여 기억할 수 없지만, 자신이 쓴 이야기에 따라 삶을 살아간다. 이렇게 자신에 대해 쓴 이야기가 바로 인생각본이다. 각본의 특징에 대해 구체적으로 살펴보면 다음과 같다.

(1) 각본은 인생계획이다

출생하면서부터 각본을 쓰기 시작하여 네 살 무렵이면 기본적인 줄거리를 완성한다는 점에서 교류분석은 결정론적 관점과 맥을 같이 하는 것으로 볼 수 있다. 어린 시절 특히, 생애 초기 수년간의 성장 과정에서 자신의 삶에 대한 이야기, 즉 인생계획을 작성하는 것이다. 어린 시절에 단순히 세상에 대한 일반적인 관점을 형성하는 것을 넘어서 자신이 일생 동안 살아갈 '구체적인 계획'을 수립한다.

(2) 각본은 결말을 향해 전개된다

어린 시절 작성한 인생계획에는 모종의 결말이 포함되어 있다. 모든 이야기에는 결말이 있는 것처럼 각본은 자신이 작성한 이야기의 결말을 향해 나아간다. 각본이론에서는 마지막 장면을 결말(payoff)이라고 한다. 각본에 따른 삶을 살게 되면, 자신도 모르게 각본의 결말로 이어질 행동들을 선택하게 된다.

(3) 각본은 결정이다

각본은 어린 시절에 작성한 인생계획이다(Berne, 1961). 교류분석에서 인생계획이란 자기 삶에 대한 결정(decision)을 의미한다. 환경과의 상호작용 속에서 C_2 속의 A_1은 생존하기 위한 수단으로 한계 내에서 최선의 전략을 수립한다. 이러한 활동이 생애초기에 이루어지기 때문에 초기 결정(early decision)이라고 한다. 따라서 각본은 초기 결정에 의한 것이며 생존 전략인 동시에 삶의 방도로 채택한 인생계획이다. 여기서 유아의 각본결정은 성인처럼 '사고'를 통해 이루어지는 것이 아니다. 초기 결정은 감정을 토대로 이루어진다. 따라서 초기 결정이 내려질 당시의 유아의 감정 경험을 주목할 필요가 있다. 유아의 감정 경험은 C_2 속의 C_1에 저장된다.

(4) 각본은 부모 메시지를 통해 형성된다

부모는 자녀의 출생 순간부터 수많은 메시지들을 쏟아낸다. 부모의 각본 메시지는 언어적인 것과 비언어적인 것 모두를 포함한다. 여기서 부모는 부모와 같은 핵심적인 양육자의 역할을 한 사람으로 대치될 수 있다. 각본 메시지들은 유아의 각본결정에 참조틀로 작용한다. 자녀는 이러한 부모의 메시지들을 토대로 자신과 세상에 대한 모종의 결론을 내린다.

(5) 각본은 무의식적이다

각본이 무의식적이란 것은 전혀 기억나지 않는 어린 시절에 작성된 것이며 성인이 된 지금도 당시에 작성한 각본에 따라 충동적으로 반응한다는 것을 의미한다. 충동적 반응이라 함은 스트레스 상황에서 A자아를 통한 합리적 대처를 하지 못하는 것이며 마치 허리에 묶은 고무줄(rubber band)의 탄성에 의해 순식간에 과거의 특정 시점으로 되돌아간 채 당시의 감정반응을 재연하고 있는 것으로 볼 수 있다. 따라서 각본에 따른 무의식적인 행동, 즉 각본행동에서 벗어나기 위해서는 어린 시절 작성한 자신의 패배적 각본을 알아차리고 재결단을 통해 이를 수정해야 한다.

(6) 각본을 정당화하기 위해 현실을 재정의한다

작성된 각본에 대한 확신을 얻기까지 관계 속에서 지속적으로 확인한다. 즉, 자신이 작성한 각본의 타당성 혹은 정당성을 확보하기 위해 사람들의 반응과 피드백에 주의를 기울이게 되고, 이를 통해 각본에 대한 주관적 확신에 이르게 된다. 이 과정에서 각본 결정을 정당화하기 위해 자신의 준거 틀(frame of reference)에 맞추어 C자아상태에서 현실을 재해석한다. 현실이 자신의 각본과 맞지 않을 경우, 각본을 토대로 한 세계관에 혼란이 발생하고 욕구충족과 생존에 위협이 되는 것으로 지각하기 때문에 현실을 재정의하게 된다.

2) 각본의 종류

(1) 내용 각본

각본은 크게 내용(content) 각본과 과정(process) 각본으로 구분된다. 내용 각본은 각본 속에 무엇(what)이 들어 있는가를 말하고, 과정 각본은 각본이 어떻게(how) 드러나는가를 말한다. 내용

각본은 크게 승리자 각본, 패배자 각본, 비승리자 각본으로 분류된다. 과정 각본에는 '까지(Until)' '그 후(After)' '결코(Never)' '항상(Always)' '거의(Almost)' '무계획(Open-ended)' 등의 여섯 가지 유형이 있다(Kahler, 1978). 먼저 내용 각본에 대해 살펴보자.

교류분석에서 승리자란 자신이 선언한 목표를 달성한 사람(Berne, 1964)이다. 어린 시절, 자신이 되기로 결심하고 목표로 설정한 직업을 성취했다면 승리자인 것이다. 승리자 각본을 지닌 사람은 스스로 자신의 인생목표를 정하고 전력을 다해 이를 성취한다. 다시 태어나도 똑같은 일을 할 만큼 자기 인생에 만족하고 있는 사람이다. 양육적 부모 자아(NP)의 가치관을 지니고 있으며, 실패를 해도 같은 실패를 반복하지 않으려고 한다.

한편, Berne은 자신이 정한 목표의 달성 여부를 중요하게 생각하였다. 따라서 '승리자'는 자신이 세운 목표를 무난하게 달성한 사람이고 패배자는 자신이 정한 목표를 달성하지 못한 사람이다. 여기서 주의할 것은 목표달성 여부와 함께 만족도를 살펴봐야 한다는 점이다. 기업의 사장이 되었지만 회사 돈을 횡령하여 구속되었다면 패배자다. 성직자가 되기로 결심하여 목사가 되었더라도, 신도를 추행하여 교인들의 배척을 받는다면 패배자다. 패배자는 과거의 실패에 얽매여 있고 어린이 자아(C)의 금지명령에 인생이 지배되는 사람이다.

패배자 각본은 결말의 심각성에 따라 1급, 2급, 3급으로 구분한다. 1급 패배자 각본은 대인관계에서의 갈등, 면접시험에서의 실패와 같은 가벼운 실패를 경험한다. 2급 패배자 각본은 일탈 행동으로 학교에서 퇴학 처분을 받는 정도의 실패를 경험한다. 3급 패배자 각본은 공금 횡령으로 구속되거나 실패로 인해 자살을 시도하는 등의 문제를 드러낸다. 결국 패배자 각본은 비극적인 결말로 나아가는 것이다.

비승리자 각본을 지닌 사람은 특별한 것도 없고 부족할 것도 없는 그저 그런 인생을 산다. 다른 사람과 비슷한 수준에 이르면 그것으로 만족하며 통제적 부모(CP)의 지시에 충실히 따르는 평범한 각본에 해당한다. 비승리자는 모험을 하지 않기 때문에 승리와 패배의 차이가 크지 않다. 안전을 추구하기 때문에 늘 그 자리에 머물러 안주한다.

(2) 과정 각본

과정 각본에는 여섯 가지 유형이 있으며 각 유형은 고유한 주제를 가지고 있다. 구체적인 내용은 다음과 같다.

① 까지(Until)

무엇을 성취할 때까지는 행복해서는 안 된다는 각본이다. 일을 마칠 때까지는 즐길 수 없다는 삶의 신조를 지니고 있다. 까지 각본을 지니게 되면 참된 자신의 삶이나 자아실현을 미루거나 회피하게 된다. Berne은 각 유형의 각본 주제를 드러내기 위해 그리스 신화 속 인물들을 제시하였는데 헤라클레스는 반신(半神)이 되기까지 왕실 마구간의 말똥 치우는 힘든 일을 하는 '까지 각본'에 따라 살았다. 예를 들면 다음과 같은 것이다.

"아이들이 결혼할 때까지는 여행을 다닐 수 없어."

"진정한 인생은 직장에서 은퇴한 이후부터야."

② 그 후(After)

'그 후' 각본은 '까지' 각본과 정반대이다. 이 각본을 지닌 사람은 잠깐이라도 편안하게 지내면 곧 재난이 있을 것으로 예상하며 살아간다. 그리스 신화의 다모클레스는 먹고 마시고 즐기며 살았는데, 그의 식탁 위에는 항상 말총에 묶인 칼이 달려 있어서 칼이 언제 떨어질지 모르는 공포 속에 살았다. 따라서 '그 후' 각본을 가진 사람은 비록 오늘은 즐기지만, 내일에는 대가를 치러야 한다는 압박감 속에 살아간다. 예를 들면 다음과 같은 시한부 행복과 관련한 각본이다.

"여자란 결혼하기 전까지는 대우받지만, 결혼하면 끝이다."
"지금은 별일 없이 잘 살고 있지만, 곧 불의의 사고를 당해서 비참해질 거야."

③ 결코(Never)

어린 시절 간절히 하고 싶었던 일을 부모의 반대로 포기했던 좌절 경험이 기원이 된다. 정말 하고 싶은 일이 있어도 결국 하지 못하고 초조하게 보내는 각본이다. 자신이 원하는 것을 절대로 얻을 수 없다고 생각한다. 그리스 신화 속 탄탈로스는 영원히 호수 한가운데에 서 있어야 하는 저주를 받았다. 왼쪽에는 음식이 놓여 있고 오른쪽에는 물이 담긴 항아리가 놓여 있다. 어느 쪽으로든 한 발만 뻗으면 잡을 수 있지만, 그 사실을 깨닫지 못한 채 기아와 갈증에 시달렸다. '결코' 각본을 지닌 사람은 노력하면 얼마든지 얻을 수 있음에도 결코 노력하지 않는다. 이런 사람은 흔히 부정적인 고민에 대해서 반복해서 이야기하지만 고민을 해결할 시도를 하지 않는다.

④ 항상(Always)

'왜' 나에게는 늘 이런 일이 일어날까? 라는 물음이 따르는 각본이다. 그리스 신화 속 아라크네는 미네르바 여신에게 도전했지만 분노한 미네르바는 아라크네를 거미로 만들어 영원히 거미줄을 치게 만들었다. 마치 부모를 화나게 하고 그 벌에서 풀려나지 못하는 것과 같다. '항상' 각본을 따르는 사람은 늘 불만을 토로한다. 더 나은 선택을 하지 않고 이전의 만족스럽지 못했던 종류의 선택만 계속한다.

⑤ 거의(Almost)

성공을 바로 눈앞에 두고 실패를 되풀이하는 각본이다. 그리스 신화 속 시시포스는 큰 바위를 영원히 산 위로 밀고 올라가야 하는 저주를 받아 산 정상까지 거의 다 올라가서는 항상 바위를 놓쳐 버린 채 다시 밀어올리기를 반복한다. '거의' 각본을 가진 사람은 "나는 이번에는 ~을 거의 다 했어." "~면 ~하였을 텐데."라는 식의 말을 자주 한다.

⑥ 무계획(Open-ended)

어떤 목적을 성취하고 난 후에는 무엇을 해야 할지 모르는 각본이다. 부모 자아(P)의 지시에 따라 어느 시점까지는 충실히 의무를 수행하지만, 그 후 시간을 어떻게 구조화할지 몰라 무의미하게 시간을 보낸다. 특정 시점이 지나면 무엇을 해야 할지 모르는 인생이다. 직장에서의 은퇴나 자녀가 모두 출가한 이후의 무계획적인 삶과 관련이 있다.

3) 각본모형

인생각본과 관련하여 앞에서 각본의 정의와 특징, 각본의 종류에 대해 살펴보았다. 여기서는 교류분석의 핵심 모델 중 하나인 각본모형(script matrix)에 대해 살펴본다. [그림 3-7]은 Steiner (1974)가 각본이 형성되는 과정을 시각적으로 설명하기 위해 제시한 것이다. 개인의 각본모형을 작성하는 것은 각본의 토대가 되는 메시지를 분석하는 표준 방법이다. 그림을 보면 각본을 형성하는 당사자인 한 개인의 세 가지 자아상태를 중심으로 어머니와 아버지의 세 자아상태가 각각 좌우에 배치되어 있다. 부모는 각자 세 가지 자아상태에서 각본 메시지를 전달한다. 자녀는 부모의 각본 메시지들을 받아 자신의 세 자아상태에 정리한다.

어머니와 아버지의 P자아상태에서 나온 메시지를 '부모명령'이라 한다. 모델링 또는 부모의 A자아상태에서 자녀의 A자아상태로 전달되는 지금-여기에서의 메시지는 '프로그램'을 형성한다. 부모의 C자아상태에서 나오는 메시지에는 '금지명령'과 '허용' 두 가지가 있다. 금지명령과 허용에 관한 메시지는 자녀의 C자아상태에 저장된다. 각본모형에 표시되어 있는 부모명령, 프로그램, 금

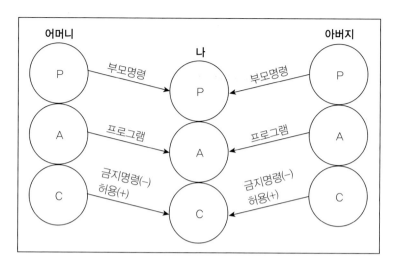

[그림 3-7] 각본모형

지명령, 허용은 모두 각본 메시지에 해당한다. 인생각본은 결정
(decision)을 통해 작성되며, 결정 그 자체이다. 유아는 각본 메시
지(script message)에 대한 반응으로 각본결정을 내린다. 각본모형
에서 보듯이 각본 메시지는 주로 부모에게서 주어진다.

각본 메시지는 크게 언어적 메시지와 비언어적 메시지로 구분
할 수 있다. 언어적 메시지는 자녀가 언어를 이해하고 구사할 수
있는 나이를 대략 2세경으로 보고, 이때부터 각본에 영향을 주는
것으로 이해할 수 있다. 언어로 표현하는 부모명령, 드라이버, 속
성, 프로그램 등이 여기에 해당한다. 반면, 비언어적 메시지는 표
정, 몸짓, 태도, 행동 등과 같은 것으로써 언어를 배우기 이전인
출생 직후부터 각본에 영향을 준다는 점에서 언어적 메시지보다
일찍 각본형성에 관계한다. 여기에는 모델링, 금지명령과 허용,
정신적 외상 등이 있다.

(1) 언어적 각본 메시지

① 부모명령

각본 메시지는 "~해!" 혹은 "~하지 마!"와 같은 직접적인 명령식의 표현으로 전달된다. 예를 들면, "귀찮게 굴지 마!" "저리 비켜!" "빨리 해!" "울지 마!" "떠들지 마!" "차라리 나가 죽어!" "착하게 행동해라!" 같은 식이다. 일반적으로 부모들은 이런 식의 명령들을 쏟아낸다. 이러한 메시지가 자녀의 각본에 미치는 영향력은 부모가 표현하는 명령의 반복성, 지속성, 동반하는 비언어적 메시지의 종류 등에 따라 달라진다. 명령의 내용은 긍정적일 수도 있고 부정적일 수도 있다.

② 드라이버

부모명령에서 주요한 역할을 하는 다섯 가지 명령을 '드라이버 메시지' 혹은 '드라이버'라고 하며 '몰이꾼'으로 부르기도 한다. 이러한 명령들을 C자아상태에서 충동적으로 따르려고 하기 때문이다. 부모나 부모에 버금가는 중요한 인물들에게서 받은 수많은 명령 중에서 충동적 혹은 강박적으로 따르도록 하는 드라이버 메시지는 다음과 같다.

- 완벽하게 하라(Be perfect)
- 강해져라(Be strong)
- 열심히 하라(Try hard)
- 기쁘게 하라(Please hard)
- 서둘러라(Hurry up)

정도의 차이는 있지만, 모든 사람은 이 다섯 가지의 드라이버 메시지를 지니고 있다. 내면에서 드라이버 메시지가 떠오르면, 해당 드라이버와 관련된 '드라이버 행동'들이 나타나고, 이런 드라이버 행동들을 주의 깊게 관찰하면 각본의 특징들을 추정할 수 있다. 예를 들어, '완벽하게 하라' 드라이버 행동은 '말하자면' '확실히' 등의 말을 자주 사용한다. '강해져라'는 드라이버 행동은 흔히 팔짱을 잘 끼고, 몸의 움직임이 별로 없는 폐쇄적 자세를 보인다. '기쁘게 하라'는 드라이버 행동을 드러내는 사람은 '좋지?' '괜찮아?' 등의 표현을 즐겨 사용한다. 고개를 잘 끄덕이며 상대방을 향해 몸을 기울이며 쳐다보는 일이 많다. 드라이버 메시지를 따르기로 결정하면 이것이 바로 '각본결정'이 된다. 드라이버에 따른 각본결정의 예는 다음과 같다.

〈표 3-1〉 드라이버와 각본결정

드라이버 메시지	각본결정
완벽하게 하라	모든 일은 실수가 없이 완벽하게 해야 한다.
강해져라	다른 사람에게 무엇을 기대하거나 감정을 보여서는 안 된다.
열심히 하라	무슨 일이든 쉬지 말고 계속해서 해야 한다.
기쁘게 하라	다른 사람의 인정을 받아야 한다.
서둘러라	어떤 일이든 빨리해야 한다.

③ 속성

각본 메시지는 "~해라~"와 같은 직접적인 명령을 통해 전달되기도 하지만 자녀의 속성에 대해 설명하거나 기술하는 방식의 메시지를 통해서도 전달된다. 즉, '어떠어떠하다'는 표현의 기술적인 메시지를 속성(attribution)이라고 한다.

> "어이쿠, 우리 예쁜 공주."
> "흠, 책을 참 잘 읽네!"
> "너는 한 가지라도 제대로 하는 게 없어."
> "이 못난 녀석."

이런 말들은 부모로부터 직접적으로 전해지는 속성에 해당한다. 그 내용은 부정적일 수도 있고 긍정적일 수도 있다. 부모명령이든 속성이든 메시지가 발신될 때 수반되는 비언어적인 메시지의 종류에 따라 각본결정에 미치는 영향력은 상당히 달라진다. "이 못난 녀석." 이라고 말하지만 미소를 지으며 익살맞은 표정으로 말할 때와 화난 얼굴로 손가락질하며 말할 때의 영향력에는 현저한 차이가 있다.

부모들은 친구, 친척 혹은 이웃 사람들과 이야기하면서 자기 자녀에 대해 말하는 경우도 많다. 심지어 자녀가 보는 앞에서 자녀를 부정적으로 묘사하기도 한다. 이런 말들은 간접적인 표현이지만 자녀의 각본결정에 강력한 영향을 주는 메시지로 작용한다. 직접적이든 간접적이든 어린아이는 부모가 자신에 대해 서술한 메시지들을 사실로 받아들인다. 간접적인 표현의 예를 들면 다음과 같다.

> "우리 ○○는요, 얼마나 착하고 야무진지, 하는 짓마다 예뻐 죽겠어요!"
> "우리 아이는 누굴 닮았는지, 고집불통이에요."
> "○○는 매사가 느릿느릿한 게, 나무늘보 같다니까요."

④ 프로그램

프로그램은 일상에서 일을 어떻게 하는지에 대한 구체적인 메시지들에 해당한다. 프로그램은 '~하는 법(Here's how to~)'이라는 식의 표현으로 문장을 시작한다. 우리는 부모나 부모와 같은 권위적인 인물들로부터 수많은 프로그램 메시지들을 배운다(Stewart & Joines, 1987). 부모나 부모와 같은 권위적인 인물로부터 듣는 수많은 부모명령 중에서 삶의 지침에 해당하는 것은 프로그램으로 간주된다. 즉, 형식적으로는 명령식의 표현이지만 내용은 일상 생활에서 무엇을 어떻게 해야 하는지에 대한 지침을 담고 있다. 예를 들면 다음과 같다.

"이번 시험은 전교에서 일등해라."
"꼼꼼하고 빈틈없이 해라."
"다른 사람에게 속마음을 드러내지 마라."
"어떤 상황에서도 절대 울지 마라."
"남자(여자)답게 행동해라."
"남에게 지지 마라."

프로그램 메시지들은 대부분 삶에 필요하고 생산적인 방식으로 활용되지만, 부정적인 메시지들은 부모의 오염된 A자아상태에서 나와서 성장기 자녀의 A자아상태를 오염시킨다. 따라서 치료과정에서 A자아상태에 저장되어 있는 오염된 프로그램 메시지들의 적절성을 검토한 후, 이를 재결단을 통해 수정해야 한다.

(2) 비언어적 각본 메시지

① 모델링

모델링이란 한마디로 '따라 하기'이다. 다른 사람의 행동이나 모습을 따라 하기 위해서는 주의 깊은 관찰이 필수이다. 어린아이는 외부 환경을 예리하게 관찰한다. 어린아이가 속해 있는 가장 직접적인 환경은 가족이다. 어린아이는 환경, 즉 가족구성원의 상호작용을 지속적으로 관찰한다. 관찰을 통해 '어떻게 해야 내가 원하는 것을 효과적으로 얻을 수 있을까?'에 대한 해결책을 부단히 찾는다. 가령, 아이는 엄마가 필요한 것이 있을 때면 귀여운 목소리로 아빠의 뺨에 입을 살짝 맞추는 모습을 인상 깊게 보았다. 이때 '내가 갖고 싶은 것이 있으면, 귀여운 목소리를 내야 해.'라고 결론을 내린다.

아빠는 화가 나면 식사 중에 버럭 소리를 치며 밥그릇을 집어 던지곤 하였다. 그럴 때면 엄마는 싱크대 끝에 주저앉아 눈물을 흘리면서 죽어 버리겠다는 말을 반복하곤 했다. 이런 모습을 본 아이는 이후 결혼 생활에서 남편과의 갈등이 있을 때면 싱크대 끝에 주저앉은 채, 울며 죽어 버리겠다는 말을 반복할 수 있다. 이는 어린 시절 아빠의 폭력에 시달리는 엄마의 모습을 관찰하면서 마음속으로는 '나도 이런 상황에서는 죽어 버리고 말겠어!'라는 결정을 내렸기 때문이다.

② 금지명령과 허용

부모명령은 언어를 통해 주어지고, 금지명령과 허용은 언어를 배우기 이전에 주어지는 것이다. 금지명령과 허용은 초기 아동기에 주어지지만 부모명령은 그 후에 주어진다. 따라서 말로 주어지는 부모명령을 받기 이전에 금지명령이나 허용을 받는 것으로 보아야 한다. 금지명령과 허용은 출생 이후부터 6~8세가 될 때까지 계속 주어지고, 부모명령은 언어를 구사하는 시기인 대략 3세경부터 시작해서 12세 사이에 주어진다. 금지명령이나 허용은 언어를 통해 들을 수 없다. 대신 정서나 신체적 감각으로 느낀다.

갓 태어난 아이를 품에 앉은 채 따뜻하고 행복한 미소로 바라보는 엄마가 있다. 이 아기는 엄마를 통해 전해지는 따스한 체온과 미소를 온몸으로 느끼며 '엄마는 나를 좋아하고 사랑하는 것이 틀림없어.'라는 결론을 내릴 것이다. 이는 곧 엄마는 아기에게 '존재해도 된다.'는 '허용'을 제공한 것이다.

반면, 어떤 엄마는 아기를 낳은 것에 대해 후회하며 어떻게 키워야 할지 모를 두려움에 사로잡혀 아기가 차라리 죽기를 바랄 수도 있다. 이런 경우, 엄마는 깊은 C자아상태에서 아기를 버리거나 죽이고 싶은 감정을 느낄 수도 있다. 이 경우, 아기는 엄마의 비언어적 단서들을 통해 '엄마는 나를 원하지 않고, 심지어 내가 사라져 버리기를 바랄 거야.'라고 결론내린다. 이 경우, 아기는 엄마로부터 '존재하지 마라.' '가까이 오지 마라.'는 금지명령을 받은 것이다. 부모의 C자아상태에서 나오는 부정적 메시지가 바로 금지명령이다. 금지명령을 어기면 신체적인 긴장이나 불편감이 느껴진다. 심장이 뛰고 땀이 나고 속이 거북해질 수도 있다. 아기는 자란 뒤에도 C자아상태에 저장된 일단의 금지명령과 허용을 따른다. 이러한 메시지들에 대한 반응으로 내린 결정들이 인생각본의 주요 내용을 구성한다.

③ 정신적 외상

외상후스트레스장애(PTSD)를 초래할 만큼 심각한 정신적 외상 경험은 각본결정에 큰 영향을 미친다. 한 여자아이가 아버지로부터 성적인 학대를 받았다면 이러한 사건은 단 한 번에 그쳤더라도 그 자체로 심각한 각본 메시지로 받아들일 수 있다. 즉, '남자는 절대로 믿지 않을 거야.' '난 절대로 결혼할 수 없어.'와 같은 결정을 내릴 수 있다.

어린 시절, 엄마의 갑작스런 가출로 인해 친척집에 맡겨진 채 사촌들로부터 놀림과 따돌림을 당하는 경험 속에서 '사람들은 믿을 수가 없어.' '사람들은 내가 죽기를 바라.'와 같은 결정을 내릴 수 있다. 이처럼 정신적 외상사건은 비언어적 각본 메시지로서 그 자체로 인생각본을 형성하는 중요한 토대로 작용한다.

5. 인생태도

인생태도란 자기 자신과 다른 사람들, 그리고 세상에 대한 일종의 확신으로써 어린 시절 각본을 결정할 때 이미 형성한 인생에 대한 관점을 말한다. '생활자세(life position)' 혹은 '실존적 자세'라고도 지칭한다. Berne은 인생태도가 초기경험을 바탕으로 내린 결정을 정당화하도록 어린 시절(3~7세)에 만들어진다고 믿은 반면, Steiner는 훨씬 이른 시기인 출생 후 수개월 내의 이른 초기에 형성되는 것으로 보았다(Stewart & Joines, 1987). Steiner의 견해에 따르면 생활태도가 먼저 형성되고 이를 토대로 각본을 형성하는 초기 결정들이 이루어지는 것이다. 생활태도와 각본이 밀접한 관련이 있는 것은 사실이나 생활태도가 시기적으로 앞선다는 점에서 각본에 비해 생활태도의 뿌리가 보다 근본적이라 할 수 있다. 따라서 Steiner 관점에서 교류분석의 생활태도는 Freud(1949)의 구강기와 Erikson(1963)의 유아기에 해당하는 생애초기 1년간의 경험과 밀접한 관련이 있는 것으로 볼 수 있다. 특히, Erikson(1963)의 유아기 기본 과제는 자기와 타인, 세상에 대한 신뢰감을 형성하는 것이다. 사랑을 받지 못하면 타인에 대한 일반적 불신감이 생긴다. 따라서 Steiner는 인생태도가 Erikson(1963)의 기본적 신뢰의 자세와 동일한 것으로 간주하였다(Stewart & Joines, 1987). 인생태도에는 대표적으로 다음의 네 가지가 있다(Berne, 1972).

1) 자기긍정 – 타인긍정(I'm OK, You're OK)

나와 타인을 모두 긍정하는 인생태도이다. 나도 이만하면 괜찮고 상대방도 그만하면 괜찮다는 삶의 자세이다. 즉, 자신과 다른 사람 모두를 존중하고 인정하는 것이다. 이런 인생태도는 승자각본을 형성하므로 미래에 대한 긍정적인 시나리오를 시각화한다. 친밀한 관계를 유지하므로 대인관계가 원만하다. 이런 태도를 지닌 사람의 내적 대화는 다음과 같다.

"오늘 실수가 있었지만, 최선을 다했기 때문에 문제없어. 다음에 또 도전해야지."
"○○가 질책을 받는 것을 보니, 마음이 아프네. 내일 위로해 주어야겠어.”

2) 자기부정 - 타인긍정(I'm not OK, You're OK)

나를 부정하고 타인을 긍정하는 인생태도이다. 자신에 대한 신뢰는 낮은 반면, 다른 사람의 인정을 추구하고 인정받고 의지하려는 모습을 보인다. 자신을 타인에게 희생당하고 피해를 입는 존재로 바라보기 때문에 자기비하, 열등감이 심하고 자존감이 낮다. 패자각본을 토대로 미래에 대한 부정적인 시나리오를 시각화한다. 자신에 대한 확신이 부족하므로 타인의 인정과 스트로크를 추구하지만 실제 그런 대상을 만나도 친밀한 관계를 유지하기가 어렵다. 이런 태도를 지닌 사람의 일반적인 내적 대화는 다음과 같다.

　　“나는 어떤 일도 할 수 없는 놈이야.”
　　“○○이는 항상 당당하고 활기가 넘치지만 난 늘 소심하고 자신이 없어.”

3) 자기긍정 - 타인부정(I'm OK, You're not OK)

자신을 긍정하고 타인을 부정하는 인생태도이다. 자신을 과신하면서도, 다른 사람의 존재나 능력을 인정하지 않는 태도를 보인다. 겉으로 보기에는 승자각본을 지닌 것 같지만 자신을 높이고 다른 사람을 지배해야 한다는 인식을 지니고 이를 유지하기 위해 끊임없이 노력한다. 대인관계가 지배적이고 의심이 많다. 자기의 성격에 맞지 않으면 배제하거나 냉정한 모습을 보이는 경향이 있다. 스스로에게는 문제가 없기 때문에 자기 성찰을 하지 않는다. 따라서 문제가 발생하면 자기를 피해자로 간주하고 다른 사람에게 책임을 전가한다. 가해자나 범죄자의 인생태도이기도 하다. 생애 초기에 양육자와의 관계에서 안정적인 애착을 형성하지 못하였을 가능성이 높다. 자신에 대한 웅대한 자아상을 지니고 있으며 삶에서 이를 유지하기 위해 노력한다. 내적 대화의 예는 다음과 같다.

> "○○씨 때문에 우리 조직 전체가 힘들잖아요. 왜 항상 그런 식인가요?"
> "나에게는 아무런 문제가 없어요. 나를 그렇게 보는 당신이 바로 문제예요."

4) 자기부정 – 타인부정(I'm not OK, You're not OK)

나와 타인을 모두 부정하는 인생태도이다. 인생은 살 만한 가치가 전혀 없는 것으로 여기고 비관하고 절망하는 자세를 보인다. 따라서 스스로에게 긍정적인 스트로크를 제공하지 못한다. 패자각본과 밀접하게 연결되어 있으므로 미래를 비관적이고 절망적으로 바라본다. 자신과 타인을 모두 부정적인 존재로 보기 때문에 아무도 자신을 도와줄 수 없다고 여긴다. 내적으로는 다른 사람의 인정과 관심, 사랑을 간절히 갈구하지만 상대방의 인정과 관심을 뿌리친다. 이러한 관계 패턴으로 인해 대인관계에서의 단절과 분리를 경험한다. 상대방에 대한 투사동일시를 통해 결과적으로 자신이 희생자임을 확인하는 심리적 게임에 자주 노출된다. 이런 사람의 내적 대화는 다음과 같다.

"아, 내 인생은 왜 항상 이 모양이지? 도대체 되는 게 없어. 해 봐야 안 될 거야."
"어리석고 한심한 것들, 다들 타성에 젖어서 쓸 만한 인간이 하나도 없어."

사람은 이상의 네 가지 인생태도를 바탕으로 각본을 형성하고 그 각본을 확인하며 성인기에 이르지만, 인생태도는 고정되어 불변하는 것이 아니라 상황에 따라 이동한다(Stewart & Joines, 1987). Ernst(1971)는 인생태도의 변화와 관련하여 자신을 X축, 타인을 Y축으로 한 뒤, 양 극단을 OK와 Not OK로 하는 사사분면을 'OK목장'이라는 개념으로 제시한 바 있다([그림 3-8] 참조).

OK목장에서 I'm OK, You are OK는 우측 상단에 위치하며 '함께 잘하기' '건강한 자세'에 해당한다. 건강한 태도로서 조화, 존중, 공존 등이 이루어지며 긍정적 감정인 즐거움, 기쁨, 보람, 평안 등과 관련된다.

I'm Not OK, You are OK는 좌측 상단에 위치하며 '피하기' '우울한 자세'에 해당한다. 자기경시, 열등의식, 콤플렉스, 혼돈 등이 난무하고 슬픔, 죄책감, 두려움, 대인공포 등의 감정과 관련된다.

I'm OK, You are Not OK는 우측 하단에 위치하며 '배제하기' '편집증적 자세'에 해당한다. 방어적인 태도와 배타성, 공격성, 강한

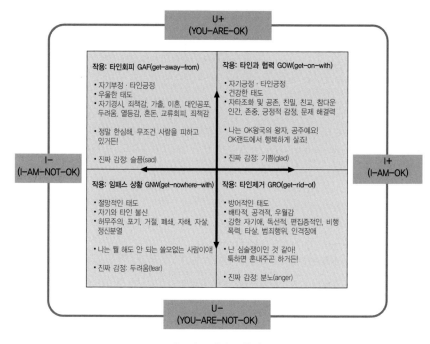

[그림 3-8] OK 목장

자기애, 인격 장애, 야망을 위해 타인을 조작하는 독선적 행동, 편집증, 비행, 폭력, 범죄행위, 분노 등과 관련된다.

I'm Not OK, You are Not OK는 좌측 하단에 위치하며 '절망하기' '무용한 자세'에 해당한다. 절망적인 태도, 자기와 타인 불신, 허무주의, 포기, 거절, 폐쇄, 자해, 자살, 정신분열 등과 관련된다.

한편, 인생태도 유형은 전형적인 이고그램 유형을 통해서도 살펴볼 수 있다. 이고그램에서 FC가 AC보다 높을 경우는 '자기긍정(I'm OK)', 이고그램에서 AC가 FC보다 높을 경우는 '자기부정(I'm not OK)', 이고그램에서 NP가 CP보다 높을 경우는 '타인긍정(You're OK)', 이고그램에서 CP가 NP보다 높을 경우는 '타인부정

(You're not OK)'의 인생태도를 지닌 것으로 해석된다. 인생태도
유형에 따른 전형적인 이고그램의 특징을 그래프로 살펴보면 〈표
3-2〉와 같다.

〈표 3-2〉 인생태도 유형과 이고그램

인생태도	전형적 이고그램	특징
자기긍정 타인긍정		- NP를 정점으로, AC로 내려가는 산형 - 민주적이고 건설적인 인생관 - 친밀한 인간관계를 형성 - P나 A의 기능이 강함 - FC도 적절한 수준이어서 자기표현 가능
자기긍정 타인부정		- CP, FC가 높고 NP, AC가 낮은 역N형 - 자신감은 있지만 책임감이 부족함 - 타인과의 갈등유발 가능성이 높음 - 타인에게 매우 비판적이고 남 탓을 함 - CP나 FC의 기능이 강함
자기부정 타인긍정		- NP, AC가 높고 CP, FC가 낮은 N형 - 열등감과 무력감을 지닌 사람의 태도 - 자기를 억제하면서도 좋은 관계 유지 - 내적으로 모순이 축적되는 경우가 많 음 - NP나 AC의 기능이 강함

자기부정
타인부정
		- NP 바닥, AC 상향의 골짜기 형
		- 허무주의적이고 비건설적인 사람의
		  태도
		- 타인과의 따뜻한 관계형성이 어려움
		- P나 A의 기능이 약하고 C의 기능이
		  강함
		- AC의 상승으로 자기를 신뢰하지 못함

6. 심리게임

1) 게임의 의미

심리게임이란 이면의 동기를 가지고 무엇을 하는 과정이다 (Stewart & Joines, 1987). 통상 '게임'으로 지칭한다. 게임은 이면 혹은 무의식적인 동기에 의해 작동하므로 A자아의 자각 밖에 있다. 즉, 자신이 왜 이런 상호작용을 하는지 제대로 알아차리기가 어렵다. 게임에 관여된 당사자는 모두 혼란, 당혹, 불쾌감과 같은 부정적 감정을 경험하며 오해 속에서 상대방을 비난할 개연성이 높다. 따라서 게임의 숨겨진 동기로 올가미, 덫, 속임수, 술책, 부정 등을 꼽는다. 이러한 부정적 동기는 필연적으로 이면교류를 동반할 수밖에 없다. 게임을 하는 사람이 자신의 행동을 바꾸거나 전환할 때 비로소 게임에 빠진 자신의 상황을 인식할 수 있다. Berne(1972)은 모든 게임이 다음과 같은 여섯 단계를 거쳐 진행되는 것으로 파악하였다.

〈표 3-3〉 게임의 진행 단계

속임수	+	약점	=	반응	→	전환	→	혼란	→	결말
(Con)		(Gimmick)		(Response)		(Switch)		(Cross up)		(Pay off)

게임을 시작하는 사람은 숨겨진 내면의 동기(con)를 가지고 적절한 교류를 할 수 있는 적절한 대상을 찾게 되는데, 이 과정에서 약점(gimmick)을 가진 사람이 게임에 걸려들게 된다. 처음에는 표

면적인 교류(response)로 시작하지만 시간이 지나면서 게임이 점차 확대되고 교류과정에서 전환(switch)이 발생한다. 전환이란 엇갈림, 대립, 허둥대기와 같은 교차교류의 형태이다. 전환에 이어서 두 사람 간에 혼란(cross up)이 일어나게 되고 결국에는 의외의 결말(pay off)로 막을 내리게 된다. 결말에 이르면 객관적 관점에서는 게임을 거는 사람의 숨겨진 동기가 무엇인지 알아차릴 수 있다. 하지만 대부분은 강한 불쾌감과 자괴감을 경험하면서도 이러한 상호작용의 실제 의미와 동기는 알아차리지 못한 채 마무리된다. 게임을 거는 사람이나 게임에 걸려드는 사람 모두, 게임의 동기와 그로 인한 부정적인 상호작용을 알아차리지 못하면 이러한 고통스런 상호작용을 계속할 수밖에 없다. 게임의 사례를 제시하면 다음과 같다.

남편: 여보, 장인어른 생신인데 당신 친정에 다녀옵시다. 서둘러 준비해요.

아내: 당신, 진심이에요? 같이 갈 수 있어요?

남편: 당연히 같이 가야지. 빨리 정리하고 20분 내로 출발해요.

아내: 와, 기분 좋아. 서둘러 볼게요.

(남편은 아내가 분주하게 아이들 챙기고, 화장하고, 짐 정리하는 것을 지켜본다.)

남편: (시계를 들여다보며) 벌써 30분이 지나가잖아! 도대체 언제 출발해?

(짜증나는 목소리로) 당신이 하는 일이 늘 그렇지. 느려 터져 가지고.

아내: (화난 목소리로) 당신이 아이들 좀 챙겨주면 안 돼요?

늘 잔소리만 하고, 당신이 집안에서 도와주는 일이 도대체 뭐가
있어요?

남편: 뭐야? 그러는 당신은 남편을 도대체 뭐로 보는 거야?

　　아, 그럴 거면 관 둬. 안 가면 되잖아. 아 정말 짜증나네!

아내: (눈물을 흘리며) 당신은 정말 이기적인 남자야 (소리 내어 운다.)

이 사례에서 아내는 '어째서 나는 항상 이런 꼴을 당해야 하지?'
'우리 부부는 왜 남들처럼 잘 지내지 못할까?' 하는 부정적인 생각
들을 하면서 슬프고 우울한 감정을 갖게 된다. 남편은 화를 내어
시원할 것 같지만 그날 밤 늦도록 '아, 내가 또 아내에게 함부로
말을 하고 말았네. 조금만 참았으면 되었을 텐데, 어째서 나는 늘
이럴까?' 하는 생각을 하며 후회하거나 자책감에 빠진다.

두 사람 모두 이러한 불쾌한 감정이나 자신에 대한 부정적 평가
가 새로운 게임의 동기가 된다는 것을 알아차리지 못한다. 결국
부부는 늘 이런 게임을 반복하며 갈등을 경험한다.

2) 게임을 하는 이유

게임은 이면적 교류에 해당한다. 게임의 규칙에 따라서 결말에
이르는 과정에서 극적인 역할 전환을 경험한다. 게임의 결말은 오
해, 비난, 불쾌한 감정과 같은 부정적 결과들을 가져오고 당사자
들은 이것을 반복해서 경험함에도 게임을 지속하는 이유는 무엇
일까? 게임을 연출하는 이유를 살펴본다.

첫째, 게임은 부정적 스트로크를 추구하기 위한 수단이다. 사람은 누구나 무조건적이고 긍정적인 스트로크를 충분히 경험해야 한다. 생애 초기에 존재에 대한 안정적이고 건강한 자기상을 확립하는 것은 생애 전반의 심리적 건강성으로 이어진다. 하지만 성장과정에서 사랑이나 인정을 경험하고 이를 수용하는 방법을 익히지 못한 경우, 왜곡된 방식으로 타인의 사랑과 인정을 추구하게 된다. 즉, 긍정적인 스트로크 욕구를 충족하지 못하면 부정적인 스트로크라도 추구하는데, 바로 이점으로 인해 게임이 시작된다. 부모에게서 칭찬을 받은 적이 거의 없고 야단과 비판, 혼냄을 경험했던 아이는 부모가 유독 싫어하는 일들만 골라서 반복한다. 이로 인해 부정적 스트로크라도 채우고자 한다. 이렇게 부정적 스트로크를 획득하는 습관을 형성한 경우, 성장한 후에도 사람들 간의 교류장면에서 무의식적으로 게임을 걸게 되는 것이다.

둘째, 시간구조화의 수단이다. Berne은 시간구조화(time structuring)의 여섯 가지 양식으로 폐쇄, 의례, 소일, 활동, 게임, 친밀을 제시하였다. 이 중 다섯 번째 양식이 게임이다. 폐쇄에서 친밀로 나아갈수록 스트로크의 강도는 높아진다. 따라서 게임은 활동보다 스트로크 강도가 높은 양식에 해당한다. 대인관계에서 일반적으로 활동까지는 자연스럽게 이어진다. 하지만 활동 단계에서 모든 관계가 게임으로 가거나 친밀로 가지는 않는다. 앞서 설명했듯이 게임은 부정적 감정과 오해를 유발하므로 게임에 빠지는 교류는 친밀로 이어지기 어렵다. 따라서 활동 단계에서 어떤 교류는 게임으로 이어지는 반면, 어떤 교류는 친밀로 이어진다. 게임으로 이어지는 교류는 이면교류를 동반하므로 게임으로 시간구조화를 하고 있는 자신의 패턴을 알아차리고 이를 바로잡기 전까지는 활동과 게임 사이를 반복한다. 게임을 하지 않을 때, 비로소 친밀로 나아갈 수 있는 것이다. 이렇듯 게임은 시간구조화의 한 양식으로 기능한다.

셋째, 인생태도를 정당화하는 수단이다. 게임을 하는 사람은 자신의 인생태도를 확인하기 위해 게임을 한다. 예를 들면, '나를 차라'는 게임을 하는 사람은 '자기부정-타인긍정'의 인생태도를 강화한다. 생애 초기에 형성되는 인생태도는 생애 전반을 지배한다. 양육자의 방임, 학대, 냉대와 같은 부적절한 양육을 경험하며 'I'm not OK'라는 인생태도를 형성했다면 이는 쉽게 변화되지 않은 채 평생을 거쳐 지속된다. 따라서 이러한 게임을 통해 자신의 인생태도를 반복적으로 확인하는 것이다.

넷째, 인생각본을 확인하는 수단이다. 게임에 빠진 결과로 느끼는 부정적 감정은 모두 라켓감정이다. 라켓감정을 경험할 때 스탬프를 저장하고, 이 스탬프가 충분히 쌓이면 어린 시절에 결정한 부정적인 각본 결말과 교환한다. 결과적으로 어린 시절의 결정이 옳다고 느끼게 된다. 다시 말해 어린 시절 작성한 각본의 결말은 부정적 스탬프가 쌓여 폭발할 때 확인되는데, 이 부정적 스탬프는 라켓감정을 느낄 때마다 차곡차곡 쌓인다. 따라서 게임을 통해 라켓감정을 경험하고자 하는 무의식적인 동기가 실현되는 것이다. 이와 관련하여 Goulding 부부는(1979) 게임을 자극하는 핵심 원동력으로 라켓감정을 지목한 바 있다. 내면에 처리되지 못한 채 남아 있는 죄책감, 열등감, 분노, 무력감, 자기혐오 등과 같은 라켓감정이 게임의 동기가 된다는 것이다. 실제로 라켓감정에 지배되고 있으면 손쉽게 게임에 빠져들게 된다. 따라서 게임은 라켓 감정을 계속 연출하고 이를 지속적으로 간직하려는 시도에서 지속된다. 나아가 이를 통해 스탬프를 쌓아 폭발하게 되면 어린 시절 작성한 자신의 각본이 진실임을 확인하게 된다. 따라서 인생각본을 확인하는 수단으로 게임을 하게 되는 것이다.

3) 게임의 유형

Berne(1964)은 『Games People Play』라는 저서를 통해 약 30개의 게임을 소개한 바 있다. 사실 그 이상으로 인간관계에서는 수많은 종류의 게임이 존재한다. 하지만 대부분은 단순한 상호작용에 그치는 수준이다. 따라서 '반응(response)'을 넘어 '전환(switch)' 이상으로 진전되는 수준의 게임들을 살펴보는 것이 게임에 대처할 기본적인 원리를 탐구하는 데 도움이 될 것이다. 대표적인 게임들을 세 가지만 살펴보면 다음과 같다.

(1) 나를 차라(Kick me) 게임

상대방의 부정적인 감정을 자극하여 자기를 낮추거나 상대방의 거절을 유도함으로써 결과적으로 고독한 입장에 처하게 되는 게임이다. 상대방이 관대한 태도를 취해도 집요한 방식으로 거부감이나 혐오감을 유발함으로써 결국에는 상대방의 분노를 자아내고 배척받기에 이른다. 이러한 게임을 하는 근본적인 이유는 자기부정-타인긍정의 인생태도를 확인하는 것에 있다. '나는 쓸모없고 버림받기에 합당한 인간이다.'라는 부정적 자세를 증명하고 이를 강화 받으려는 무의식적인 욕구가 있다. 게임을 연기하는 사람은 이러한 내면적 역동을 알아차리지 못한 채 '왜 나는 늘 이 모양 이 꼴이지?' 하는 후회와 비탄에 빠지게 된다. 다시 말해, 상보교류를 하는 사람과의 교류에서 상대방의 불쾌감과 화를 유발해 내어 결국 자신은 좋지 않은 인간임을 확인하는 자기 파괴적인 게임을 연출한다. 하지만 의식적으로는 자신이 '희생자'라는 느낌을 받는다. 다음과 같은 성향의 사람은 해당 상황에서 '나를 차라' 게임을 전개할 가능성이 높다.

- 교사의 지시, 조언을 반복적으로 거부함으로써 부정적인 감정을 자극하는 학생
- 불성실한 근무, 비상식적 행동 등으로 직장에서 해고되는 사람
- 병원 입원 상황에서 항의와 선동 등으로 강제로 퇴원당하는 환자
- 불필요한 일을 해서 도리어 화를 입는 경향이 있는 사람
- 이성교제나 대인관계 시, 반복해서 배척받는 경향이 있는 사람

(2) 너 때문에 이렇게 되었어(See what you made me do) 게임

이 게임을 하는 사람은 항상 상대방 때문에 원하는 일을 하지 못했다고 불만을 표시한다. 자기방어를 위한 과도한 투사가 특징이다. 남에게 책임을 전가함으로써 자기긍정-타인부정의 인생태도를 확인하게 된다. 이런 사람은 문제해결을 위한 도움을 요청하여 결과가 좋으면 상대방에 대한 감사와 칭찬을 아끼지 않는다. 하지만 일이 틀어지거나 문제가 해결되지 않으면 '당신 때문에~'

라는 태도로 상대방을 비난하고 공격한다. 자기주장이 강하고 상대방의 말을 받아들이지 않기 때문에 편집증적인 행태를 보이기도 한다. 자기애성 성격장애의 특징인 웅대한 자기상과 밀접한 관련이 있다. 따라서 '당신 때문이야'를 연발하는 사람을 비난하거나 직면하는 것은 오히려 상황을 악화시킬 수 있으므로 주의해야 한다. 다음과 같은 상황에서 '너 때문에 이렇게 되었어!' 게임이 펼쳐질 가능성이 높다.

- 자기의 실수는 생각하지 않고 다른 사람이나 환경을 탓하는 사람
- 실수를 지적하면 도리어 화를 내며 공격하거나 원망하는 사람
- 일이 뜻대로 되지 않을 때, 그 일과 관련된 타인을 비난하고 적대시하는 사람

(3) 예, 그러나(Yes, but) 게임

이 게임의 목적은 자기긍정-타인부정, 자기부정-타인부정의 인생태도를 확인하는 데 있다. 상대방에 대해 조언이나 도움을 구하지만 형식적이고 의례적인 수준이다. 하지만 상대방은 조언이나 도움을 요청하는 것에 걸려들어 "~하면 어떨까요?" 하는 식으로 반응하지만 "예, 그렇지만~"의 응답이 돌아온다. 이런 응답이 반복되면서 상대방은 결국 무력감을 느끼고 만다. 이 게임을 거는 사람은 희생자의 입장에서 조언이나 도움을 청하면서도 상대방의 말을 받아들이지 않는다. 종국에는 상대방이 더 이상 도움을 줄 수 없는 상황이 되면 배척한다. 이런 사람은 늘 간섭하고 참견

하는 통제적인 부모에게서 양육되었을 개연성이 높다. 부모에 대해서 겉으로는 온순한 태도를 취하지만 내면에서는 '나는 부모의 어떤 말도 따르지 않을 거야.'라는 반항적 자세를 견지하는 사람이다.

이 게임의 결말은 해결책을 찾아 문제를 해결하기보다는 이를 거부하고 상대방을 침묵시키는 데 있다. 이 게임을 거는 사람에게는 "그 참 유감입니다, 곤란하시겠어요. 어떻게 대응하실 생각이세요?"라는 식으로 그 사람의 생각이나 해결책을 물어보는 것이 필요하다. 다음과 같은 사람은 해당 상황에서 '예, 그러나' 게임을 펼칠 가능성이 높다.

- 대다수가 찬성하고 있는 안건에 대하여 끝까지 반론을 제시하는 사람
- 말이나 약속을 지키거나, 노력도 하지 않으면서 '예, 그렇지만~'을 연발하는 사람

4) 게임에 대한 대처방법

게임은 그 자체로 부정적이다. 이면교류를 통해 라켓감정을 유발하고 결과적으로 부정적인 각본과 자기부정의 인생태도를 확인하게 만드는 고통스런 상호작용이다. 그러면 어떻게 이런 고통스런 상호작용에서 벗어날 것인가?

첫째, 게임에서 벗어나기 위해서는 나에게 선택권(option)이 있

음을 알고 이를 적극 활용해야 한다. 즉, 게임을 하거나 말려들게 되는 상황에서 부정적인 자아상태 대신, 긍정적인 자아상태를 선택하여 이를 동원해야 한다. 예를 들면, 상대방이 게임을 걸어온다면 부드럽고 온화한 A자아상태로 대화하기를 선택하는 것이다. 이를 적극 활용한다면 게임에 말려들지 않을 수 있고, 설령 게임에 빠져있더라도 벗어날 수 있다.

둘째, 상대방의 디스카운트를 알아차리고 벗어나야 한다. 게임을 시작하는 초기에 사용되는 속임수(con)에는 항상 디스카운트가 내포되어 있다. 즉, 상대방은 순간마다 나를 평가절하한다. 디스카운트는 나의 약점을 파고든다. 게임에서 약점을 잡히면 라켓 감정이 동반되고 스탬프의 비축으로 이어진다. 따라서 상대방의 디스카운트를 간파하고 이것을 직면해야 한다. 그러기 위해서는 스스로를 디스카운트하는 것에서 벗어나 있어야 한다.

셋째, 게임을 거는 상대방에게 긍정적인 스트로크를 제공한다. 인간은 누구나 긍정적인 스트로크가 충족되지 않으면 부정적인 스트로크라도 받고자 한다. 이런 동기가 게임을 하는 동인이 된다. 따라서 스트로크의 관점에서 볼 때, 게임을 거는 사람은 부정적인 스트로크를 추구하는 것이다. 이런 사람은 긍정적인 스트로크보다 부정적인 스트로크를 받기 마련이다. 설령 긍정적인 스트로크를 받았더라도 이는 간과되거나 수용되지 못하고 버려질 가능성이 매우 높다. 따라서 이를 해결하기 위해서는 긍정적인 스트로크를 주되 일관적이고 지속적으로 제공할 필요가 있다. 특별히 무조건적이고 긍정적인 스트로크는 게임을 그치게 할 뿐만 아니라, 각본과 인생태도를 변화시키는 강력한 치료제의 역할을 한다.

7. 시간구조화

사람은 다양한 방식으로 시간을 보낸다. Berne(1972)은 개인이 혼자 혹은 다른 사람과 함께 지내는 상황에서 주어진 시간을 어떻게 사용할 것인지 각자의 방식으로 구조화한다고 보고 이를 '시간구조화'라는 독특한 용어로 표현하였다. 동시에 사람들이 시간을 보내는 양태를 관찰하고 분석한 결과를 토대로 시간구조화에는 여섯 가지 패턴이 있음을 제시하였다(Stewart & Joines, 1987). 이들을 차례로 살펴본다.

1) 폐쇄

폐쇄(withdrawals)는 심리적 위험을 피하기 위해 다른 사람과의 언어적, 비언어적 교류를 차단하고 혼자 시간을 보내는 시간구조화를 의미한다. 주로 혼자 생각에 잠겨 있거나 공상이나 백일몽으로 시간을 보낸다. 같은 공간에 여러 사람과 함께 있어도 누구와도 교류를 하지 않고 혼자만의 생각에 빠져 있다면 폐쇄 상태에 있는 것이다. 다른 사람과 접촉하지 않기 때문에 배척이나 지배를 경험할 가능성도 없다. 따라서 심리적 위험이 거의 없는 상태이다. 통상 어떤 자아상태에서도 발생할 수 있는 것으로 본다. 폐쇄 기간에 경험할 수 있는 스트로크는 자기 스트로크(self-stroke)가 유일하다. 일정 기간은 혼자서도 지낼 수 있지만 이 상태가 지속될 경우, 결국은 스트로크 박탈상태에 빠질 수 있다(Stewart & Joines, 1987). 스트로크를 받은 경험을 '스트로크 통장'이라는 비유를 통해 본다면, 스트로크 통장의 잔고 정도는 셀프 스트로크(self-stroke)를 통해 스트로크 기아(hunger)를 견딜 수 있는 기간과 비례할 것이다.

폐쇄를 시간구조화의 주된 양식으로 선택하는 사람은 대인관계에서 갈등이 유발되었을 때, 이를 관계 장면에서 적극적으로 해결하기보다는 음주, 수면, 과식, 공상 등과 같은 소극적인 방식을 통해 해결하는 경향이 있다. 하지만 폐쇄는 한편으로 자기를 성찰하고 깨달음을 얻는 효과적인 수단이기도 하다. 따라서 폐쇄를 선택하는 내면의 동기나 욕구가 건강한지를 살펴볼 필요가 있다.

예를 들어, 어린 시절 각본결정을 통해 위험을 회피하기 위한 수단으로 폐쇄를 결정했거나, 양육자의 방임이나 학대 과정에서 공상을 통해 스트로크를 획득한 경우라면, 폐쇄를 통한 시간구조화는 건강하지 않은 선택이라고 볼 수 있다. 심리적으로 건강한 사람은 폐쇄 중에도 외로움을 느끼거나 과거 일을 후회하며 시간을 보내지 않는다. 오히려 폐쇄를 통해 자기를 성찰하고 스스로의 존재를 보다 충만하게 경험한다. 동시에 다른 사람과의 관계에서도 친밀감을 형성하고 긍정적인 스트로크를 주고받을 수 있다.

2) 의식

의식(rituals)은 의례와 같은 것으로서 구조적으로는 P자아상태에 속하고 기능적으로는 CP에서 지시하고 AC에서 수행한다(Stewart & Joines, 1987). 의례적, 관습적으로 이루어지는 시간구조화 양식이다. 일종의 합의된 방식으로만 시간을 사용한다는 점에서 폐쇄 다음으로 안전한 시간구조화로 분류된다. 의식의 유형으로 동창회, 연주회, 종교행사, 예배, 제사, 환영식, 기념식 등이 있다. 사람들과 많은 교류를 하지 않아도 최소한의 교류를 통해 긍정적인 스트로크를 얻을 수 있다. 예를 들면, 부부가 갈등이 심하여 평소에는 대화나 상호교류를 잘 하지 않지만, 추석과 같은 명절, 가족 생일, 자녀 졸업식, 친척 결혼식 등에 참여함으로써 최소한의 관계를 유지할 수 있다. 의식은 비록 형식적으로라도 인간관계에서 최소한의 교류가 이어진다는 점에서 C자아상태에서 폐쇄보다 심리적 위험이 더 높은 것으로 자각된다.

3) 잡담

잡담(pastimes)은 친밀하지 않은 관계에서도 과거의 단순한 일이나 시사, 뉴스 등과 같은 이야기들을 주제로 상보교류를 하며 스트로크 교환을 하는 시간구조화의 세 번째 양상에 해당한다. 잡담에서 대화의 수준은 대부분 피상적이다. 자식 이야기, 이웃집에서 일어난 사건, 취미활동, 홈쇼핑 판매 물건, 새로 나온 자동차, 직장 상사, 날씨 등과 같이 지나간 일이나 가벼운 일상의 신변잡기 들이 화제의 주를 이룬다. 다양한 이야기들을 나누지만 실제 의도는 외로움과 친밀을 회피하기 위한 것이다. 때로는 상대방을 탐색하는 수단으로도 활용된다. 따라서 의식보다는 스트로크 강도가 높고 심리적 위험 수준도 높다. 잡담이 이루어지는 구조적 자아상태는 P나 C에 해당한다. P자아상태에서 이루어지면 판단, C자아상태에서 이루어지면 어린 시절의 사고와 감정을 드러낸다.

4) 활동

활동(activities)은 지금-여기에서의 의도적인 교류를 통해 조건
적인 긍정 혹은 부정적 스트로크를 주고받을 수 있는 시간구조화
이다. 청소, 공부, 독서, 직장근무, 집안 일, 육아와 같은 일상의
일들이 활동에 해당한다. 활동을 할 때에는 주로 A자아상태에 놓
여 있다. 지금 이 순간의 목적을 달성하기 위한 것이기 때문이다.
활동은 폐쇄에서 벗어날 수 있는 방법이지만 심리적 위험은 폐쇄
나 의식보다는 크고 잡담보다는 경우에 따라 크거나 작을 수 있
다. 생산적인 활동에 몰두하고 있을 경우는 만족도가 높고 결과적
으로 긍정적인 스트로크를 받게 된다. 하지만 활동이 때로는 대인
관계에서 친밀을 회피하기 위한 부정적인 수단으로 사용되기도
한다. 예를 들면, 밤늦게까지 남아 야근하기, 육아에만 전념하기,
가정을 돌보지 않는 과도한 종교 활동하기 등이다. 이러한 활동은
폐쇄나 의식과 마찬가지로 개인적인 친밀을 요구하지 않는다. 따
라서 자신이 맡았거나 해야 할 역할을 활동을 통해 열심히 수행함
으로써 원하는 스트로크를 받으며 무난하게 생활할 수 있다. 하지
만 결혼해서 모든 시간을 육아와 가사에만 전념한 여성은 자녀가
결혼하여 떠나게 되는 순간, 허탈함과 무력감으로 우울증에 걸릴
수도 있다. 또한, 직장생활에 몰입했던 직장인이 갑작스런 퇴사나
은퇴를 맞이하게 되면서 허무감, 권태, 무기력 등으로 힘든 일상
을 보내기도 한다. 지속적으로 몰입하며 이를 통해 긍정적 스트로

크를 받아 온 활동이 갑작스러운 종결을 맞게 되면 활동의 이면에 숨겨져 있던 친밀에 대한 회피 기제가 수면 위에 부상하게 된다. 따라서 이를 회피하기 위한 새로운 활동을 찾지 못하면 폐쇄나 의식과 같은 시간구조화 양상을 선택할 가능성이 높다.

5) 게임

게임(games)은 일련의 이면교류 후에 당사자 모두가 불쾌한 감정이라는 부정적 스트로크를 경험하는 시간구조화를 의미한다 (Stewart & Joines, 1987). 이면교류를 동반한다는 점에서 A자아상태와는 거리가 멀다. 생애 초기 주 양육자로부터 충분한 긍정적 스트로크를 받지 못한 것이 주된 원인으로 지목된다. 따라서 아동기에 초기 결정을 통해 수립한 건강하지 못한 전략을 성인기에 재연한다. 건강하지 못한 전략을 구사하기 때문에 부정적 NP나 부정적 AC와 같은 부정적 자아상태에서 이루어진다. 게임을 통한 시간구조화에서는 항상 심리적 수준에서의 디스카운트가 발생한다. 상대방을 평가 절하함으로써 열등감을 느끼게 하고 자신은 우월감을 느끼는가 하면, 상대방은 가해자이고 자신은 희생자인 구도를 만들어 내기도 한다. 따라서 심리적 위험은 활동보다 훨씬 높다.

6) 친밀

친밀(intimacy)은 상대방을 신뢰하고 지금-여기에서 배려를 바탕으로 긍정적 스트로크를 주고받는 상보교류의 시간구조화이다. 친밀은 A자아상태가 건강한 기능을 발휘하고 자기긍정-타인긍정의 인생태도로서 교류할 때 높아진다. 또한 서로의 관계가 신뢰와 공감을 바탕으로 한다는 점에서 이면교류나 디스카운트가 없다. 구조적으로는 A자아상태에 의해 이루어지며, 진솔한 관계라는 점에서 순수한 C 대 C 간의 교류라 할 수 있다. 친밀에서는 가장 높은 수준의 스트로크를 주고받는데, 여기에는 긍정적인 것뿐만 아니라 부정적 스트로크도 포함된다. 디스카운트 없이 상호 간의 진정한 욕구와 감정이 솔직한 방식으로 표현되고 수용된다는 점에서 부정적 스트로크라도 문제가 되지 않는다. 친밀에서는 숨김이나 왜곡 없이 솔직하게 말하기 때문에 C자아상태에서 볼 때 가장 위험한 관계로 느껴질 수 있다. 한 사람은 솔직하게 자신의 이야기를 내어 놓았지만 상대방은 그렇지 않을 수도 있기 때문이다. 하지만 상대방도 솔직하게 반응한다면 위험 수준은 현저히 낮아진다. 따라서 친밀을 통한 시간구조화는 가장 건설적이고 건강하다.

이상을 통해 시간구조화의 여섯 가지 양상은 폐쇄에서 시작하여 의식, 잡담, 활동, 게임, 친밀로 나아가면서 스트로크의 세기가 점점 강해지고, 상대와의 관계에서 어떤 상호작용이 이어질지 예측하기가 점점 어려워져서 심리적 위험성이 높아진다는 점을 살펴보았다. 이를 그림으로 나타내면 [그림 3-9]와 같다. 면적이 넓을수록 스트로크 세기와 심리적 위험 수준이 높아짐을 의미한다.

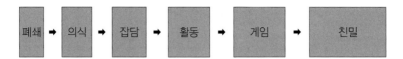

[그림 3-9] 스트로크 세기와 심리적 위험 수준

시간구조화에 여섯 양상이 있지만 이는 개인에 따라 다르게 사용된다. 친밀을 나눌 수 있는 사람은 폐쇄나 의식, 잡담, 활동을 건강한 방식으로 활용할 수 있다. 하지만 게임을 하지는 않는다. 반면, 게임을 주로 하는 사람은 폐쇄, 의식, 잡담, 활동을 할 수 있지만 친밀한 시간구조화를 하기는 어렵다. 따라서 게임을 하는 자신의 근본 동기를 알아차리고 이를 변화시킬 때 친밀한 단계로 나아갈 수 있다. 이런 점을 고려할 때 시간구조화의 양상은 게임을 하는 사람과 그렇지 않은 사람으로 구분하여 다음과 같이 크게 두 가지 패턴으로 구분해 볼 수 있다.

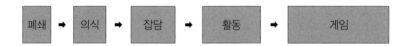

[그림 3-10] 게임을 하는 사람의 시간구조화

[그림 3-11] 친밀을 형성하는 사람의 시간구조화

8. 라켓감정과 라켓체계

1) 라켓과 라켓감정

라켓(racket)은 교류분석의 여러 개념들 중에서도 독특하다. 라켓이란 표현을 처음 접하면 테니스 라켓 혹은 탁구 라켓이 연상되지만 사전적으로는 '시끄러운 소리' '소음' '사기' '기만' 등의 의미로도 소개된다. 교류분석에서 라켓은 '각본에 따른 행동'을 의미한다. 각본 행동을 할 때는 필연적으로 특정한 감정을 경험하게 되는데, 이 감정을 '라켓감정'이라 지칭한다. 따라서 라켓은 라켓감정을 느끼게 하는 조건이 되고 라켓감정을 느낄 때는 각본을 따르고 있는 것으로 본다. 즉, 라켓감정은 각본을 따라 살게 하는 중심적인 역할을 하는 것이다.

그러면 라켓감정이란 무엇인가? 어린 시절, 유년기에 금지되었던 감정을 대신 혹은 대체한 감정이다. 대신한다는 것은 다른 것이 그 역할을 맡는다는 것이다. 즉, 실제로 느꼈거나 경험한 감정이 있지만 이를 감추거나 나타내지 않고 다른 감정을 경험한 것으로 위장하는 것이다. 따라서 라켓감정은 대체된 감정, 거짓 감정, 위장된 감정인 것이다. 반면, 당사자가 당초 지금-여기에서 경험한 감정은 진정한 감정, 진짜 감정인 동시에 금지된 감정이 되기도 한다.

2) 라켓감정과 진정한 감정

라켓감정이란 어린 시절, 가족의 상호작용 속에서 생존을 위해 허용된 감정이며 일종의 학습된 감정이다. 가정환경에 따라서 표현해도 되는 감정이 있고, 표현해서는 안 되는 금지된 감정이 있다. 어떤 부모는 아이가 울거나 큰 소리로 웃는 것을 못마땅하게 여기고 억압하는 반면, 또 다른 부모는 조용하게 미소 짓는 웃음을 보이면서 울지 않고 참는 것을 좋게 보고 허용할 수 있다. 이때 자녀는 부모에게 허용되는 감정을 좋은 감정으로 학습하게 된다. 예를 들면, 또래 친구와 싸운 후, 울면서 집으로 들어온 아들에게 아빠가 "울지 마. 울면 지는 거야!"라고 소리치며 화를 냈다. 아빠의 야단과 화를 접한 어린 아들은 '무슨 일이 있어도 울면 안 되는구나.' 하며 어떤 감정이 아빠에게 허용되는지를 찾게 될 것이다. 이후, 친구와 싸운 후에 '슬픔, 침울, 웃음, 공격성' 등의 다양한 감정들을 시도해 볼 것이다. 그 과정에서 아빠로부터 '웃음'을 나타내는 것이 최고의 반응을 얻는다는 것을 알게 되면 싸운 후에 울고 싶어도, 이를 감춘 채 허용되는 표현인 '웃음'을 표현할 것이다. 결과적으로 울어야 하는 진정한 감정은 웃음이라는 위장된 표현으로 대체되는 것이다.

교류분석에서 제시하는 진정한 감정의 목록으로 '화(mad), 슬픔(sad), 두려움(scared), 기쁨(glad)'의 네 가지가 제시된 바 있다(Stewart & Joines, 1987). 하지만 이들 또한 상황에 따라서는 대체된 가짜 감정인 라켓감정이 될 수 있다. 그러면, 라켓감정은 모두 나쁜 것인가? 하면 꼭 그렇지만도 않다. 예를 들면 화가 나는 상황에서도 밝고 명랑해야 함을 학습한 어린이는 성인이 된 후, 화가 나는 상황에서도 밝고 명랑한 표정과 태도로 상당한 긍정적 스트로크를 얻게 되고, 이는 행복감으로 이어질 수 있다. 하지만 그렇다 해도 진정한 감정인 화는 해결되지 못한 채 미해결된 감정으로 마음속 한편에 남아 있게 된다. 미해결된 감정인 진실한 감정은 해결받기를 기다린다. 해결되지 않은 감정은 잊혀질 수는 있지만 내면에서 새로운 감정 경험을 차단하고 내적인 통합을 방해하기 때문에 역기능적이다.

부당한 대우를 받거나 피해를 받았을 때는 화가 나고, 또 그 화를 적절하게 표현하는 것은 정상적인 반응이다. 진정한 감정으로서의 '화'는 현재의 문제를 해결하는 데 도움이 된다. 사랑하는 사람과의 사별이나 헤어짐은 슬픔이라는 감정을 동반한다. 따라서 상실을 애도하고 슬퍼하는 것이 고통을 극복하고, 아픔으로부터 벗어나는 데 도움이 된다. 하지만 이런 상황에서 슬픔을 억누른 채, 과거 성장 과정에서의 학습을 통해 체화된 익숙한 감정인 '화'라는 라켓감정을 표현한다면 이는 문제해결에 결코 도움이 되지 않는다. 진정한 감정은 문제를 해결하지만, 라켓감정은 문제를 해결하고 과거로부터 자유로워지는 데 아무런 기여를 하지 못한다.

3) 라켓체계

라켓체계(racket system)는 Erskine과 Zalcman(1979)이 제시한 것으로서 인생각본의 특징과 한 개인이 일생 동안 어떤 방식으

로 자신의 각본을 유지하는지 설명한다. 즉, 사람들이 자신의 각
본을 유지해 나가기 위한 자신의 감정, 사고, 행동의 자기강화 및
왜곡된 체계이다(Stewart & Joines, 1987). 라켓체계는 각본신념과
감정(script belief and feeling), 라켓 표현(racket display), 기억강화
(reinforcing memory)의 세 영역으로 이루어져 있다. 하지만 각 영
역은 구별되어 있는 것이 아니라 자체로 독립적인 순환 기능을 하
는 동시에 세 영역이 유기적으로 연결된 채 영향을 주고받으며 시
스템을 견고하게 유지한다.

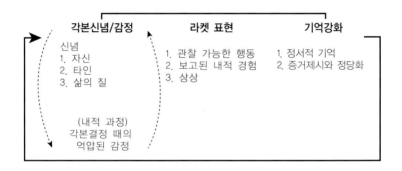

[그림 3-12] 라켓체계

(1) 각본신념과 감정

라켓체계를 구성하는 첫 번째 구성요소인 각본신념(감정)은 생
애 초기에 결정한 가장 근본적인 것이다. 유아는 양육자의 관심을
끌기 위해 다양한 감정을 표현한다. 이 과정에서 당초 경험한 대
로 자연스럽게 표현했지만 거부당한 감정이 억압당하면서 부모에
게 수용된 다른 감정을 라켓감정으로 채택한다. 따라서 당초 경험
한 원래의 진짜 감정은 미해결 상태로 남겨진다. 이럴 경우, 유아

는 이 혼란스런 경험을 이해하기 위해 자신과 타인 및 세상에 대해 어떤 결론을 내리게 된다. 이러한 결론이 모아져서 각본신념을 이루게 된다.

예를 들면, 아들이 태어나길 간절히 기다리던 아버지가 있었다. 자신의 바람과는 달리 첫째와 둘째에 이어 셋째도 딸을 낳게 되자 유독 셋째 딸을 싫어하고 멀리하였다. 셋째 딸은 영문도 모른 채 자신을 밀어내는 아버지로 인해 충격을 받는다. 무엇인가 잘못되었다고 생각한 셋째 딸은 부모가 자신을 버릴 것이라는 상상을 하며 두려워한다. 자신은 사랑받지 못할 존재이며 다른 사람들은 나를 배척하고 세상은 무섭고 외로운 곳이라는 각본신념을 형성한다.

자기와 타인 및 세상, 즉 삶의 질에 대한 신념은 모두 이를 뒷받침할 만한 타당한 증거가 있다. 당사자의 주관적인 판단이지만 사실로 받아들여지는 현상을 토대로 신념을 형성한다. 이러한 신념은 그 자체로 순환하면서 생애 동안 견고하게 유지된다.

(2) 라켓 표현

라켓 표현은 각본신념과 감정을 드러내는 관찰 가능한 행동과 보고된 내적 경험 및 상상으로 구성된다. 관찰 가능한 행동, 즉 외현적 행동으로는 정서, 말, 어조, 제스처, 몸동작 등이 있다. 이러한 표현은 반복적이며 특정한 패턴을 보인다. 유아가 양육자에게 허용된 감정에 기반한 각본신념은 이를 표현하는 과정에서 정형화된 모습을 띨 수밖에 없다.

예를 들면, '나는 어리석다.'는 결론을 내린 자녀는 각본신념을 재연할 때, 우스꽝스럽거나 혼란스러운 행동을 나타낸다. 또한, 셋째 딸로 태어나 아버지로부터 배척받은 딸이 대학생이 되어 만난 남자친구가 자신을 배척한다고 지각하는 순간, 자신의 각본신념이 재연되면서 정형화된 행동인 공격적인 태도를 취할 수 있다. 이러한 행동은 자신의 진정한 감정인 상처와 버려질 것에 대한 두려움, 나아가 남자친구와 가까워지고 싶은 진정한 욕구를 차단한다. 남자친구와의 관계가 틀어지면서 결국 '나는 사랑받지 못하는 존재이며 외로운 사람이다.'라는 각본신념을 재확인하게 된다.

이러한 각본신념에 대한 반응으로 관찰되는 외현적 행동과 더불어 내적으로 발생하는 긴장, 불편, 신체화 증상 같은 내적 경험은 관찰하기 어렵다. 외현적 행동 및 내현적 행동과 더불어 각본신념에 따라 '상상'이 펼쳐지는 것은 인간이 소유한 자연스런 현상이다. 각본신념을 따르거나 혹은 따르지 않을 때, 그러한 행동의 과정이나 결말을 상상을 통해 그려낸다. 예를 들면, 아버지에게 배척받은 셋째 딸은 자신이 교도소에 갇히거나, 차가운 원룸의 단칸방에서 홀로 병들어 늙어가는 노후를 떠올릴 수도 있다. 이는 자기효능감이 높은 사람은 성공 시나리오를 시각화하고, 자기효능감이 낮은 사람은 실패 시나리오를 시각화한다는(Bandura, 1986) 점과도 연결된다. 따라서 각본신념의 반응으로 수반되는 '상상'을 라켓 표현에 포함하여 인간의 외현 및 내현적 행동을 포함한 '공상'의 영역까지 살펴보게 함으로써 개인의 행동과 그 원인에 대한 심층적인 이해를 도모하게 하였다.

(3) 기억 강화하기

사람이 각본행동을 하게 될 때는, 특정 각본을 작성하게 된 당시의 기억을 회상해 낸다. 이때 기억한 사건이나 경험, 장면은 각본신념과 각본감정을 재생한다. 고무줄에 매달린 채, 과거의 특정 시점으로 순식간에 되돌아가게 되는 것이다. 이렇게 과거의 기억을 회상하면서 당시에 자신, 타인, 삶의 질에 관해 작성하고 경험한 각본신념과 각본감정을 한순간에 다시 경험한다. 따라서 기억 강화가 이루어지면 이는 각본신념을 자극하여 이를 재연하고, 각본신념이 재연되면 재순환 과정이 작동함으로써 라켓 표현이 이루어지는 것이다. 즉, 라켓체계가 한 순간에 순환하는 것이다.

기억 강화는 정서적 기억, 증거제시와 정당화로 구성된다. 예를 들면, A씨는 술에 취해 귀가하는 날이면 어김없이 큰 소리로 화를 내며 가족들을 괴롭혔던 아버지, 그런 아버지의 폭력과 시달림을 묵묵히 참아내셨던 어머니를 떠올리며 현재 부부관계에서 작성한 자신의 각본신념과 감정을 재연하면서 그에 따른 라켓 표현을 경험할 수 있다. 따라서 현재 A씨의 갈등적인 부부관계와 이를 유지하는 기제는 라켓체계의 순환적인 과정을 통해 지속되고 있는 것으로 이해할 수 있다.

4) 라켓체계에서 벗어나기

라켓체계를 통해 각본행동이 영속화되는 과정을 시각적으로 관찰하며 분석할 수 있다는 점은 이것이 상담의 유용한 변화도구로 활용될 수 있음을 의미하는 것이기도 하다. 따라서 라켓체계의 흐름에 따라 살지 않으려면 라켓체계의 순환 고리를 단절시킴으로써 각본을 변화시켜야 한다. 앞서 라켓체계의 순환과정을 통해서도 보았듯이 순환과정의 어떤 한 연결 고리를 끊으면 그 자체로 변화가 발생할 수 있다. 즉, 라켓체계에서 벗어날 수 있는 것이다. 변화의 고리를 끊는 것은 라켓체계의 어떤 지점에서든 가능하다. 라켓체계를 변화시켜 새로운 도표인 '자율체계(The Autonomy System)'로 그려내어야 한다(Erskine & Zalcman, 1979).

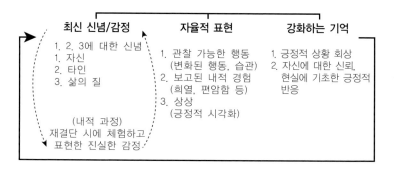

[그림 3-13] 자율체계

자율체계에서는 '재결단'을 통해 진실한 감정을 표현하게 함으로써 자신과 타인 및 삶의 질에 대한 각본신념을 변화시킨다. 라켓 표현은 자율적 표현으로 변경되어 변화된 행동과 습관이 드러나고, 희열과 편안함 같은 내적 경험을 하게 된다. 동시에 긍정적 시각화가 이루어진다. 이를 강화하는 기억은 과거의 긍정적 상황이며 이에 대한 자신의 긍정적 반응으로 교체된다. 각본신념과 감정, 라켓 표현, 강화하는 기억의 세 지점에서 변화를 이루어 냄으로써 기존의 역기능적인 라켓체계에서 탈피하여 자율체계를 소유하게 된다. 자율체계를 소유한 사람이 바로 교류분석상담이 추구하는 자율성을 갖춘 건강한 사람이라 할 수 있다.

9. 스트로크

1) 스트로크의 개념

스트로크(stroke)는 생물학적인 기본 욕구로서 개인 간 존재인지의 한 단위이다(Berne, 1964). 따라서 말이나 표정, 몸짓 등 언어 및 비언어적인 모든 인간 일체의 교류 단위이며 다른 사람의 존재를 인식하고 있음을 암시하는 모든 행동이라 할 수 있다. 스트로크의 사전적 의미는 '뇌졸중' '발작' '때림' 등으로 설명되고 있다. 스포츠 종목인 수영에서도 스트로크는 중요한 용어이다. 물살을 타거나 물을 끌어당기는 팔 동작을 스트로크로 표현한다. 자유형이든 접영이든 손바닥을 활짝 펴고 물살의 흐름에 맞춰 부드럽게 움켜쥐듯 잡아당기는 동작을 얼마나 효과적으로 하는가에 따라 수영 기록이 달라진다. 이는 스트로크를 털의 결을 따라 짐승을 쓰다듬는다는 것으로 소개하고 있는 정의와도 유사하다. 즉, 대상물에 대한 일체의 접촉 행위를 포함하면서도 존재를 쓰다듬고 인정하는 방식의 표현 행위로 여겨진다. 따라서 사람 간의 관계 속에서 충분한 스트로크 교환이 이루어질 때 삶에서 의미를 찾게 되고(Thomas, 1978), 나아가 건전한 정서와 지성을 갖추게 된다(우재현, 1995). 이런 측면을 고려하면, 일상생활에서 스트로크를 경험하는 것은 가장 중요한 활동이라 할 수 있으며(Baumeister & Leary, 1995) 스트로크의 부족은 심리적인 죽음으로도 간주된다(Harris, 1969).

이러한 스트로크는 언어적 스트로크와 비언어적 스트로크, 긍정적 스트로크와 부정적 스트로크, 조건적 스트로크와 무조건적 스트로크로 구분된다. 우리가 사용하는 모든 대화는 언어적 스트로크에 해당하고, 몸짓이나 표정, 태도 등은 비언어적인 스트로크에 해당한다. 긍정적 스트로크는 칭찬이나 격려, 미소와 같이 상대방에게 즐거움과 행복감을 선사하는 자극이다. 반면, 부정적 스트로크는 비난, 처벌, 냉대, 눈 흘김 등과 같은 것으로써 상대방에게 상처, 낙담, 수치심, 좌절, 불안과 같은 부정적인 정서를 유발한다. 조건적 스트로크는 행동이나 결과에 관한 일종의 피드백에 해당하는 반면, 무조건적 스트로크는 존재 그 자체에 관한 것이다. "일 처리를 꼼꼼하게 잘 했어요!"는 조건적인 긍정적 스트로크에 해당한다. "그렇게 반말하는 게 정말 싫어"는 조건적인 부정적 스트로크, "당신이 내 아내라는 사실 그 자체로 난 정말 행복해."는 무조건적인 긍정적 스트로크, "난 당신이 그냥 싫어."는 무조건적 부정적 스트로크에 해당한다. 무조건적인 부정적 스트로크는 상대방에 대한 최악의 스트로크이고, 무조건적인 긍정적 스트로크는 상대방에 대한 최고의 스트로크이다.

2) 스트로크의 효과

Berne(1961)이 주장한 세 가지 심리적 욕구는 자극 기아(stimulus-

hunger), 지위 기아(position-hunger), 구조 기아(structure-hunger)
이다. 자극 기아는 신체 자극, 사랑, 모든 형태의 감각 자극(오감-
색, 음악, 향기, 감촉, 맛) 등에 대한 욕구를 말한다. 지위 기아는 존
재에 대한 인정과 수용의 욕구로서 개인의 가치와 생각, 신념 등
이 존중받고자 하는 것을 일컫는다. 구조 기아란 폐쇄, 의식, 잡
담, 활동, 게임, 친밀 등과 같은 것을 동원해서 시간을 건설적 혹
은 비효과적으로 구조화하려는 욕구를 말한다.

　Berne(1961)에 따르면, 사람들은 인정이나 자극을 제공해 주
는 개인과의 교류를 통해 이러한 기아들을 충족하려고 한다.
Steiner(1974)는 대부분의 사람들이 스트로크 경제 상태에서 양육
되었기 때문에 스트로크 패턴 간의 관계를 인식하지 못하고, 심리
적 기아를 충족시키지 못했으며, 여기에서 각종 심리적 문제들이
초래되었다고 지적하였다.

　한 개인은 출생 후 생애 첫 수년간 경험하는 중요한 사람들과의
지속적인 상호교류를 통해 자아정체성을 확립한다. 이른바, 자기
타당화(self-validation) 과정이다. 즉, 사람들과의 관계 속에서 내
가 누구인가에 대한 상을 정립한다. 여기서 부정적인 스트로크를
지속적으로 받아 온 개인은 자기 타당화 과정에서 부정적이고 왜
곡된 자아정체성을 형성하게 된다. 이런 사람은 사회적으로 내재
화되고 억제된 일련의 규칙들로 인해 전반적으로 긍정적 스트로
크의 결핍상태에 놓여 있게 된다. 스트로크 결핍은 스트로크 추구
행동을 유발하는 한층 고양된 스트로크 기아 상태를 만들어 낸다.
사람들은 긍정적인 스트로크를 선호하지만 스트로크 기아 상태에
있거나 긍정적인 스트로크를 받을 수 없을 때에는 부정적인 스트

로크라도 추구하게 된다. 스트로크가 결핍되면 점차 정신적인 빈곤이 지속되어 기아상태에 빠지게 되고 이런 박탈의 경험은 '존재하지 마라.'는 금지명령과 밀접한 관계가 있다(Steiner, 1971).

결국, 스트로크 결핍은 다양한 병리적 증상과 밀접한 관련이 있다고 볼 수 있다. 스트로크 부족으로 심리적인 죽음의 상태(Harris, 1969)를 경험하는 개인은 비난, 비판, 불평, 짜증 등의 부정적 스트로크를 찾게 되고 이는 폭력행위, 음주 등과 같은 사회적 부적응 행동으로 이어지기도 한다(우재현, 2006). 또한, 청소년의 학교적응과 나아가서는 성격장애로도 연결된다(임현정, 2005; Stewart & Joines, 1987).

Spitz(1965)는 방임된 아이들을 대상으로 이들이 어떻게 육체적으로 심리적으로 심각하게 악화된 상태에 이르게 되는지를 연구한 결과, 감각 자극의 결핍이 원인이라고 지적하였다. 반면, Seligman(1975)은 이들 아동의 악화 상태는 감각 자극의 결핍보다는 그러한 자극에 대한 통제력 결핍이 원인이라고 진단하였다. 같은 맥락에서 유아 발달의 핵심적 주제는 정서적으로 효과적인 자극을 생산하는 유아의 적극적 참여 경험이라고 지적하였다. 다시 말해, 외부로부터 스트로크가 제공되더라도 스스로에 의해 자극된 스트로크를 경험할 필요가 있다는 것이다. 역설적이게도, 긍정적 스트로크를 받더라도 실제와 괴리가 있거나 통제할 수 없는 것이라면 자아 강도를 낮추거나 우울감을 유발할 수도 있다(Seligman, 1975).

이 같은 결과들을 볼 때, 스트로크 결핍은 유아기뿐만 아니라 성인기를 포함한 인생 전반에 걸쳐 정서적, 심리적으로 심대한 영향을 미친다. 따라서 내담자의 호소문제나 심리적 역기능 증상의 이면에 스트로크 결핍이 원인으로 작용하고 있을 가능성이 높고, 이 경우 치료과정에서 무조건적 긍정적 스트로크를 적절히 처방하는 노력이 이루어져야 할 것이다.

한 개인이 생존하기 위해서는 반드시 일정한 양의 스트로크를 받아야 한다. 이는 교류분석에서 전해지는 오래된 격언이다. 일정한 양이라 함은 생존 지수(survival quotient: SQ)이다. Caper와 Holland(1971)에 의하면 SQ가 60% 이하인 사람은 자신에게 제공되는 어떤 스트로크라도 받으려고 필사적이 된다. 부정적 스트로크라도 주어지기만 한다면 받아들인다. 이 경우, 긍정적인 스트로크는 왜곡시키거나 제쳐둔다. 이런 사람이 긍정적 스트로크를 받아들일 수 있는 유일한 경우는 상담자가 매우 효과적으로 스트로크를 제공할 때만 가능하다. 하지만 긍정적 스트로크와 부정적 스트로크와의 차이를 알게 되면 긍정적인 것은 수용하고 부정적인 것은 거절하기 시작한다.

한 사람의 스트로크 수용 정도가 자신의 SQ(60%)를 초과할 때는, 자신이 처한 긴급한 처지가 완화되고 긍정적 스트로크와 부정적 스트로크의 차이를 구별하게 된다. 따라서 대부분의 시간에, 부정적인 스트로크는 거부하고 긍정적인 것을 찾게 될 것이다. 만약 어떤 사람의 스트로크 수용이 60% 이상이고 87% 이하라면, 기아 상태는 아니지만 여전히 부정적 스트로크를 거절하고 긍정적 스트로크를 수용할 수 있도록 상당한 연습을 해야 한다.

어떤 사람이 본인 SQ의 87%에 도달했다면 이젠 은행에 스트로크를 예치해 둔 것과 같다. 이때부터는 감식가(connoisseur)의 태도를 취할 수 있게 된다. 새로운 지식과 좋은 감정들이 생겨나며 이로 인해 부정적인 스트로크는 거절하게 되고 긍정적인 스트로크를 유발하는 여러 활동과 관계에 집중할 수 있게 된다. 성공은 성공을 낳고 부자는 더 부자가 되고 가난한 사람은 더 가난해지는 현상과 유사하다. 승리자는 긍정적인 스트로크를 수집하고 패배자는 부정적인 스트로크를 수집한다(Capers & Holland, 1971).

사람의 건강한 성장은 피상적인 수유활동과 배설물 처리와 같은 생존에 필요한 조치들 이상의 것을 요구한다. 영아 보호소에서 자라더라도 따뜻하게 안아 주고 만져 주고 얼굴을 마주보고 수유해 주는 보모의 돌봄을 받은 아이들은 병치레 없이 건강하게 성장하였다(Harris, 1969). 따라서 유아기부터 부정적이고 조건적이며 무 스트로크를 반복적으로 경험하며 성장해 온 내담자의 심리, 정서적 상태는 차가운 동토(凍土)에 머물고 있으며 미해결 과제와 억압해 온 재료들, 한(恨)의 장벽에 막힌 채 게슈탈트로 형성되고 해소되기를 기다리는 미해결 감정들을 쌓아두고 있는 것으로 묘사될 수 있다. 이런 측면을 감안할 때, 무조건적이고도 긍정적인 스트로크는 강력한 해결책이 될 수 있다. 스트로크는 그 자체로 강력한 치료적 개입이다.

3) 스트로크 경제

심리적 발달과정에서 스트로크의 중요성은 아무리 강조해도 지나치지 않다. 자아구조와 기능, 인생각본, 라켓체계, 심리게임, 시간구조화, 초기결정과 재결단, 인생태도 등 모든 주요 개념은 스트로크와 밀접하게 관련되어 있기 때문이다. 개인의 성장과정에서 스트로크가 차지하는 중요성에도 불구하고 이것을 제대로 주지 않거나, 받지 못함으로써 결과적으로 스트로크 결핍 상태에 빠지게 된다. 이러한 결과가 발생하는 이유를 Steiner(1974)는 스트로크 경제(stroke economy)라는 개념을 통해 설명하였다. 즉, 유아기에 스트로크에 관한 다음과 같은 다섯 가지의 제한적인 규칙이 주입되기 때문이라는 것이다.

- 스트로크를 주어야 할 때 주지 말라.
- 스트로크가 필요해도 요구하지 말라.
- 원하는 스트로크를 주더라도 받아들이지 말라.
- 스트로크를 원하지 않을 때 거절하지 말라.
- 자신에게 스트로크를 주지 말라.

이러한 규칙은 부모의 내면에 자리하고 있어서 자녀를 양육할 때 충분한 스트로크를 주지 않거나 주지 못하게 된다. 이러한 부모를 통해 성장한 자녀는 성인이 되어도 무의식중에 다섯 가지 규칙을 따르게 되고 결과적으로 스트로크 결핍 상태에서 살게 되는 것이다. 스트로크는 무제한으로 줄 수 있으며 원할 때는 얼마든지 요구하고 받을 수 있다. 원하지 않는 부정적인 스트로크는 얼마든지 거절할 수 있고 자기 자신에게도 스트로크를 줄 수 있다. 그럼에도 스트로크 주고받기를 제한하는 것은 어릴 때 내린 초기결정 때문이다. 따라서 유아기에 내린 초기결정의 내용을 검토하여 재결단을 통해 원하는 방식으로 스트로크를 주고받아야 한다. 재

결단을 통해 새로 작성하고 실천해야 할 스트로크 규칙은 다음과
같다.

- 스트로크를 주고 싶거나 주어야 할 때는 충분히 주어라.
- 스트로크가 필요하면 언제든지 원하는 스트로크를 요구하라.
- 원하는 스트로크를 주면 흔쾌히 받아들여라.
- 원하지 않는 스트로크는 단호하게 거절하라.
- 자신에게 원하는 스트로크를 마음껏 주어라.

4) 스트로킹 프로파일

스트로킹 프로파일(McKenna, 1974)은 Dusay(1977)의 이고그램
과 유사한 것으로서 개인의 스트로크 공급의 과잉과 부족 정도를
측정하는 것이다. Dusay(1977)가 이고그램에서 자아상태와 기능
을 분석한 것처럼 스트로킹 프로파일도 스트로크를 주고받는 유
형을 분석하고자 하는 것이다. 자신의 스트로킹 프로파일을 확인
해 봄으로써 스트로크를 통한 조력 방안을 마련하는 데 도움을 받
을 수 있다. 스트로크에는 네 가지 패턴이 있고 '주기' '받기' '요구
하기' '주기를 거부하기' 등이 있다.

		긍정적 스트로크를 주는 정도	긍정적 스트로크를 받는 정도	긍정적 스트로크를 요구하는 정도	긍정적 스트로크 주기를 거부하는 정도	
+	항상					+10
	매우 자주					+9 +8 +7
	자주					+6 +5
	가끔					+4 +3
	거의 없음					+2 +1
	전혀 없음					+0
		주기	받기	요구하기	주기 거부	
	전혀 없음					−1 −2
	거의 없음					−3 −4
−	가끔					−5
	자주					−6 −7
	매우 자주					−8 −9
	항상					−10
		부정적 스트로크를 주는 정도	부정적 스트로크를 받는 정도	부정적 스트로크 받을 일 하는 정도	부정적 스트로크 주기 거부(자제) 정도	

[그림 3-14] 스트로킹 프로파일

10. 디스카운트

1) 디스카운트의 개념

디스카운트(discount)란 문제를 해결할 수 있는 방법과 능력을 의식적 혹은 무의식적으로 무시하는 것을 말한다. 사전적으로는 '할인' '배제' '무시' 등을 의미한다. 예를 들어, 부당한 대우를 받았을 때, 상대방에게 화를 내거나 자신을 비난하는 행동을 했다면 이성적으로 의사표현을 할 수 있는 자신의 능력을 디스카운트한 것이다. 강의 시간에 지루함을 느낀 나머지 짜증을 내거나 화난 표정으로 팔짱을 끼고 앉아 있는 사람은 강의를 듣는 대신 책을 읽거나, 잠시 강의실을 나가서 바람을 쐬는 방식으로 기분을 전환할 수 있는 자신의 능력을 디스카운트한 것이다. 디스카운트는 특정 현실을 '무시'하기 때문에 필연적으로 상대적인 현실이나 대상을 '과장'하는 현상이 동반된다. 앞의 예에서, 상대방은 나를 무시할 능력을 소유하고 있는 사람이라고 인정함으로써 상대방의 능력을 과장하였다. 또한, 강의 방식에 대해 교수를 심판할 수 있는 사람으로서의 자기 능력을 과장한 것이다. 디스카운트는 주로 내면에서 발생한다는 점에서 관찰하기가 쉽지 않지만 이를 암시하는 네 가지의 수동적 행동이 있다.

(1) 아무 조치도 하지 않음

문제를 해결하기 위해 어떠한 행동을 취하는 대신, 폐쇄의 시간 구조화를 하거나 아무 생각이 없이 가만히 있는 것에 에너지를 쏟는 행동이다. 한 예로, A군은 취업을 위해 열심히 노력하고 있는 친구들을 그저 바라보기만 할 뿐, 졸업 이후에 대한 아무런 계획이 없다. 부모나 지도교수가 취업상담을 권해도 관심을 보이지 않는다. 어떤 직장에서도 자신을 받아주지 않을 것으로 생각하고 인터넷 게임에만 열중하고 있다. 이 사람은 자신이 처한 상황에 대해 어떤 조치를 취할 수 있는 자신의 능력을 디스카운트하였다. 즉, 취업과 관련한 자신의 적성이나 흥미, 직업세계 등을 찾아볼 수 있는 자신의 탐색 능력을 무시한 것이다.

(2) 과잉 적응

과잉 적응은 자신이 원하는 것보다 환경이 원하는 것을 우선하는 행동이다. 과잉 적응은 C자아상태의 판단을 토대로 상대방이 원하는 것을 따를 때 발생한다. 구조병리 측면에서 C자아상태에 의해 A자아상태가 오염되었을 때 나타나는 현상이다. 예를 들면, 직장 상사가 출근하는 모습을 보고 피곤한 상태라고 판단한 신입사원 A씨는 처리해야 할 업무가 많았지만 상사를 위해 커피를 타드렸다. 이때, 직장상사는 A씨에게 어떤 요구도 하지 않았고, A씨는 매우 바쁜 상황이었지만 상대방이 원한다고 자의적으로 판단한 것을 행동으로 옮겼다. 과잉 적응한 것이다. 과잉 적응은 긍정적 스트로크라는 보상을 받기 때문에 좋은 사람으로 비쳐진다. 하지만 자신이 처한 상황과 능력, 상대방의 구체적인 욕구와 의사를 고려할 수 있는 자신의 능력을 디스카운트하는 것이다.

(3) 짜증 혹은 흥분

짜증은 '마음에 탐탁지 않아서 역정을 내는 것'으로서 문제해결에 도움이 되지 않는 정서 반응이다. 짜증과 유사한 정서로 '흥분'을 꼽을 수 있다. 짜증난 상황에서는 이성적인 사고가 작동하기 어렵다. 흥분한 상태에서도 합리적으로 사고하기가 어렵다. 이러한 정서 상태에 있는 사람은 다리떨기 같은 불수의적인 행동, 한숨 쉬기, 얼굴 찡그리기, 물건 두드리기 등과 같은 외현 행동을 보인다. 자신이 처한 불편한 상황을 이런 방식을 통해 벗어나고자 하는 것이다. 도서관에서 공부하던 대학생 A씨는 학생 커플의 소곤거리는 소리 때문에 집중할 수 없었다. 짜증이 난 A씨는 한숨을

쉬거나 커플 쪽을 노려보는 행동을 반복하였다. 이때, A씨는 도서관 직원이나 커플에게 문제해결을 요구하기보다는 짜증을 내는데 에너지를 쏟음으로써 자신의 문제해결 능력을 디스카운트한 것이다. 승용차를 운전하던 B씨는 갑자기 끼어든 앞차로 인해 급제동을 하였다. 흥분한 B씨는 앞차를 향해 경적을 울리며 욕설을 퍼부었다. 이때 B씨의 '흥분'은 문제해결에 전혀 도움이 되지 않는다. "얼마나 급하면 저랬을까?" 혹은 "그럴 수도 있지."라는 식으로 반응하는 것이 문제해결에 유리하기 때문이다.

(4) 무력화와 폭력

무력화란 문제를 해결할 수 있는 자신의 능력을 디스카운트하면서, C자아상태에서 다른 사람이 문제를 해결해 주기를 바라는 의존적 행동을 말한다. 반면, 폭력은 주먹이나 발, 또는 몽둥이 따위의 수단이나 힘을 사용하여 문제를 해결하고자 하는 행동이다. 무력화가 자신의 내부를 향하는 것이라면 폭력은 외부를 향한 것이다. 무력화와 폭력은 모두 문제를 해결할 수 있는 자신의 능력을 디스카운트하는 것이다. 신체화 증상을 통해 타인을 조종함으로써 문제를 해결하고자 하는 것은 무력화에 해당한다. 사귀는 여자 친구로부터 이별통보를 받고 화가 나서 물건을 부수거나, 신체적 위해를 가한다면 폭력행동이다. 폭력은 이성적으로 문제를 해결할 수 있는 자신의 능력을 디스카운트하는 것으로서 무력화와 동일한 수동적 행동이다.

2) 디스카운트 모형

디스카운트 모형은 디스카운트의 유형과 수준을 조합해 놓은 것이다. 우선, 모형을 구성하는 요소인 디스카운트의 유형, 수준과 함께 영역에 대해 살펴보면 다음과 같다. 디스카운트에는 세 가지 영역, 세 가지 유형, 네 가지 수준이 있다(Stewart & Joines, 1987).

첫째, 디스카운트의 세 영역에는 자신(self), 타인(other), 상황(situation)이 있다. 문제에 봉착했을 때, 정당한 요구를 하지 못하는 것은 '자신'을 디스카운트하는 것이다. 자신을 부당하게 대우하는 상대방을 비판하고 있다면 '타인'을 디스카운트하는 것이다. 자신을 부당하게 대하는 현장이나 실태를 비판하고 있다면 '상황'을 디스카운트하는 것이다.

둘째, 디스카운트의 세 유형으로는 자극(stimulus), 문제(problem), 선택(option)이 있다. 여기서 '자극'을 디스카운트한다는 것은 어떤 일이 일어나고 있다는 사실 자체를 알아차리지 못하는 것을 의미한다.

'문제'를 디스카운트하는 사람은 어떤 일이 일어나고 있는지는 알아차리지만, 그 일이 어떤 문제를 유발할지에 대해서는 인식하지 못하는 것이다.

'선택'을 디스카운트하는 것은 현재 일어나고 있는 일과 이 일이 어떤 문제를 유발할지는 알지만 그 문제에 대해 취할 수 있는 조치, 즉 선택을 디스카운트하는 것이다. 대학생 A씨에게는 자신에 대해 험담을 일삼는 친구가 있다. 하지만 친구가 험담하고 있다는 사실을 알아차리지 못하기 때문에 아무런 불편감을 느끼지 않는다. 이때 A씨는 '자극'을 디스카운트하고 있는 것이다.

A씨는 친구가 자신을 험담하고 다닌다는 사실을 알고는 있지만, 자신과는 별 상관없는 일이라고 여긴다. 이는 '문제'를 디스카운트하는 것에 해당한다. A씨는 친구가 자신을 험담하고 다닌다는 사실과, 이로 인해 학과의 동기생들과 선, 후배로부터 부정적인 시선을 받고 있음을 알아차리고 있다. 하지만 이 문제를 해결할 마땅할 방법이 없다고 생각하고 졸업하기만을 기다리고 있다면 A씨는 '선택'을 디스카운트하는 것이다.

셋째, 디스카운트의 네 가지 수준에는 존재(existence), 중요성(significance), 변화 가능성(change possibility), 개인적 능력(personal ability)이 있다. 앞의 예에서 대학생 A씨는 자신을 험담하는 문제를 해결하기 위해 취할 수 있는 선택의 '존재'를 디스카운트하였다. 친구에게 험담하지 말 것을 요구할 수 있는 가능성과 필요성을 고려하지 않았던 것이다.

A씨가 '중요성'을 디스카운트했다면, 친구에게 험담하지 말 것을 요구하는 행동을 취할 수는 있지만, 이런 행동이 효과가 있을 것이라는 가능성을 무시한 것이다. '변화가능성'을 디스카운트한다면, A씨 자신이 취할 수 있는 선택이 있고, 그것이 효과도 있겠지만 그러한 선택을 실행에 옮길 수 있다는 가능성을 무시한 것이다.

'개인적 능력'의 수준에서 디스카운트했다면, A씨 자신이 취할 수 있는 선택과 그 선택이 가져올 효과를 알고 있다. 그리고 다른 사람들도 이러한 선택을 사용한다는 사실도 알고 있다. 하지만 정작 A씨 자신에게는 그럴 능력이 없다고 보는 것이다.

이러한 요소로 구성된 디스카운트 모형은 가로로 세 가지 유형, 세로로 네 가지 수준을 두어 총 12칸으로 이루어져 있다. 각 칸의 용어는 유형과 수준의 조합을 가리킨다. 기존에는 디스카운트 '매트릭스'로 번역되었으나 여기서는 모형으로 표현하였다. 디스카운트 모형을 그림으로 나타내면 다음과 같다.

수준 \ 유형	자극	문제	선택
존재	T1 자극의 존재	T2 문제의 존재	T3 선택의 존재
중요성	T2 자극의 중요성	T3 문제의 중요성	T4 선택의 중요성
변화가능성	T3 자극의 변화가능성	T4 문제의 해결가능성	T5 선택의 실행가능성
개인의 능력	T4 다르게 행동할 수 있는 개인의 능력	T5 문제를 해결할 수 있는 개인의 능력	T6 선택을 실천할 수 있는 개인의 능력

[그림 3-15] 디스카운트 모형

이어서 디스카운트 모형이 의미하는 바를 사례를 들어 설명해본다. A씨는 대화 중에 욕설이 담긴 표현을 많이 한다. 친구인 B씨는 A씨가 회사 업무 이야기를 하면서 상사를 특정 동물이름으로 호칭하거나 상스러운 표현을 하는 것을 반복해서 듣고는 마음이 불편해졌다. 이에 B씨는 "이보게, 듣기 불편하니 욕은 하지 않았으면 좋겠어." 하고 말했다. 이때 A씨가 '자극의 존재'를 디스카운트한다면, "욕은 무슨 욕? 내가 언제 욕을 했다고 그래?" 하고 말할 것이다. 이때 욕을 했다는 사실을 부정한다.

'문제의 존재'를 디스카운트한다면, "뭐, 괜찮아. 난 말할 때 그냥 편하게 하는 말이야. 난 욕이라고 생각지 않아." 하고 말할 것이다. 이때 욕을 하고 있다는 것은 인정하지만, 그것이 문제가 될 수 있다는 사실을 보지 못하고 있다. 이렇게 함으로써 욕을 자주 하는 A씨는 '자극의 중요성'까지 디스카운트하고 있는 것이다. 욕을 하는 것이 문제가 될 가능성을 디스카운트하면서, 동시에 욕설이 자신에게 중요성을 띠고 있다는 사실을 디스카운트하고 있는 것이다.

디스카운트 모형을 보면 '문제의 존재'와 '자극의 중요성'이 대각선의 화살표로 연결되어 있다. 화살표의 의미는 하나의 디스카운트가 또 하나의 디스카운트를 수반하고 있음을 나타낸다. 모델의 모든 대각선 화살표가 이런 의미를 담고 있다. 각 칸의 왼쪽 위에 있는 'T' 옆의 숫자는 다른 대각선에 대한 라벨이다. 예를 들어, '문제의 존재'에 대한 디스카운트와 '자극의 중요성'에 대한 디스카운트는 다같이 T2로서 연결되어 있음을 나타낸다.

다음으로 T3를 보자. 오른쪽 맨 위의 칸에서 욕을 하는 A씨는 '선택의 존재'를 디스카운트한다. 그는 "그래, 맞아 욕을 하면 자네처럼 다른 사람이 듣기에 불편할 수도 있지. 하지만 욕을 해야 시원하고 말이 되는 느낌이어서 어쩔 수 없어." 하고 말할 것이다. A씨는 자신이 욕을 하고 있다는 사실, 욕을 하면 문제가 된다는 사실, 즉 타인이 불편해할 수 있음을 인정한다. 하지만 욕을 중단하기 위한 어떤 조치를 취할 수 있다는 가능성을 무시하고 있다.

A씨는 이렇게 하는 동시에 욕을 함으로 인해 자신이 상스럽고 무서운 사람으로 비쳐질 수 있음을 자신이 염려하고 있음을 알아차리지 못하고 있다. 이와 같이 A씨는 '문제의 중요성'을 디스카운트한다. 그리고 욕설을 하지 않기 위한 어떤 조치가 가능하다는 사실을 부정함으로써, '자극의 변화가능성'까지 디스카운트하고 있다.

디스카운트 모형의 또 다른 특징은 어떤 칸의 디스카운트이든 그 아래 칸에서의 디스카운트를 수반하고 있다는 것이다. 어떤 사람이 '문제의 존재'를 디스카운트하고 있다고 하자. 그는 문제가 있다는 사실을 알지 못하기 때문에, 문제가 중요하다는 지각까지 할 수 없는 것이다. 뿐만 아니라 자신을 포함해 누구도 문제를 해결할 수 있을지 생각해 보지도 못하는 것이다. 이렇게 해서 그는 '문제'와 관련된 세로 칸 전체를 디스카운트하게 된다.

그가 '문제의 존재'를 무시하고 있으므로 문제를 해결하기 위해 취할 수 있는 선택에 대해서도 생각하기가 어렵다. '선택의 존재'를 알아차리지 못하면, 그 아래의 세로 칸 전체를 디스카운트하게 되는 것이다. 더불어, '문제의 존재'에 대한 디스카운트는 대각선 화살표가 가리키는 '자극의 중요성'까지 디스카운트하는 것으로 이어진다. 따라서 '자극'칸 아래에 있는 '자극의 중요성' 밑의 두 칸도 디스카운트하게 된다.

디스카운트가 발생하면 문제를 해결하기가 어렵다. 하지만 디스카운트는 우리의 삶 속에서 부지불식간에 일상적으로 발생한다. 디스카운트가 발생하는 근본적인 원인은 각본결정에 있다. 초기결정에 의해 형성된 인생각본을 유지하는 과정에서 디스카운트가 발생한다. 하지만 때로는 잘못된 정보를 받아들여 디스카운트할 수도 있다는 사실을 기억하고 이를 알아차리려는 노력을 해야 한다. 모든 문제가 반드시 각본의 형성과 유지 욕구와 같은 개인의 심리적 역동에 의해서만 발생하지는 않기 때문이다. 우리가 받아들이는 정보의 내용이 어떤 것인가에 따라서도 디스카운트는 언제든 발생할 수 있음을 명심하자.

예들 들어, 한 교사가 수업을 마무리하면서 학생들이 수업내용을 얼마나 이해했는지 확인하기 위해 질문을 했다. 하지만 수업내용에 대해 제대로 답변하는 학생이 없었다. 수업을 마친 교사는 "학생들이 학습동기가 낮은 건가? 아니면 내 수업 시간에 다른 것을 공부하고 있는 건가?" 하는 생각으로 고민에 빠져들었다. 이때, 교사는 학생들의 낮은 학습동기와 다른 과목 공부를 원인으로 지목함으로써, 디스카운트 모형의 T5 또는 T6의 대각선에서 '타인'의 영역을 디스카운트한 것이다. 하지만 실상은 교사의 말이 너무 느린데다 설명을 위주로 수업이 이루어지면서 학생들이 수업에 흥미를 잃고 졸거나 딴짓을 했던 것이다. 따라서 디스카운트는 대각선 T2에 있었던 것이다. 즉, 문제를 해결하기 위해서는 학생들의 관심과 참여를 유발할 수 있도록 교사의 언어 구사력과 효과적인 수업기술을 개발하는 노력이 필요한 것이다.

4장

교류분석상담의 목표

교류분석상담의 목표는 내담자의 비효율적인 삶을 변화시키는 것이다. Berne(1966)은 자율성 성취를 상담의 궁극적 목표로 보았다. 자율성을 국가 정치적 차원에 비유하면 식민지 시대를 살아온 국민이 잃어버린 조국의 주권을 되찾는 것이다. 즉, 자신의 생각, 선택, 결정권, 표현과 행동으로 옮길 자유의지를 갖게 되는 것이다. Steiner는 이를 개인의 정치로 옮겨 와서 부모의 통제와 영향에서 벗어나서 자신의 주체성, 자율성을 성취하는 것이라고 하였다(이영호, 박미현 역, 2015). 그렇게 되면 과거 외부(부모)로부터 주입된 불합리한 신념이나 어린 시절 결정한 각본신념에서 벗어나, 성장한 사람으로서의 능력과 자원을 동원하여 '지금-여기'서의 문제나 상황에 효율적으로 대처할 수 있다.

동시에 많은 교류분석 임상가들 또한 교류분석상담의 목표는 각본 치유이자 변화이고 이 변화는 계약을 통해 궁극적으로 개인의 자율성을 증진하는 것이며 이를 성취하기 위해 자각, 자발, 친밀성의 능력을 회복하는 것이 필요하다는 것을 강조하였다. 그러므로 개인의 변화라는 큰 틀에서 자각, 자발, 친밀성 능력의 회복을 통한 자율성 증진이 교류분석상담의 목표이자 핵심이다.

인간의 잠재력은 적응력만큼이나 무한하다. 부모들은 자신들의 낡고 오래된 생각과 시각으로 자녀를 억압할 수도 있고 혹은 자녀가 자신의 인식을 알아차리도록 북돋아 줄 수 있으며 동시에 자발성을 격려하거나 그들의 친밀한 욕구에 반응하여 자녀가 가진 최대한의 잠재력을 발휘할 수 있도록 하는 여러 가지 선택권을 가지고 있다. Steiner(1974)는 선택할 수 있는 힘의 근원인 인간의 참된 본성은 표면을 뚫고 처음 솟아나는 샘물과 같아 한 번 분출하면 그 이후로는 삶에 감로수와 같은 물을 부어 줄 준비가 되며 그 삶은 자율성이 넘쳐흘러 자유롭고 풍요로운 강물이 된다고 하였다.

Berne은 『Games people play』(1964)에서 자율성에 대해 언급하였다. Berne(1966)은 자율성의 의미를 사람이 게임을 하는 것 대신에 다른 건강한 대안으로 움직일 수 있는 태도라고 하였다. 이는 '치유'를 표현하는 또 다른 방식이기도 하다. 교류분석상담의 목표에 대해 Berne의 관점은 심리치료 맥락에서 '치유'이다. Berne이 말하는 '치유'의 의미는 이미 관찰 가능성을 강조하였다는 것을 감안하면 내담자가 '치유되었다는 것'을 보거나 듣거나 관찰할 수 있는 것이다. 여기서 Berne은 '치유'라는 것이 일회적인 사건이라기보다는 점진적인 과정이라고 제안했다.

내담자는 일련의 단계를 거치면서 좋아지는데 이러한 단계들은 각각 고유한 특징을 가지고 있지만 그것들 간의 경계가 뚜렷하게 구별되는 것이 아닌 경우가 많다. 이러한 점은 치유의 효과성을 객관적으로 증명하기가 어려운 점의 이유가 되기도 한다. 각 단계는 이전 단계와 비교했을 때 실질적인 이득 또는 만족, 향상을 보인다. 내담자가 만족한다면 상담자와 내담자는 상담 단계 중 어디에서든지 상담을 종결하기로 합의할 수 있다. 그러나 '최종단계'까지 도달해야지만 내담자가 가장 중요하고 근본적인 변화를 이루어 낸 것으로 볼 수 있다. 이러한 '최종단계'를 Berne은 각본 치유(script cure)라고 했다.

본 장에서는 교류분석상담의 목표에 대해 Berne이 상담의 종결에서 감안해야 할 치유의 과정 4단계와 교류분석이 추구하는 궁극적 목적이라고 할 수 있는 자율성 성취와 이의 전제 조건적 행동인 자각, 자발성, 친밀성을 살펴볼 것이다.

1. 치유의 과정

Berne(1961, pp. 160-175; 1972, pp. 362-364)은 치유의 과정을 네 가지 단계로 구분했다. 첫째, 사회적 통제(social control), 둘째, 증상 완화(symptomatic relief), 셋째, 전이 치유(transference cure), 넷째, 각본 치유(script cure)이다. 여기서 중요한 것은 Berne은 첫째, 둘째, 셋째 세 가지 단계가 각각 다음 단계들로 가는 중간 단계일 뿐만 아니라 그 자체로도 교류분석상담의 목표가 될 수 있다는 것을 강조하였다. 본 장에서는 치유 과정에서 볼 수 있는 Berne의 관점과 상담과정을 제시하여 교류분석상담목표에 대한 이해를 돕고자 한다.

1) 사회적 통제

이는 치유의 첫 번째 단계로 내담자는 A자아상태를 통해서 자신의 행동을 통제하기 시작한다. 즉, 일정부분 A자아기능의 회복이다. 그리하여 내담자는 자신에게 어려움이나 고통을 가져오고 있었던 관계적 방식, 상호작용, 의사소통을 피하고, 이러한 것들을 자신에게 보다 긍정적인 결과를 가져오는 다른 행동들로 선택, 대치하면서 수정, 업데이트해 나간다. 통상 이러한 새로운 행동들은 상담자가 억지로 끌고가는 것이 아니라 상호 합의한 계약을 통해서 이루어진다.

이 치유 단계에서 내담자는 미해결된 C자아의 감정에 어떤 변화를 주거나 또는 P자아의 오래된 명령을 직면하려고 하지 않는다. 내담자는 우선 '지금-여기'에서의 행동을 조절, 통제함으로써 이전 방식으로부터의 영향을 개선, 무력화시키는 것이다. 이러한 내담자의 보고를 통해서 우리는 '치유'의 첫 번째 단계가 이루어지고 있음을 관찰할 수 있다.

2) 증상 완화

'치유'의 두 번째 단계에서도 여전히 A자아가 이 과정을 주도한다. 그러나 사회적 통제 단계와는 달리 이 단계에서 이제 내담자는 C자아상태나 P자아상태에서 문제가 되는 몇 가지 내용을 직접적으로 다룬다.

예를 들면, 내담자는 자신이 어린 시절 외상 경험의 내용을 이전 보다 힘을 얻어 건강해진 A자아가 이들의 일부를 다시 검토하고 표현할 수 있다. 상담을 통해서 내담자는 C자아의 감정에 결부된 오래되고 케케묵은 신념을 재평가하고, 그 신념을 A자아로서 자신의 현재 환경에 보다 적합한 신념으로 바꾸기로 결정하기도 한다. 어린이 같은 감정과 이와 결부된 신념의 변화에서 나타나는 행동은 치유의 첫 번째 단계에서 이루었던 사회적 통제 행동을 강화하기도 하고 또 행동의 변화에 의해 강화되기도 한다. 이러한 결과로 내담자의 불안이나 근육 긴장과 같은 심리적 · 신체적 증상의 완화를 가져온다.

따라서 내담자가 이러한 심리적 · 신체적 증상의 완화를 보고하는 것은 치유의 두 번째 단계에 있다는 명확하고 객관적 증거이며 동시에 '지독하군' 등과 같은 게임의 빈도나 강도가 줄어드는 것 또한 두 번째 치유 단계에 도달했음을 알려 주는 단서이다.

3) 전이 치유

이 단계에서 내담자는 상담자를 부모와 같이 인식한다. 이제 내담자는 상담자를 자신의 각본에서 하나의 역할을 하는 중요한 사람으로 본다. 그런데 여기서는 내담자가 자신의 실제 부모가 했던 또는 하고 있는 것 보다는 따뜻하고 온화한 방식으로 상담자를 경험하게 된다. 내담자는 이제 이러한 보다 편안하고 인자한 '부모'와 관계를 맺으면서 자신의 어린이 자아의 두려움과 불안이 상당

부분 완화되는 것을 경험한다. 내담자는 또한 부모 자아로부터 받았던 역기능적인 메시지로부터 점차 벗어나기 시작하고, 이러한 메시지 대신 상담자로부터 받는 긍정적이고 기능적인 메시지로 대체한다.

이러한 단계를 거치는 동안 내담자는 실제 생활에서는 게임이 줄어드는 결과를 가져오면 세 번째 단계에 있음을 알려 주는 단서이다. 이때부터 상담자는 이제 더 이상 자신이 부모가 아니라는 것을 내담자의 어른 자아가 알아차리도록 점진적인 도전을 해 나가야 한다. 그리하여 내담자는 자신이 상담자를 부모로 느끼고 인식하는 전이 현상으로부터 벗어나게 되고('상담자를 곁에 둘' 필요를 느끼지 못한다), 이것은 어릴 때 부모에게 해왔던 어린이적 대응 방식이 아니라 지금-여기의 어른으로서 성숙한 대응을 하게 되는 토대가 된다.

4) 각본 치유

내담자는 어린 시절에 형성한 자기패배적인 인생각본에 따라 살기 위해 자신과 타인과 세상을 올바르게 지각하지 못하고 디스카운트하고, 재정의하며, 공생관계를 유지하려고 한다. 또한 자신의 각본을 정당화시키기 위해 라켓감정을 추구하고 게임을 하려고 한다(양명숙 외, 2013). Berne(1972, p. 362)은 각본 치유에 대해 내담자가 어떤 시점에 다다르면 상담자와 자신의 A자아의 도움을 받아 자신의 각본을 상당히 깨고 벗어날 수 있으며, 새로운 등장인물, 새로운 역할, 새로운 줄거리와 보상이 있는 자신만의 쇼,

즉 자신의 삶에 자신이 주연이 되는 역할을 할 수 있게 된다고 하였다. 이렇게 자신의 성격과 운명을 변화시키는 각본 치유는 내담자의 재결단에 의해 대부분의 문제가 해결되고 증상이 완화되기 때문이다.

일단 내담자가 자신의 각본에서 벗어나게 되면 자신을 더 이상 '환자'로 보지 않고 이제 자신은 건강한 사람이며 약간의 문제가 남아 있어도 그것을 스스로 객관적으로 다룰 수 있다. 내담자는 더 이상 자신의 머릿속이나 또는 실제 생활에서도 '상담자를 곁에 둘' 필요를 느끼지 못한다. 왜냐하면 이제 자신의 A자아를 사용해서 자신의 C자아가 필요로 하는 지지 또는 긍정적 지도를 받을 수 있기 때문이다. 동시에 이러한 변화가 영구적으로 유지되려면 상당 기간 동안 자신의 새로운 결정을 행동으로 옮길 필요가 있다.

이러한 훈습 과정을 거치면서 비로소 재결단, 즉 '이제 다르게 살고 싶다'고 꿈꿀 때마다 진심으로 원했던 것이 무엇인지 알아차릴 수 있다. 이것은 자기실현 욕구이다. 낡은 방식이 몸에 맞지 않을 때 오래된 습관이 변화한 역할에 적합하지 않을 때마다 다르게 살고 싶어 하는 것이다. 생에 유연하고 효율적으로 대처하고 싶은 욕구, 자유롭고 충만하게 살고 싶은 욕구, 파편화시켜 둔 내면을 통합하여 진정한 나 자신이 되고자 하는 욕구, 변화란 삶의 외형을 바꿔서 얻을 수 있는 게 아니라는 인식, 관점, 사고의 틀이 바뀌는 지점에서 성취되는 것임을 훈습과정에 체험으로 이해하고 행동화하는 것이 수반되어야 한다.

5) 치유의 과정에서 볼 수 있는 Berne의 관점과 상담과정

이러한 Berne의 '치유 단계' 순서를 보면 Berne의 모토인 '먼저 낫게 하고 그 후에 분석한다.'를 잘 반영하고 있다.

Berne은 가능한 빨리 사회적 통제를 이룸으로써(이 과정에서 P, A, C를 설명하여 어른 자아를 기능하도록 한다) '먼저 낫게 한다.'는 것인데, 내담자가 상담에서 가장 즉각적이고 실질적인 이득을 얻을 수 있도록 하는 것으로, 이는 실제 상담의 효과를 경험하게 하는 것이다. 예를 들어, 내담자는 자살하는 대신 살아남을 수도 있고, 자신이 해고되는 상황을 만드는 대신 직장을 유지할 수도 있고, 분노하기보다 호흡법을 소개받아 분노의 강도를 조절하고, 배우자와 말다툼 상황에서 침묵을 유지할 수도 있고, 관계를 깨기보다는 관계를 유지할 수도 있다. 이렇게 첫 단계에서 이득을 얻게 되면, 즉 하고자 하거나 하지 않으려고 하는 것을 자신의 의지대로 조금씩 실행시켜 감으로써 긍정적 변화가 생겨나기 시작하면 내담자는 이후 자신이 원할 경우 남아 있는 치유 단계를 계속 잘 유지해 나갈 수 있는 보다 적극적이고 기능적인 역할을 하는 위치에 서게 된다.

그리하여 '그 후 분석한다.'는 것은 두 번째 단계의 증상 완화에서 어린이 자아의 감정과 관련된 신념을 어른 자아가 분석하고 세 번째 단계의 전이 치유에서 자신의 부모와 상담자를 혼동하는 전이 현상을 분석하고 치유해 나가는 것이다.

2. 자율성 성취

Berne은 자율적 열망에 대해 언급하였고 이는 사람이 자기실현을 향해 나아가려는 그리고 각본의 한계로부터 벗어나려는 동기를 의미한다. 그렇다면 분명히 자율성을 이루는 것은 각본 치유와 밀접한 관련이 있거나 혹은 아마도 각본 치유가 자율성과 같은 개념일 수 있다. Berne(1964, pp. 158-160)은 자율성에 대한 개념을 명확히 제시하지는 않았으나 자율성이 자각, 자발성, 친밀감의 세 가지 능력의 발산 또는 회복에 의해 나타난다고 제안하였다.

결국 교류분석상담의 목표는 치유 단계 네 가지를 개별 단계 또는 순서대로 이루어 나가는 것이자 각본 치유이며 이는 자율성 성취와 같은 맥락으로 볼 수 있으므로 Berne이 제안한 자율성 성취의 전제 조건이라고 할 수 있는 세 가지 능력의 회복을 살펴본다.

1) 자각

자각(awareness)은 '자신이 배운 방식이 아니라 자신만의 고유한 방식으로 사물을 보고 감각을 알아차리는 능력'이다. Berne(1964)은 자각을 유아가 세계를 경험하는 방식, 즉 부모에 의해 가르쳐져 해석되지 않고 자신이 직접 지각하는 방식이라고 보았다. 자각은 '다른 어떤 곳, 즉 과거나 미래가 아닌 '지금-여기(here & now)'라는 현재를 사는 능력으로 현재를 있는 그대로 볼 수 있게 한다. 하지만 우리 대부분은 이것을 알아차리지 못한 채 현재를 소홀히 하며 많은 시간을 보내고 있다. 우리는 끊임없이 지나간 과거를 돌아보며 곱씹고 오지 않은 미래를 걱정하며 불안해하거나 현재 대용으로 미래에 도취되어 현재를 소홀히 한다.

그리하여 지금-여기, 즉 현재의 세상을 어떻게 살고, 어떻게 지각해야 하는가에 대해 부모 혹은 문화의 영향인 과거의 기억에 의해서 방해를 받아 생동적이고 분명한 지금-여기에서의 경험과 자극의 접촉이 흐려지게 된다. 자각은 순수하다. 이는 곧 영유아의 순수한 감각적 인상처럼, 있는 그대로 보고 듣고 느끼고 맛보는 능력을 말한다. 있는 그대로 순수하게 지각하는 사람은 부모의 훈육과 가르침으로부터 주입된 부모 자아상태의 내용과 정의에 맞추어 자신의 경험을 해석하거나 여과하지 않는다. 그리고 외부 자극과 마찬가지로 자신의 신체적 감각을 있는 그대로 수용한다.

우리는 성장하면서 있는 그대로를 순수하게 알아차리는 능력이 오염되고 위축되도록 훈육과 가르침을 받는다. 거리에서 먹고 자는 사람을 '노숙자'라는 이름을 붙이고 그들의 행동을 비판하고 자신의 하찮은 실수에도 관대하지 않고 비판하는 것에 익숙해진다. 즉, 사물이나 현상에 이름을 붙이고 자신과 타인의 행동을 비판하는 데 에너지를 쏟도록 배운다. 예를 들어, 음악회에 참석했다고 하자. 음악이 연주되는 동안 '이 곡은 1980년대, 90년대 곡인가? 곡을 너무 편곡하여 흐름이 많이 빠르네, 이 곡은 언제 끝나지 지루하게 오래 하네, 내일 스케줄이 뭐더라? 빨리 준비해야 할 것과 챙길 것을 확인해 보고 일찍 자야 되는데…' 하고 머릿속으로 혼자 되뇐다. 여기서 우리는 만약 순수하게 자각하고 있다면 머릿속에서 들려오는 이러한 소리를 끄고 들려오는 음악 소리와 여기에 대한 나의 기분과 신체적 반응에만 오롯이 집중할 것이다.

또 다른 자각(알아차림)의 예는 최근에 미망인이 된 50대 중반의 S씨는 유교적이고 보수적이며 전통적인 성역할에 따라 전업주부로서 충실히 살아왔던 자신의 결혼생활에 만족해 왔었다. 남편이 성실하고 엄격하게 가정의 경제를 잘 이끌어 왔기에 자신은 그냥 집안일을 잘 하면 되고 경제활동에는 무관심하고 능력이 없다고 믿고 있음이 상담 중에 드러났고 함께 동의하였다. S씨는 그동안 자신이 가졌던 잘못된 신념, 즉 '성장과정 동안 가정에서 보여진 부모 모습과 가정적, 사회적인 규범으로 인해서 경제를 담당하는 것은 남성의 일'이라는 것에 추호도 의심의 여지가 없었기 때문에(P자아의 내용) S씨는 자신의 감추어진 능력을 분명하게 자각할 수 없었다. S씨는 자신이 경제적 활동에 대한 능력의 유무보다는 아예 그러한 것을 전혀 생각하지 못하고 살아왔다는 것을 알아차렸다. 이러한 자각은 S씨가 현재 자신이 경제적 활동을 할 수 없는 것이 당연하다는 상황을 잘 받아들이게 되었고 그런 다음 S씨가 자신의 능력에 대한 인식과 가정의 경제적 부분에 관심을 넓히는 것은 자신이 기존에 선택한 삶의 방법에 대한 새로운 도전이라는 것을 알아차렸고 A자아의 힘을 발휘하여 차근차근 자신의 능력을 발휘해 나가는 준비를 하게 되었다.

2) 자발성

자발성(spontaneity)이란 습관적으로 익숙한 방법을 따르는 대신 그 순간에 가장 적합하다고 여겨지는 것을 스스로 선택할 수 있는 능력이다(Lister-Ford, 2002). 자발성은 느끼고 생각하고 행동할 때 우리가 취할 수 있는 모든 대안들을 놓고 선택할 수 있는 능력을 말한다(Stewart, 2007).

자발성은 자아상태들 사이를 이동하는 데 있어서 자신에게 가능한 모든 선택지, 즉 자아상태를 사용하는 능력을 의미한다(Stewart, 2007). 이는 그 사람에게 '가능한 선택지(부모, 어른, 어린이 자아 각각의 감정)에서 자신의 감정을 선택하고 표현할 수 있는 자유를 준다(Berne, 1964: 160). 이는 또한 '게임을 하거나 또는 자신이 배운 감정만을 느껴야 한다는 강박관념으로부터 자유로워짐'을 의미한다.

내담자 S씨는 자신의 행동에 대해 아내가 무시를 하고 여러 면에서 에누리를 하게 되면 당시에는 아무 대응도 잘하지 않고 수동공격적인 태도로 대응(술을 마시거나 오락을 즐기고 늦게 귀가하거나, 아내의 부탁이나 원하는 바를 잊어버리고, 아내가 원하는 바를 잘 하지 않는 등의 방식으로 아내에게 쌓였던 스탬프를 던지는 방식)하며 게임을 지속하고 있었다. S씨는 상담을 통해 자신의 이러한 행동방식이 아버지가 어머니에게 하던 방식과 유사하다는 것을 알아차렸다. 즉, 이것이 오염된 프로그램이라는 것을 자각하게 되었다. 이러한 자각은 기존 수동 공격적 태도의 변화를 촉진하게 된다. 이후로 S씨는 이전과 비슷한 상황이 벌어지면 자동적으로 수동공격적인 태도로 반응하기 보다는 상담실에서 배웠던 방식으로 A 자아를 활용하여 자신의 의사를 표현하기 시작하고 아내의 욕구를 민감하게 알아차리고 조금 더 낫게 행동하는 자발성을 발휘하였다. 이러한 자발성은 지속적인 훈습이 필요한 과정이며 이를 통해 확실히 친밀로 다가가는 것이 확실하다.

3) 친밀성

친밀성(intimacy)은 게임을 하지 않고 마음 이면에 상대방을 이용하겠다는 마음 없이 정서적 표현을 자유롭게 교환하는 것이다(Berne, 1966). 사람들은 자신의 연약함을 다른 사람에게 있는 그대로 드러내는 개방성을 통해 관계가 좀 더 가까워지고 친밀해지는 것을 경험한다. 이렇듯 친밀성은 상대방이 무엇을 원하는지 파악, 추측하는 대신 자신이 생각하고 느끼고 행동하는 것을 솔직하게 보여 주는 것이다. 이것은 자신의 필요, 욕구를 배제하고 투사하지 않으면서 타인을 만나고 그들에게 귀 기울일 준비가 되어 있는 것이다. 즉, 다른 사람들과 감정과 욕구를 개방적으로 나누는 것이다. 친밀한 관계를 맺기 위해서는 우리가 쓰고 있는 가면을 벗고 고정관념을 버려야 한다.

결국, 각본 치유로서 자율성의 핵심은 지금-여기에서 선택을 내릴 수 있는 그 사람의 자유에 있다. Berne(1961, p. 153)은 'A자아상태가 얻게 되는 것은 독점적 지배가 아닌 선택지(option)의 증가다.'라고 하였다. 이러한 관점에서 보면 교류분석상담의 목표는 변화에 대한 Berne의 관점과 연결해 볼 때 인간중심주의나 Erikson 학파와 같은 다른 인본주의 심리치료에서 바라보는 변화에 대한 관점과 상당히 유사하다고 할 수 있겠다(Stewart, 2007).

5장
교류분석상담의 과정 및 특징

교류분석은 Eric Berne에 의해 창안되었고 그의 아이디어는 오늘날에도 교류분석이론의 핵심을 이루고 있다. Berne의 죽음 이후 약 50년이 지난 지금, 교류분석은 혁신을 지속하고 있다. 많은, 아마도 거의 대부분의 교류분석상담사들은 Berne의 아이디어를 근간으로 하면서 이후에 개발된 새로운 이론과 실제를 통해 상담과정 및 특징이 더 깊고 유려해지는 것을 경험하고 있을 것이다. 본 장에서는 ITAA에서 교류분석이론의 현대화, 정리 그리고 뛰어난 임상적 활동성으로 인정받고 있는 Ian Stewart의 『Transactional analysis counselling in action』(2007)의 내용을 토대로 필자의 개인 및 부부를 대상으로 한 교류분석상담 경험을 통해 얻어진 결과물들을 중심으로 교류분석상담 과정 및 특징을 살펴보고자 한다.

1. 교류분석상담의 과정과 내용

Ian Stewart는 『Transactional analysis counselling in action』(2007, p. 51)에서 치료 순서를 접수, 평가, 치료 계약, 치료 방향, 개입, 종결이라는 흐름도로 제시하였다. 이를 토대로 그동안의 상담경험을 참고하여 교류분석상담 과정을 보다 구조화하여 그 내용을 제시하면 [그림 5-1]과 같다.

[그림 5-1] 상담의 단계별 계획과 전략은 총 6단계로 구성되어 있고 1단계 초기접촉 단계, 2단계 사정 및 계약 맺기 단계, 3단계 개입 단계, 4단계 문제해결 단계, 5단계 계약 평가 단계, 6단계 종결 단계이다.

교류분석상담 과정을 크게 세 단계로 대별하자면 상담 초기 단계, 상담 중기 단계, 상담 종결 단계로 나눌 수 있다. 1단계 초기접촉 단계와 2단계 사정 및 계약 맺기 단계는 상담의 초기 단계이다. 저자의 경험에 입각하여 상담을 12회기로 계약을 맺는다면 1~3회기 정도에 해당되는 시기이다. Berne(1966)은 특히 치료의 처음 몇 분간을 중요시하였다. 내담자의 표현, 제스처, 움직임, 목소리 톤, 단어의 사용 등 치료의 주요한 주제를 이 시기에 발견할 수 있다고 하였다. 이 단계의 개인의 특징은 방어와 분노를 가지고 온다는 것이다. 되풀이되는 라켓감정을 느끼고 해결되지 못한 문제를 상대와 상황에 투사하고 있는 시기이다. '나는 OK이지만 상대나 상황은 NOT OK'라고 호소하기도 하고 '나도 NOT OK이고 상대나 상황도 NOT OK' '나는 NOT OK이지만 상대나 상황은 OK'라고 하는 인생태도에 놓여 있기가 쉽다. 상담자는 이들의

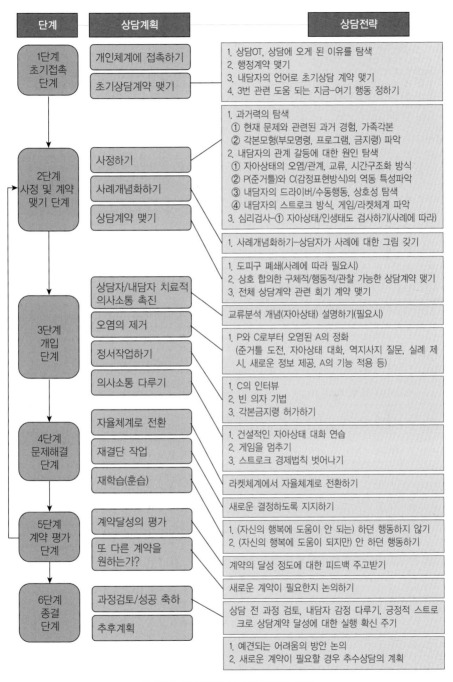

단계	상담계획	상담전략
1단계 초기접촉 단계	개인체계에 접촉하기 초기상담계약 맺기	1. 상담OT, 상담에 오게 된 이유를 탐색 2. 행정계약 맺기 3. 내담자의 언어로 초기상담 계약 맺기 4. 3번 관련 도움 되는 지금-여기 행동 정하기

2단계
사정 및 계약
맺기 단계
	사정하기
	사례개념화하기
	상담계약 맺기
		1. 과거력의 탐색
		  ① 현재 문제와 관련된 과거 경험, 가족각본
		  ② 각본모형(부모명령, 프로그램, 금지령) 파악
		2. 내담자의 관계 갈등에 대한 원인 탐색
		  ① 자아상태의 오염/관계, 교류, 시간구조화 방식
		  ② P(준거틀)와 C(감정표현방식)의 역동 특성파악
		  ③ 내담자의 드라이버/수동행동, 상호성 탐색
		  ④ 내담자의 스트로크 방식, 게임/라켓체계 파악
		3. 심리검사-① 자아상태/인생태도 검사하기(사례에 따라)
		
		1. 사례개념화하기-상담자가 사례에 대한 그림 갖기
		
		1. 도피구 폐쇄(사례에 따라 필요시)
		2. 상호 합의한 구체적/행동적/관찰 가능한 상담계약 맺기
		3. 전체 상담계약 관련 회기 계약 맺기

3단계
개입
단계
	상담자/내담자 치료적
	의사소통 촉진
	오염의 제거
	정서작업하기
	의사소통 다루기
		교류분석 개념(자아상태) 설명하기(필요시)
		
		1. P와 C로부터 오염된 A의 정화
		  (준거틀 도전, 자아상태 대화, 역지사지 질문, 실례 제
		  시, 새로운 정보 제공, A의 기능 적용 등)
		
		1. C의 인터뷰
		2. 빈 의자 기법
		3. 각본금지령 허가하기

4단계 문제해결 단계	자율체계로 전환 재결단 작업 재학습(훈습)	1. 건설적인 자아상태 대화 연습 2. 게임을 멈추기 3. 스트로크 경제법칙 벗어나기 라켓체계에서 자율체계로 전환하기 새로운 결정하도록 지지하기
5단계 계약 평가 단계	계약달성의 평가 또 다른 계약을 원하는가?	1. (자신의 행복에 도움이 안 되는) 하던 행동하지 않기 2. (자신의 행복에 도움이 되지만) 안 하던 행동하기 계약의 달성 정도에 대한 피드백 주고받기 새로운 계약이 필요한지 논의하기
6단계 종결 단계	과정검토/성공 축하 추후계획	상담 전 과정 검토, 내담자 감정 다루기, 긍정적 스트로 크로 상담계약 달성에 대한 실행 확신 주기 1. 예견되는 어려움의 방안 논의 2. 새로운 계약이 필요할 경우 추수상담의 계획

[그림 5-1] 상담의 단계별 계획과 전략

정서를 알아주는 한편 초기 단계에서 치료계약을 잘 맺는 것이 중요하다. 내담자가 호소하는 문제를 분석하여 관찰가능하며 긍정적인 언어로 치료계약을 맺는 것은 교류분석에서는 매우 중요한 개입이 된다. 치료계약은 개인의 A자아상태에서 나와야 하므로 상담자 공감과 적극적 경청, 긍정적 스트로크, 개인의 자아상태에 맞는 적절한 교류 등이 필수적이다.

상담 중기 단계는 3단계인 개입 단계와 4단계인 문제해결 단계라고 할 수 있다. 12회기 상담을 가정한다면 개입 단계는 4~7회기, 문제해결 단계는 8~10회기가 될 수 있다. 이 단계에서 내담자는 어린 시절 결핍에서 현재 문제와 연관을 인식하고 지금의 문제가 자신과 관련이 있다는 자각을 하게 된다. 상담자의 개입은 교류분석의 간단한 개념(특히 자아상태)의 설명을 통한 교육이다. 하지만 간혹 이론적 설명을 부담스러워하는 내담자를 위해서는 적절하게 일반적인 단어로 대체할 수 있어야 한다. 상담자는 자아상태 오염제거를 위한 A자아에서의 질문, 정서적 자각을 위한 빈의자 사용, C자아의 인터뷰, 의사소통연습, 스트로크를 주고받기, 라켓체계 분석과 자율체계로의 전환, 금지령의 허가 등의 다양한 개입방법을 사용한다. 변화가 일어나고 자아상태의 균형과 적절한 자아상태의 사용이 보고되는 시기이다.

상담 종결 단계는 5단계인 계약 평가 단계와 6단계 종결 단계이다. 12회기 상담에서 11회기와 12회기에 해당되는 시기이다. 내담자는 변화에 대한 책임을 갖게 되고 더 이상 자신의 각본에서 행동하지 않을 것이라는 결단을 하게 된다. 상담자는 계약의 완수에 대한 평가를 내담자와 함께하고 또 다른 계약이 필요한지 평가

한다. 이 단계에서 개입은 미래에 예견되는 어려움에 관련된 구체적인 전략을 내담자가 세우는 것이다. 이러한 전체 6단계를 세부적으로 설명하면 다음과 같다.

1) 1단계: 초기접촉 단계

초기접촉은 접수 상담으로부터 시작된다. 간단한 접수 상담 기록지를 사용하여 개인의 기본적인 정보를 적는다. 그리고 상담의 비밀보장의 원칙, 회기수와 빈도수, 보수, 시간 등을 합의한다. 이때 네 가지의 합의(Steiner, 1974)를 분명하게 하는데, 첫째는 상호 동의이다. 내담자와 상담자가 무엇을 원하는지 분명하게 서로 동의하에 정보를 거짓 없이 주고받을 것을 합의한다. 둘째는 적절한 대가이다. 상담비용은 본인이 감당하는지, 혹은 타인으로부터 지원을 받는지, 상담비용을 감당할 수 있는지, 상담기관의 정책 등에 대해서 합의한다. 세 번째는 상담자와 내담자의 적임성이다. 상담자는 내담자와 함께하는 데 필요한 교육과 기술을 갖추고 있는지 이야기하고 내담자는 상담자의 말을 이해하고 술이나 기타 약물의 복용으로 인해 자신을 책임질 수 없다면 상담 계약을 할 수가 없음을 분명하게 한다. 넷째는 법적으로 적법한 계약이어야 한다는 것이다.

이 단계에서 만약 상담자가 자신의 전문성으로 개인을 도울 수 없는 분야라면 적절한 의뢰를 고려해야 한다. 예를 들어, 내담자 중 누구라도 정신질환이나 알코올중독이어서 치료가 필요하다든지, 폭력으로 인해 법적인 절차가 필요하다든지 하는 경우이다.

초기의 치료계약 맺기는 내담자가 원하는 변화를 자신의 언어로 이야기하는 것이다. 1단계 초기접촉 단계에서는 60분의 상담비용을 청구하지만 실제 상담은 90분을 진행한다. Lister-Ford(2002)와 Ian Stewart(2007)의 상담 진행 방법처럼 첫 회기를 30분 더 연장하는 것은 상담자에게는 내담자에게 어떤 서비스가 제공되는지 설명할 시간을 주고 내담자에게는 심리 상담을 받기를 원하는지 결정할 수 있는 기회를 줄 수 있기 때문이다. 내담자의 내면과 개인적인 것을 이야기하기 전에 이러한 논의를 하는 것이 내담자가 A자아상태에서 상담의 기간과 조건 등을 좀 더 진지하고 쉽게 생각할 수 있게 한다(박의순, 이진선 역, 2008, p. 34 재인용).

2) 2단계: 사정 및 계약 맺기 단계

2단계는 상담 초기의 2~3회기에 해당되는 시기로 개인의 문제를 사정하고 심리상담 계약을 맺는 단계이다. 또한 상담자는 내담자와 긍정적인 상담관계를 맺고 문제와 교류분석이론, 개념과의 연결성을 찾는 자세를 견지한다. 어린 시절의 경험을 중시하는 다른 치료적 접근과 마찬가지로 교류분석에서도 유아기, 아동기 시절에서 문제를 참고한다. 과거력을 탐색함에 있어서 내담자가 변화할 수 있음에도 변화 가능성에 저항을 초래하는 내적 준거틀이나 가족각본을 파악한다. 그리고 내담자가 가지고 있는 각본모형(부모명령, 프로그램, 금지령)은 무엇인지 탐색한다. 내담자가 협조적인지 혹은 저항하는지 파악하고 저항하는 경우 내면의 CP자아와 반항하는 어린이(Rebellious Child, RC)자아에 '과녁맞추기(박의순, 이진선 역, 2008, p. 59)' 교류와 스트로크를 통해서 저항을 다루어나간다(Drye, 2006). 내담자가 갖는 갈등의 요인을 밝히는 작업으로는 내담자가 문제해결에 도움이 되지 않는 수동행동이 있다면 무엇인지 파악하고 그와 관련된 P자아와 C자아의 오래되고 낡은 역동을 탐색한다. 동시에 게임 내용과 라켓체계로 돌아가는 부분이 무엇인지 파악한다.

내담자의 스트로크 주고받는 양상과 시간의 구조화를 탐색하고 상대와 상황에 대한 친밀감을 해치는 가장 큰 원인이 무엇인지, 개인문제의 상호작용 양상을 파악한다. 경우에 따라서 내담자에게 영향을 미치는 성격의 기능을 파악하기 위해 자아상태 검사와 인생태도 검사를 사용하기도 한다. 이러한 사정을 통해 사례개념화를 한다. 내담자의 이야기 중에 도피구를 폐쇄할 필요가 있는지 상담자는 신중하게 검토하고 만약 필요하다고 판단되면 도피구 폐쇄를 통해 자살, 타인을 해침, 미치는 것에 대한 도피구 폐쇄를 시도한다. 하지만 도피구 폐쇄가 필요한 내담자는 단회기에 가능한 대답을 하지 않을 수도 있으므로 이어지는 회기에서 도피구 폐쇄를 시도한다. 이 단계에서 내담자가 상담회기에서 시도하는 게임을 상담자는 파악하여 게임에 끌려들어가는 일이 없도록 해야 한다. 또한 긍정적인 치료계약 원칙을 바탕으로 구체적이고 행동과 관찰이 가능한 계약을 명확하게 맺는다.

3) 3단계: 개입 단계

상담의 중기에 해당하는 이 단계에서 내담자는 자아상태, 인생태도, 스트로크, 스탬프 등 교류분석의 기본 개념적인 용어를 이해할 수 있도록 적절하게 교육을 할 필요가 있다. 상담에서의 같은 용어의 사용으로 개념을 공유하면 불필요한 설명이 줄어들고 상담의 종결 이후에도 내담자는 같은 용어를 사용하면서 문제를 해결할 수 있게 되는 장점이 있다. 또한 이 단계에서 상담자는 내담자의 문제와 관련된 다양한 측면에 혼재하는 오염을 제거한다. 가장 많이 사용되는 기법은 상담자의 A자아에서 내담자의 A자아로 하는 질문이다. 내담자의 문제에 영향을 끼치는 자아상태의 오염이 있다면 개입의 단계에서 오염을 제거하여 A자아기능을 강화하는 것에 중점을 두어 게임이 일어나지 않도록 한다. 이때 상담자는 준거틀 도전, 자아상태 대화, 역지사지 질문, 실례 제시, 새로운 정보 제공, A자아의 기능 설명과 내담자의 당면한 문제에 적용 등의 기법을 사용한다. 또한 정서적인 작업이 필요하면 빈 의자 기법, 어린이 자아(C) 인터뷰 등을 사용하여 표출을 할 수 있도록 작업하기도 한다. 내담자의 각본이 관계에 미치는 상호성에 대해 알게 되면 각본치료가 이루어지도록 상담자는 내담자의 금지령을 허가하고 4단계에서 새로운 결정을 내릴 수 있도록 준비를 한다. P-A-C 모델에서의 자아상태를 명확히 알게 되면 내담자는 상대가 어떤 자아상태에서 어떤 생각, 어떤 감정을 가지고 이야기를 하는지 알 수 있게 된다. 그리하여 상대의 경험을 이해하게 되고 의사소통을 잘하기 위해서 자아상태의 변화를 스스로 선택하게 된다. 상담자는 내담자에게 무조건적이며 긍정적인 스트로크를 경험하게 해 준다. 그리고 내담자가 긍정적인 스트로크를 잘 주고받지 못한다면 그 이유는 무엇인지 탐색하고 연습을 한다. 내담자는 서로 보살핌(존중과 수용), 친밀(정서를 효과적으로 전달), 양립(중요가치가 비슷함)의 세 가지 요소가 대인관계에 미치는 영향에 대해 생각해 볼 수 있어야 한다(Boyd & Boyd, 1980). 내담자가 상담회기에서 자각한 부분을 가정이나 직장에서 사용하도록 행동회기계약을 맺는다.

4) 4단계: 문제해결 단계

내담자가 상대에게 라켓감정과 라켓 행동을 사용하는 것이 관계에 서로 어떻게 영향을 미치는지 알게 하고 그것을 자율체계로 바꾸는 작업을 한다. 전통적인 재결단 작업이 필요하다면 실시할 필요가 있지만 재결단 작업 없이도 내담자는 새로운 결정을 할 수 있도록 상담자로부터 지지받아야 한다. 더불어 자가-스트로크 방법도 찾아보고 행동 변화 회기계약을 맺기도 한다. 전통적인 재결단 작업 없이도 앞의 단계들이 잘 진행되었다면 긍정적인 변화들이 보고가 되는 단계이다.

이 단계에서 내담자는 재학습이 이루어지는데 재학습은 새롭게 결정을 한 부분을 가정과 사회에서 사용을 하고 그 결과를 상담회기에서 보고하고 상담자로부터 지지를 받는 것이다. 내담자는 새로운 준거틀 안에서 C자아의 순수한 호기심을 발현시키면서 질문이 많아지는 시기이다. 이때 상담자는 개인의 실수에 대해서도 지지하는 스트로크를 줌으로써 새로운 결심이 확고하게 자리 잡도록 해야 한다. 또한 내담자에게 상대와의 협상의 기술을 가르치는 것이 필요하다. 협상의 기술은 그동안 상담의 결과로 내담자의 A자아가 활발하게 기능을 한다면 서로의 욕구를 이야기하고 적절하게 협상을 하면서 서로 다른 욕구에 대한 갈등을 해결하는 법을 배우는 것이다. 또, 친밀감을 위한 내담자의 시간의 구조화 는 어떻게 할 것인지 계획을 세우기도 하고, 선택권(options)을 가 지고 상황에 적절하게 자아상태를 변화하는 것, 게임이 일어날 때 어떻게 게임으로부터 초대에 응하지 않을지 등 교류분석의 기본 적인 개념을 생활 속에서 적용할 수 있도록 하는 것이다(Clarkson, 1992).

5) 5단계: 계약 평가 단계

내담자가 처음 상담을 시작하였을 때 원하였던 변화와 계약을 되돌아보고 지금-여기에서 계약을 평가해 본다. 종결을 논의하 는 회기이기도 하지만 혹시 내담자가 더 다루기를 원하는 문제가 있는지 질문한다. 더 해결하기를 원하는 문제가 있다면 또 다른 계약을 맺고 2단계로 돌아가 상담을 계속한다.

6) 6단계: 종결 단계

상담종결 단계는 내담자로 하여금 자신이 성취한 상담목표를 회고해 보고 자신의 변화에 대해서 즐거움을 느낄 수 있는 기회를 제공해 줄 필요가 있다. 이를 위해 내담자가 첫 상담 장면을 기억 하여 성취한 변화를 충분히 설명할 수 있도록 상담 회기들을 검토 해 보아야 한다. 아울러 상담의 종결 후 예견할 수 있는 다양한 어려움에 대해 내담자와 함께 토의해 본다. 어려움을 마주할 때 느낄 수 있는 정서들과 대처 방안에 대해 구체적으로 논의한다.

　교류분석상담에 있어서 종결 후 추수상담에 관한 어떤 표준은 없다. 내담자가 같은 문제로 어려움이 생길 때 다시 오라고 하는 추수상담을 정해 놓으면 내담자의 C자아에 상담자가 '우리의 이별은 결코 이별이 아니야.' 혹은 '문제를 완벽하게 처리하거나 대응하지 못하면 바로 나에게 돌아와야 해.' 하는 메시지를 내포하는 위험이 있다. 이에 교류분석상담자는 현재 진행해 왔던 상담을 명확하게 종결해야 한다. 즉, 상담자는 내담자가 상담을 잘 마쳤으므로 자신감을 갖고 잘해 나갈 것이라는 한 치의 의심도 없이 보증을 해 주며 떠나보낸다. 시간이 지나 추후 내담자가 새로운 자기변화를 원하는 시기가 왔을 때나 이전에 다루었던 문제와 다른 문제로 다시 상담자와 접촉할 수는 있다.

　동시에 종결 시에 향후 상담자와 내담자와의 관계적 측면에서 고려해야 할 것이 있다. 교류분석상담자뿐만 아니라 대부분의 상담자들은 가끔 이전 내담자로부터 소식을 들으면 기뻐한다. 내담자가 상담자와의 관계를 지속하기 위한 수단으로서 우편, 문자, 메일 등을 추후 커뮤니케이션 수단으로 사용하지 않도록 해야 한다. 그리고 답장을 보낼 것이라는 기대를 하지 않도록 확실히 해 주어야 한다. 간단한 쪽지를 보내는 것도 괜찮겠다고 생각되는 경우일지라도 내담자들이 상담자에게서 답장을 받지 못할 것으로 예측하도록 만들 필요가 있다. 그렇지 않으면 본의 아니게 사회적 관계 속으로 끌려 들어가게 되거나 답장을 하지 않았다는 이유로 내담자에게 거절당한 느낌을 주게 된다(박의순, 이진선 역, 2008,

pp. 265~266).

2. 교류분석상담의 과정 및 특징에 대한 적용 사례

교류분석상담의 특징은 교육적이고 행동을 강조한다는 것이다. 그렇다고 해서 감정과 분석을 소홀히 하지는 않는다. 교류분석상담은 공개적 의사소통(open communication) 원리에 입각하여 내담자에게 교류분석의 주요 이론과 개념들에 대한 학습을 장려하고 가르치며 이를 통해 내담자의 오염된 A자아를 자각하여 변화를 촉진하도록 한다. 이는 특히 A자아를 강화하여 내담자 스스로 P자아와 C자아의 비효율적이고 현실에 맞지 않는 사고와 감정, 행동을 자각하여 변화시킬 수 있도록 돕는다. 아울러 역기능적인 인생각본을 자각하게 하여 변화시키고 자신과 타인을 디스카운트 하지 않고 '자, 타 긍정'의 인생태도에 머물게 한다. 이러한 측면을 감안하면 인지 · 행동치료적 방법과 유사한 부분이 많고 따라서 상담자의 자세 또한 잘 개발된 관찰력과 적극적이며 내담자에게 가장 좋은 이득을 가져오는 방식으로 상담 상황을 구조화한다. 이러한 교류분석상담의 과정 및 특징을 실제 부부개별과 부부합동 상담을 병행한 사례를 통하여 이해를 돕고자 한다.

사례의 내담자는 결혼생활 7년차에 접어든 아내로, 남편과 심각하게 자주 싸움으로써 두 사람의 힘으로는 결혼생활을 유지할 수 없다는 생각으로 상담을 신청하였다. 거의 일주일에 서너 번 부부싸움을 하게 되는데 내담자는 심하게 소리를 지르거나 집을 나가 버리는 행동을 하고 남편은 내담자를 잡으려 몸싸움을 하게 되고 그런 와중에 본의 아니게 폭력을 행사하게 되는 일도 있었다. 내담자의 불만은 남편과 시댁 식구(시어머니, 시누이, 시동생)의 배려 없음과 자신을 껍데기 취급하는 것에 크게 상처를 받았고 더 이상의 교류 없이 명절에도 시댁을 방문하지 않는 등 부부갈등이 더욱 증폭되고 있었다.

두 사람은 3년의 연애 끝에 결혼하였고 결혼 전에는 내담자와 시댁 식구들과의 관계는 좋은 편이었다. 갈등의 시작은 출산과 더불어 시작되었는데 임신과 출산을 거치면서 시어머니와 남편이 남과 같은 행동과 말을 한 것이 내담자에게는 큰 상처가 되었다고 한다. 내담자는 오랜 기간 우울증을 경험하고 있었고 수면장애, 불안, 분노 폭발 등 심리적으로 불안정한 상태를 겪고 있었다. 남편이 이를 이해하고 알아주기를 바라지만 오히려 남편은 회사에서 받은 부부상담의 결과로 내담자를 '하자'가 있는 사람으로 본다고 하였다. 남편은 오랜 기간 동안 '임신과 출산 시 느꼈다는 억울함, 속상함을 계속해서 되풀이하면서 시댁에 가기를 완강하게 반대하는' 내담자를 도저히 이해할 수가 없다며 분노를 폭발하게 되는 것 같다고 내담자는 말을 한다.

내담자는 남편이 시어머니와 연락하는 것을 극도로 싫어하고 남편이 아이의 사진을 찍어 시어머니에게 주는 것이 싫다며 사진도 찍지 못하게 한다. 남편은 회사에서는 재미있고 밝은 사람이란 평을 듣고 있으나 정작 집에서는 말을 잘 하지 않고 하라는 일만 하는 사람으로 지낸다고 한다. 내담자는 점점 아이에게도 화를 많이 내게 되고 상담을 신청한 시점은 며칠 전에도 심하게 싸우고 이혼을 이야기한 상태였다고 하였다. 또 자신의 어린 시절의 결핍이 혹시 결혼생활에 문제를 일으키고 있는 것은 아닌가 하는 막연한 생각에서 상담에 대해 정보를 모았고, 상담이 인격을 변화시킨다는 어떤 사람의 경험담을 읽은 뒤 상담을 결심하게 되었다고 하였다.

1) 1단계: 초기접촉 단계

초기접촉 단계는 상담의 1회기에 해당한다. 상담자가 상담을 신청하거나 의뢰된 개인과 부부를 처음 만나는 단계로 Berne (1966)은 처음 몇 분의 중요성을 강조한다. 모든 상담회기의 처음 몇 분은 대부분 중요하지만 특히 첫 회기의 처음 몇 분에는 앞으로 얼마나 진행될지 모르는 상담의 전체회기의 주제가 드러나게 된다고 하였다. 편안하면서도 민감한 주의력을 가져야 하는 단계이다.

1단계에서는 내담자의 주 호소 문제를 탐색하기 위해 질문을 사용하고 초기상담계약을 맺기 위해 내담자의 반응을 구체화시켰다. 1단계에서 이루어지는 일은 접수상담지를 사용하여 내담자의 정보를 알아보는 것이었다. 그 다음은 의뢰기준을 판단해 보는 것으로 교류분석상담에서는 상담자가 충분한 허가, 보호, 역량을 제공할 수 없다면 내담자를 의뢰해야 한다고 말한다(최외선 외 역, 2013). 다음은 내담자와 행정계약을 맺었는데 행정계약은 비밀보장, 시간, 회기 수, 상담료, 정직과 관련된 내용이다. 행정계약을 맺은 후 초기사정을 위해 상담자는 주 호소 문제를 탐색하였다. 주 호소 문제는 상담에 오게 된 이유 그리고 증상과 관련된 질문을 한다. 그 이후에 초기상담계약을 통해 내담자가 무엇을 어떻게 변화하고 싶은지 진술하게 하면서 1회기를 마쳤다. 다음은 초기 접촉 단계의 상담계획과 전략을 [그림 5-2]로 나타내면 다음과 같다.

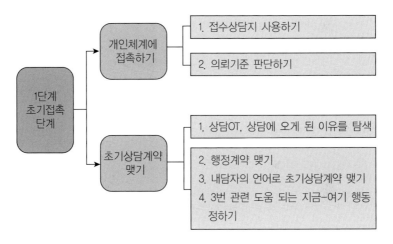

[그림 5-2] 1단계 초기접촉 단계의 상담계획과 전략

(1) 개인체계에 접촉하기

① 접수상담지 사용하기

접수상담지에는 다음과 같은 질문들이 포함되어 있다.

- 이름, 주소, 전화번호
- 나이, 생년월일

- 현재 직업
- 결혼여부 및 결혼기간, 동거가족
- 자녀가 있다면 나이와 성별
- 과거나 현재 신체적 질병
- 정신의학적 질병과 치료기간
- 현재 약물 복용

② 의뢰기준 판단하기

의뢰를 고려해야 할 분명한 상황들이 있다. 첫째는 의학적인 의뢰가 필요한 경우이다. 두 번째는 정신과적인 문제가 있다고 판단이 된다면 의뢰를 해야 한다. 세 번째는 약물, 알코올 중독 등의 경우 의뢰할 수 있다. 네 번째는 이중관계에 해당하는 경우이다.

③ 행정계약 맺기

행정계약의 처음은 비밀보장의 원칙이다. 하지만 본 연구의 사례는 연구에 사용할 것과 녹음할 것을 미리 이야기하였고 연구물에 인적사항을 전부 삭제 혹은 변경한 뒤 사용하여도 좋다는 허락을 내담자로부터 받았다.

그 외 비밀을 보장할 수 없는 두 가지는 자살과 자해, 타살과 상해 관련임을 이야기하였다. 상담계약은 시간, 회기 수 등을 정하는 것이다. 본 사례에서는 일주일 간격으로 상담을 하기로 하였고 부부 중 한 사람만 상담할 경우는 60분, 부부상담은 100분의 회기시간을 정하였다. 혹시 내담자가 오지 못하는 경우 하루 전에 반드시 연락을 하도록 계약을 하였다.

Steiner(1974)의 네 가지 요구사항이 일반적으로 교류분석상담에서 계약맺기의 규칙으로 사용되는데 첫 번째가 상호동의이다. 이는 상담자와 내담자가 상담에 필요한 정보를 거짓 없이 주고받는다는 계약의 조항에 동의를 할 필요가 있다는 것이다. 두 번째는 적절한 대가이다. 본 사례는 저자의 정해진 상담비를 청구하였고 내담자는 동의하였다. 세 번째는 적임성으로 상담자는 내담자와 함께 일하는 데 필요한 교육과 기술을 가지고 있다는 것을 의미한다. 내담자의 적임성은 계약협상을 이해하고 계약을 책임질 수 있음을 의미한다. 본 사례에서 상담자는 상담자로서 충분한 교육과 경험이 있음을 내담자에게 알렸고 내담자 또한 충분히 상담과정을 이해 할 수 있다고 판단하였다. 네 번째 법적 대상은 계약에서 동의한 것은 적법해야 한다는 것이다.

(2) 초기상담계약 맺기

첫 회기에는 내담자가 경험하는 주요 문제에 대해 탐색하고자 하였다. 주 호소 문제는 상담에 오게 된 이유와 문제의 증상을 탐색하고 이와 관련하여 개인/부부가 각자 어떻게 변화하고 싶은지를 묻는 초기계약 질문을 하였다.

① 상담에 오게 된 이유를 탐색

내담자가 문제를 해결하기 위해 상담에 온 것은 정말 용기 있는 선택이다. 내담자가 스스로 문제 있음을 인정하고 연약한 부분을 노출시키면서 도움을 청한 것이므로 상담자는 적극적이고 따뜻하며 전문가적인 태도를 유지하는 것이 중요하다. 첫 회기에서 상담에 오게 된 이유를 질문하는 것은 내담자가 정의하는 자신들의 문제에 대한 진술을 듣기 위한 것이다.

사례에서 아내는 시댁 식구들과 남편의 냉정함, 배려 없음이 자신에게 심한 상처가 되어 과대망상 수준의 증상까지 생겼고 그런 부분을 이야기하면 남편은 이해해 주지 않고 점점 자신을 이상한 여자 취급한다 하였고 남편은 아내가 주장하는 상처가 무엇인지도 모르겠고 어떻게 해야 할지 전혀 모르고 있는 것처럼 보인다고 하였다.

상담자: 현재 가장 힘드신 부분이 어떤 건가요?

내담자: 제가 예민한 건지, 과대망상까지 생길 정도로 힘이 들어요. 결혼하고 아기 낳고부터 시댁과 남편과 갈등이 시작된 것 같아요.

상담자: 어떤 종류의 갈등인가요?

내담자: 저에게 상처가 되는 이야기를 많이 했는데 본인들은 정작 그게 무슨 상처가 되냐는 식이에요. 애기 낳고 저는 완전 껍데기 취급을 받았어요. 애기 낳고도 나보고 수고했다는 말은커녕 애기만 예뻐하는 거예요. 아! 나는 그저 애기를 뱃속에 넣어 놨던 사람에 불과하구나. 남편도 시누이도 시어머니도 애기만 예뻐하고 나는 뒷전인데 그 느낌이…. 나도 힘든데 그건 물어봐 주지도 알아주지도 않고. 남편과 싸우면 남편이 이젠 '포기했다. 애정 없다' 그렇게 말해요. 어떨 때는 내가 죽어야 내가 소중한 줄 알겠지 하는 생각이 들어요. 정말 나쁜 생각인 줄 알지만. 그런데 시댁 식구들과 남편이 나에게 존중 안 해 주고 배려 안 해 주고 하는 것은 정말 견딜 수가 없어요. 제가 원래 예민해서 그런지….

② 내담자 언어로 초기상담계약 맺기

상담의 초기에 변화하고자 하는 부분을 질문하면 대부분의 내담자는 상대의 변화에 집중한다. 이때는 내담자가 자신의 언어로 자신의 방법대로 이야기를 하게 두는 것이 중요하다. 그 이유는 일반적으로 현재 자신이 누구이고 무슨 일을 겪고 있는가를 그들의 언어로 표현하는 것을 들음으로써 상담자는 여러 가지를 파악할 수가 있기 때문이다. 그들이 사용하는 자아상태, 자신을 보호하는 전략, 사회적 힘의 균형 등을 관찰할 수가 있다. 비록 변화에 대한 내담자의 계약이 계약적인 모습을 갖추지 못하여도 첫 회기에 문제를 해결하기 위해 왔다는 부분이 중요함을 강조하고 스트로크를 주는 것이 필요하다.

사례는 그간 싸움에 지쳐서 남편은 이젠 애정이 없다 하는 것이 상처가 된 듯 이야기를 하면서, 시어머니와 시누이 등 시댁 식구들과 영원히 보지 않고 살고 싶은데 그게 안 되니까 너무 괴롭다고 말하였다.

> 내담자: 남편에게 애정을 요구했는데 거기에 실망을 해서 시댁 식구와 갈등을 일으키고 저를 괴롭히거든요. '이걸 버리면 되는데'는 아는데. '남편이 도와줬으면 좋겠다.' 하고 싸우고 애원하고. 그런데 남편은 지쳐가고 나한테 사랑을 준다고 하지만 내 기준에는 이건 사랑이 아닐 거라고 생각하고….

2) 2단계: 사정 및 계약 맺기 단계

사정 및 계약 맺기 단계는 내담자의 문제 구조를 파악하고 무엇 때문에 갈등이 시작되었는지 심리내면의 역동을 알아내며 상담 계획을 수립하고 구체적이면서도 관찰이 가능한 상담계약을 맺는 단계이다. 상담의 초기에 해당한다. 크게 세 가지 순서로 나누어 볼 수 있다.

첫째는 사정하기, 둘째는 사례개념화하기, 세 번째는 상담계약 맺기이다. 사정하기는 내담자의 과거력 탐색과 갈등요인 탐색, 심리검사하기이다. 과거력의 탐색에서는 부모명령을 파악하고 변화에 저항하는 세대 전수되는 딜레마를 파악하는 데 중점을 둔다. 내담자의 갈등요인을 사정하기는 본 사례의 경우 부부간 수동행동과 상호성의 탐색, 공생관계의 파악, 오래된 C자아의 역동 파악과 라켓체계를 파악하는 데 주력하고 심리검사는 표준화검사인 성인 자아상태 검사지를 사용한다.

이렇게 내담자의 이야기를 통해 문제의 구조가 파악이 되면 이 정보들을 사용하여 어떻게 효율적으로 개입할지 사례를 개념화한다. 다음은 내담자와 구체적인 치료계약을 맺는데 이때 계약은 구체적, 긍정적, 행동적, 관찰 가능하여야 한다.

[그림 5-3]은 2단계를 도식화한 것이다.

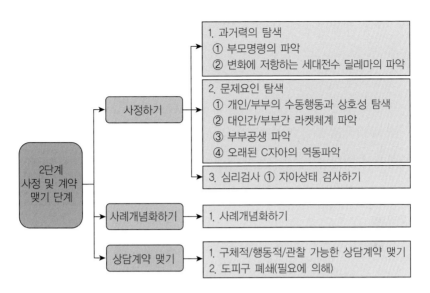

[그림 5-3] 2단계 사정 및 계약 맺기 단계의 상담계획과 전략

(1) 사정하기

① 과거력의 탐색

교류분석이론은 독특한 방법으로 개인의 문제를 설명하는데 그것이 각본이다. 각본은 어린 시절부터 자신의 삶을 위해 계획을 세운 것이라 알려져 있다(Berne, 1972; Steiner, 1974; Stewart & Joines, 1987). 그런데 이 각본이 고통스럽거나 자기제한적임에도 사람들은 어른이 되고나서도 여기서 벗어나지를 못하고 아동기때 세운 초기결정에 따라 행동하면서 관계를 맺는다. 상담자는 내담자가 그들의 역사와 관련된 양상을 알아내도록 돕는 역할을 하면서 중요한 사건과 사람들, 부모의 이야기, 아동기를 탐색해 나간다. 이때 상담자는 회상의 깊이와 범위를 상담자와 내담자가 함께 결정해야 한다(박의순, 이진선 역, 2008).

주로 아동기의 이야기를 통해서는 자아상태의 구조를 짐작해 볼 수 있고 A자아의 오염을 분석할 수가 있다. 또, 초기결정, 부모명령도 분석해 낼 수 있다. 개인/부부상담에서 중요한 세대 전수되고 있는 가족 각본의 파악을 통해 남녀의 역할, 결혼, 성생활의 딜레마를 파악한다. 상담자는 내담자와 이야기를 하면서 자아상태의 진단을 하게 되는데 행동적, 사회적, 개인력적, 현상학적으로 진단을 한다. 과거력의 정보는 사례개념화의 중요한 주제가 된다.

사례의 아내는 어린 시절 부모의 이혼으로 인한 상처와 유기불안으로 인해 남편의 사랑을 갈구하고 있지만 남편은 이에 대해 이해가 되지 않는다. 아내는 여전히 아버지를 미워하고 자신의 상처만 들여다보면서 아파하고 있다. 남편의 경우 그런 아내를 이해하지 못하고 자신을 괴롭히는 존재로만 인식하고 있다.

상담자: 친정식구들과는 어떤가요? 서로 배려하고 존중해 주는 가정이었나요?

내담자: 아니요. 어릴 때 엄마와 아버지가 이혼을 하셨어요. 네 자매인데 셋은 엄마와 아빠 사이에서 난 거고 막내는 새엄마와 아빠 사이에서 난 동생이에요.

상담자: 그러면 두 분이 이혼을 하기 전 가정에서 주로 어떤 정서를 느끼고 살았는지 기억이 나세요?

내담자: 주로 불안했어요. 엄마 말로는 저는 유독 엄마한테 많이 붙는 아이였대요. 엄마만 없으면 늘 찾고… 어릴 때는 엄마가 나가서 안 올까 늘 불안 했던 것 같아요.

상담자: 왜 그렇게 느꼈던 것인지 추측되시는 게 있어요?

내담자: 엄마랑 아빠가 사이도 별로 안 좋고 아빠도 엄마를 무시하는 것 같고 엄마도 우리가 말을 안 들으면 '엄마 나가서 안 온다.' 하는 말을 자주 하고 해서….

상담자: 엄마는 내담자(H)를 많이 사랑해 주신 것 같아요?

내담자: 그런 것 같아요. 혼도 많이 났지만 아빠보다 전 엄마를 더 따랐던 것 같아요.(…중략…)

상담자: 언제 집에서 가출을 하셨지요?

내담자: 다 자라서…. 아빠랑 사이도 안 좋고 그래서 대학 다니면서 엄마를 찾았어요.

상담자: 그렇다면 엄마가 이혼을 하고 가셨을 때 H의 느낌은 어땠지요?

내담자: 배신감도 들고, 그랬지만 결국 불안했던 그 느낌이 맞았다는 느낌? 그리고 내가 버려졌다는 느낌. 불안불안하다가 결국 이렇게 되고 마는구나! 하는 생각. 엄마는 결국 나를 버렸구나.

상담자: 그런 느낌과 비슷한 감정을 어른이 되어서도 느낀 적이 있나요?

내담자: 음, 네. 아이를 낳고 나서 내 존재가 형편없이 취급된다고 느꼈을 때요.

◆ 부모명령의 파악

부모의 P자아에서 자녀의 P자아로 전달되는 메시지를 부모명령이라 한다. 개인/부부는 성장과정에서 자신의 부모로부터 다양한 부모명령을 듣고 자랐다. 이러한 부모명령은 자신의 P자아에 저장되어 있고 이러한 메시지를 상황에 맞지 않게 배우자에게 하게 될 때 갈등이 발생하게 된다. 왜냐하면 상대 배우자가 자신의 부모이거나 자녀가 아니기 때문이다. 통상 현 상황과 맞지 않는 시대착오적 간섭, 비판, 보호, 통제, 규칙, 가치관, 준거틀 등이 해당된다.

◆ 변화에 저항하는 세대전수 딜레마의 파악

부모의 감정표현 방식과 부모명령 내용은 세대전수되는 경우가 많다. 예컨대, 큰딸이 어릴 적 보아왔던 어머니 모습이 아버지에게 별로 감정표현이 없었다면 큰딸은 감정표현이 서툴 수 있다. 동시에 자신이 어릴 적 들었던 부모명령을 나중에 자신의 자녀에게 그대로 하는 경우이다. 이러한 부분이 부부관계에서도 재현되는데 부부가 갈등을 겪을 때 자신이 어릴 적 보았던 배우자 역할을 물려받아 이것을 옳다고 인식하고 상대를 비난하며 변화를 주문하고 자신은 변화에 저항하는 형태로 나타난다.

사례에서 남편은 내담자에게 '당신은 다른 사람을 챙겨 주고 배려하는 표현이 서툴고 잘 못한다.'고 하였다. 이는 스트로크의 표현이 많지 않은 가정에서 자란 것을 의미하였다.

상담자: H씨네 가정에서는 감정 표현하는 것이 쉬웠나요?
내담자: 아니요. 웃거나 떠들거나 하면 할아버지가 싫어하셨고 저는 잘
　　　　울었는데 언제나 언니나 동생과 비교당했어요. 늘 불안하고 울
　　　　고 싶고 그랬던 기억이 나요.
상담자: 그럴 때는 어떻게 했던 것 같아요?
내담자: 그냥 꾹 참았어요. 아무도 관심을 안 가져주는데….

② 부부갈등의 탐색
◆ 부부의 수동행동과 상호성의 탐색

부부 상호성은 부부간의 두 사람이 상호의존적이고 상호적인 기능을 하는 것을 의미한다(Minuchin & Fishman, 1981). 이것은 부

부관계에서 때론 분명하고 때론 모호할 수 있는 역동적 균형을 이루려는 다양한 형태로 나타난다.

부부로 살다보면 크고 작은 문제와 갈등에 봉착하게 된다. 이럴 때 부부 각자가 대응하는 방식은 두 가지이다. 하나는 어른으로서 할 수 있는 사고, 감정, 행동의 능력을 총동원하여 문제를 해결하는 것이고, 또 하나는 각자의 각본에 따르는 것이다(Stewart & Joines, 1987). 성숙한 배우자는 문제와 갈등이 일어날 경우 자신과 상대 배우자가 느끼고 있는 감정을 충분히 인식하고 문제와 관련된 해결 방법을 다각도로 생각하며 현재 할 수 있는 가장 적합한 방법을 선택하여 해결을 위한 행동을 최선을 다하여 한다.

반면에 성숙하지 못한 배우자들의 경우 자신의 각본에 따른다. 이것은 어릴 때 자신의 경험 속에서 내린 결정에 맞추어 상대 배우자의 행동, 상황을 지각한다. 즉, 실제 상황에 대한 중요한 부분이나 특정 측면을 보지 못하고 특정 측면을 지나치게 과장하여 본다. 아울러 문제해결을 위한 행동을 취하지 못하고 각본이 제공하는 '마술적 해결책'에 의존한다. 이럴 경우 능동적이지 못하고 수동적인 상태에 놓이게 된다. Schiff(1971)는 자신과 상대 그리고 상황을 디스카운트하는 행동적 단서를 네 가지로 설명하고 있다. 첫째는 아무 조치도 취하지 않는 것, 둘째는 과잉적응, 셋째는 짜증(초조), 넷째는 무력화 또는 폭력이다. 대개 부부가 갈등을 겪을 경우 어느 한쪽이든 양쪽 모두이든 이러한 수동성을 보일 경우 갈등과 문제는 해결되지 않고 더 확대되거나 더 오래 지속된다.

사례의 남편은 내담자가 원하는 반응을 해 주지 않는다. 그런 남편을 보며 내담자는 자신을 사랑하지 않는구나 생각을 하게 되고 더욱 요구하고 히스테리를 부리게 된다. 그럴수록 남편은 무슨 말이라도 하게 되면 책잡힐까 두려워 집에 오면 시키는 일 외에는 거의 아무 말도 하지 않고 아무것도 하지 않는 수동적인 모습이 됨으로써 내담자는 남편이 영혼 없는 사람 같은 느낌이 든다는 피드백을 하였다.

상담자: 집에 들어오면 주로 남편은 무엇을 느끼는 것 같아요?
내담자: 좀 눈치를 보는 것 같아요….
상담자: 무슨 눈치가 보이죠?
내담자: 처음에는 집에서 말도 잘했는데 점점 말도 없어지고 시키는 것만 하면서 눈치를 보는 것 같아요
상담자: 그럼 점점 말이 없어지는 것 같아요?
내담자: 점점 그런 거 같아요. 예전에는 장난도 많이 치고 그랬는데 지금은 장난을 쳐도 장난으로 받아들이지 않으니까 안 하는 것 같고….
상담자: 그런 모습을 보면 어떻게 느껴지나요?
내담자: 나를 좋아하지 않는 것같이 느껴져요.
상담자: 그렇다면 H씨의 전략이 부부관계를 더 좋게 만들고 있나요? 아니면 더 안 좋게 만들고 있나요?
내담자: 모르겠어요. 자꾸 싸우게 되니까. 그런데 남편은 진심이 없어요. 그냥 알았다 하면서…. 마치 시어머니의 아들을 데리고 사는 느낌이에요. 몸만 여기 있고. 요즘은 집에 와도 말도 묻는 말에 대답만 해요. 안 그런 사람이거든요. 엄청 웃기는 거 좋아하고, 나도 그걸 아니까 참다가 뭐라 하고. 그러다 또 싸우고…. 내가 이렇다 저렇다 말을 하면 뭐라고 하면 되는데 아무 말도

안하는 거예요. 자기도 그러더라고요. 그냥 정으로 산다고. 점점 애정은 없어진다고.

◈ 라켓체계의 파악

라켓체계는 인생각본의 특징을 설명하고 일생 동안 자신의 각본을 유지해 나가는 방법을 보여 주는 모델이다(Erskine & Zalcman, 1979). 스트레스를 받을 때 각본에 빠지고 이럴 때 개인 내적 라켓체계의 순환이 이루어지며 사고하고, 느끼고, 행동한다. 이때 내담자는 자신과 타인, 자신의 삶의 질에 대해 현재가 아닌 과거 어린 시절의 낡은 신념을 가지고 대응한다. 동시에 자신이 늘 반복해 왔던 라켓감정(English, 1971, 1972)과 행동패턴을 보이고 신체적 고통을 호소하기도 하며 공상에 빠져 마술적 해결방법에 머물며 지낸다. 또한 과거의 좋지 않은 경험을 통해 쌓아 놓았던 스탬프와 현재 좋지 않은 상황을 증거로 제시하며 다시 자신의 신세를 한탄하며 대응하는 순환 고리를 반복한다.

◈ 오래된 C자아의 역동 파악

내담자는 아동기에 해결하지 못한 감정을 '정당화'하기 위한 수단으로 각본결정을 한다. 동시에 부모로부터 어떤 상황에서 어떤 감정표현과 행동이 적합하고 승인을 받을 수 있을 것인지에 대해 C자아 속의 아동교수(LP, 꾀돌이)는 민감하게 알아차린다. 이러한 전략과 역할 결정은 어른이 되어서도 스트레스 상황에 놓이면, 반복적으로 사용한다. 자신의 솔직한 감정 표현을 하는 대신 어릴 적 대응처럼 말하지 않고 혼자 힘없이 우울해하는 전략을 쓰

기도 하고, 어릴 적 동성의 부모가 보여 줬던 모습(화를 내는 것, 수
동공격적인 행동, 며칠을 말없이 지내는 것 등)을 똑같이 따라 하기도
한다.

사례의 내담자(H)는 C자아에서 불안을 많이 느끼고 있다. 모가
자신을 떠날지도 모른다는 불안으로 남편과 갈등이 시작되면 그
와 비슷한 불안을 경험하고 남편에게서 자신의 존재에 대한 확인
을 받고자 하지만 남편은 잘 반응해 주지 않는다. 그럴수록 더욱
남편의 이해와 인정을 원하면서 싸우게 된다.

내담자: 엄마는 어릴 때 아빠의 그런 잘못된 것을 많이 얘기했어요.

상담자: 그런 말을 들으면 어땠나요?

내담자: 불안하죠. 많이 불안해서 엄마 옆에 있으려고 했죠, 늘. 동생은
　　　　할머니 집에 맡겨질 때도 많고 언니는 좀 커서⋯ 전 늘 엄마 옆
　　　　에 있으면서⋯ 불안하기도 해서⋯ 유치원도 졸업을 못했어요.

상담자: 그럼 어린 시절부터 엄마와 분리가 잘 안 되었다고 느껴지시나
　　　　요? 예를 들면, 엄마가 슬퍼하면 나도 덮어놓고 슬프고 엄마의
　　　　감정을 나도 그대로 느끼고 그랬나요?

내담자: 보통 아이들은 다 그런 거 아닌가요? 제가 그렇게 느낀 것이, 이
　　　　런 모습이 제일 걱정이 되는 게 저희 아이거든요.

상담자: H씨가 느꼈던 불안을 아이도 느낄까 봐 그러시는군요.

내담자: 네. 남편과 갈등이 없을 때도 늘 불안했고 상담센터도 한 번 갔
　　　　는데 나도 모르게 어릴 때 얘기를 하더라고요. 제가 한 번 가고
　　　　말았는데⋯.

상담자: 가장 불안을 느낄 때는 무슨 생각을 하면 그렇죠?

내담자: 모르겠어요. 그냥 불안하고 우울하고.

상담자: 신체적 증상은요?

내담자: 화가 나서 머리에서 치밀어 오르는 느낌. 가슴이 답답한 생각. 남편하고 시댁 식구들 생각하면 그렇죠. 화가 치밀어 올라요. 상처받았던 생각을 하면 제일 그래요.

상담자: H씨에게 상처를 준 사람이 어릴 적에는 누구였지요?

내담자: 부모였지요. 엄마, 아빠. 우리를 버리고 자기 인생을 택했던 게 제일 상처를 받은 거 같아요. 원해서 태어난 것도 아닌데 최소한의… 그때 당시에도 '만약 아빠가 죽었다면… 나는 적어도 이혼한 가정의 애는 아니잖아.'라고 생각했어요.

상담자: 주로 H씨는 자신이 해결할 수 없는 고통이라고 느낄 때 대상이 없어지거나 내가 없어지면 해결이 될 것이라고 생각하네요.

내담자: 그런 거 같네요.

③ 자아상태 검사하기

교류분석에서 자아상태 모델은 자아상태를 통해 성격을 분석하는 과정으로 구조적 모델과 기능적 모델 측면에서 살펴볼 수 있다. 내담자는 자신의 성격을 이해하기 위해 자신의 성장과정에서도 탐색해 보지만 이러한 내용이 현재 어떻게 기능적으로 작용하고 있는지를 자아상태 검사지를 통해 쉽고 명료하게 파악하기도 한다. 본 사례에서는 내담자에게 자아상태 검사를 하였고 성격의 기능을 설명하면서 배우자와 어떻게 성격적으로 기능을 하고 있고 다른 점은 어떤 점인지 설명을 하고 균형 있는 자아상태가 되기 위한 활성화 전략도 설명을 한다. 보통 자아상태의 검사를 설명하고 활성화 전략을 세우는 데까지 개인상담에서는 30분 정도 부부상담에서는 1시간 정도가 소요된다. 이는 단순한 설명뿐 아니라 자신들의 생활 속의 에피소드와 연결을 시키면서 명확하게 이해를 시키기 위해서이다.

사례의 경우 내담자는 A자아가 가장 높고 가장 낮은 것은 순응하는 어린이 자아(AC)였다. 이는 남편에게 맞추어 주는 것보다는 자신의 입장에서 남편에게 설득을 하려고 할 가능성이 많다.

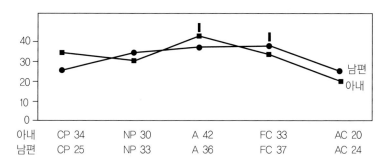

[그림 5-4] 사례 부부의 자아상태

(2) 사례개념화하기

상담에서 사정하기를 통해 수집된 정보를 바탕으로 내담자의 문제를 이해하고, 효과적이고 효율적인 치료적 개입을 행하기 위해 문제를 최대한 경제적으로 기술하고 설명할 수 있는 개념적 틀을 구축하는 과정이다. 사례개념화는 초기에 한 번으로 끝나는 것이 아니라 치료의 전 과정을 통해 수정, 보완, 검증해 나간다. 문제는 통상 상담이 진행되어 나가는 도중에 속속 드러나는 경우가 많기 때문이다.

사례

내담자는 남편과 심한 싸움을 반복하게 되면서 상담을 신청하였다. 내담자의 경우 어린 시절 부모의 이혼을 경험하면서 현재에 이르기까지 만성적인 우울과 불안에 시달려 왔고 타인과 관계를 맺을 시는 타인중심의 삶을 살아왔다. 하지만 스트로크가 원하는 대로 오지 않거나 자신의 생각과는 다른 모습을 타인이 보이면 관계를 끊어 버린다. 결혼 전 시댁 식구들과 좋은 관계를 맺고 스트로크를 받기 위해 지나치게 열심히 하였으나 임신을 계기로 자신은 중요한 존재로 여겨지지 않게 되었다고 믿고 심한 배신감을 느꼈다.

자아상태에서도 보면 A가 가장 높고 CP 또한 높으며 AC는 낮다. 타인에게 다가갈 때 따뜻하게 정서적으로 잘 다가가지 못하고 양보하지도 않으려 한다. 남편에게도 자기 생각을 설명하고 설득하며 남편의 관점을 이해하지 않으려는 측면이 많다.

남편의 경우 무난한 가정에서 자랐으나 자신의 마음을 제대로 표현하기보다는 FC가 높아서 장난을 통해 표현하는 경우가 많다. 아내에게 자신의 가족을 이해하라고 하기보다는 자신의 가족에게 아내를 이해해 주고 시간을 달라고 말을 하고 있다.

내담자는 출산을 하면서 아이는 중요한 존재이고 자신은 껍데기 같은 느낌에 시달려 왔는데 시댁에서 배려받지 못한 것이 그 원인이라 여긴다. 하지만 본인의 각본 속 금지령은 '존재하지 마라' '표현하지 마라' '중요한 사람이 되지 마라' 등이 있고 이를 덮고 살아가기 위해 '열심히 해라' '강해져라' 드라이버로 살아가고 있다. 자신의 존재에 대한 스트로크를 남편에게 끊임없이 구하지만 올바른 방법이 아니라 C에서 떼를 쓰거나 삐치거나 상대를 자극하여 구하려 한다. 이를 이해하지 못하는 남편은 갈등을 줄이려 아내가 요구하는 대로 하는 척만 할 뿐 회피하는 전략을 사용하고 있다.

개입으로는 내담자의 금지령의 허가, 상담자로부터 존재에 대한 스트로크의 경험, 정서작업을 통한 부모에 대한 정서 분출 등 정서적인 개입이 필요하다.

(3) 상담계약 맺기

① 구체적/행동적/관찰 가능한 상담계약 맺기

교류분석상담은 '인간은 OK이다.'라는 긍정적 인간관에 기초하기에 상담자와 내담자 모두 상담목표 성취에 있어서 자신의 결정과 행동에 대한 동등한 몫의 공동책임이 있다고 본다. 개인/부부상담에서도 상담자와 부부 모두에게 각자의 책임을 명확하게 부여해 주기 위해서 상호 간 해결하고자 하는 목표와 상담회기에서 과제 등을 합의하에 계약적 방법으로 실천하도록 한다. 이때 계약이 효과적이려면 몇 가지 사항이 담보되어야 한다. 첫째, 계약 목표는 실현 가능한가? 둘째, 계약은 신체적으로 법적으로 안전한가? 셋째, 긍정적인 말로 표현이 되어 있는가? 넷째, 계약 달성을 관찰할 수 있는가? 다섯째, 계약 내용이 모호하지 않고 분명한가? 여섯째, 각본에서 벗어난 내담자의 자율성을 명시하고 있는가? 이다.

상담자는 내담자가 애매하게 시작하고 있는 계약 맺기를 정교하게 좁혀 들어가면서 관찰 가능하고 긍정적이며 안전한 계약을 만들어 나가려고 노력하였다. 각 사례의 말미에 제시된 표는 상담계약을 맺을 시 부부와 함께 사용하였던 계약 맺기 시트이다. 이 시트는 국제교류분석협회 TSTA인 Janice Dowson이 계약을 맺을 때 사용하는 '계약을 구체적으로 맺는 도구(Contract Specificity Tool)'를 사용하기 쉽게 간략화한 것이다. 이는 계약 맺기 중 Steiner(1974)의 상호 협력 동의에 해당하는 작업이다. 방법은 상담자가 질문을 하고 시트를 완성하는 형식으로 적어 넣는다. 처음은 현재의 우리의 모습(현재) 부분으로 문제를 객관화시키는 부분이다. 부부의 문제가 어떻게 생활에 영향을 미치는지, 그 문제가 무엇인지 정의를 내리는 부분으로 생각과 정서와 행동으로 문제를 구체화한다. 그런 다음 변화된 미래 모습(미래) 부분으로 미래 변화하고 싶은 부부의 모습을 머릿속에 분명하게 떠올리게 하고 그렇게 되었을 때 부부의 생각, 정서, 행동을 나누어 적는다. (미래)부분은 실제 그 일이 일어났을 때를 떠올리면서 현재형으로 적는다. 그런 다음 계약(행동) 부분은 그렇게 되기 위해 부부가 할 수 있는 일이 지금 있다면 그것을 적고 행동을 구체화시킨 뒤 계약으로 맺는다. 만약 부부가 잘 모르겠다고 대답을 할 때는 대안을 상담자가 제시할 수도 있다.

> 상담자: 조금 전에 이야기를 했는데 변화하고 싶은 부분이요. 그리고 어떻게 되면 변화한 것인지 분명하게 하는 부분에 대해서 이야기를 해 봐요. 아까 시댁모임에 자연스럽지는 않지만 그래도 가게 된다면 그 부분은 해결이 된 게 아닌가 이야기를 하셨죠. 남편하고는 어떻게 되고 싶어요?
>
> 내담자: 그냥 편안했으면 좋겠어요. 애기 낳고 남편의 시선이 애기한테만 가는 것 같아서 부부가 바로 서야 한다 그러면 남편은 아니다 해요.
>
> 상담자: 남편에게서 충분한 사랑을 받고 있다면 지금과 비교해서 어떤 변화하는 모습이 보일까요?
>
> 내담자: 글쎄요. 남편을 좀 자연스럽게 배려해 주려나… 행복한 모습을 보이겠죠.
>
> 상담자: 행복하면 어떤 모습을 보여요?
>
> 내담자: 웃죠. 지금은 인위적인 모습을 많이 보이는데… 남편과 관계가 좋아지면 자연스럽게 자주 웃는 모습을 보여 줄까요?

상담자: 그리고 있는 스스로의 모습을 볼 수 있다면 난 남편에게서 충분히 사랑을 느끼고 있는 거네요.

〈표 5-1〉 사례의 계약 맺기 시트

	현재 우리의 모습(현재)	계약(행동)	변화된 미래 모습(미래)
전체	한 주일에 한 번쯤 심각하게 싸운다. 남편은 영혼 없이 집에 와서 지낸다. 애정이 식었다는 말도 한다. 아내는 이해할 수가 없다. 언제 터질지 모르는 시한폭탄 같다. 집이 편하지 않다.	시댁에 갈 일이 있으면 갈 수 있다. 남편이 아이 사진을 찍어도 신경쓰지 않는다. 지나치게 싸우지 않게 된다(말싸움 정도면 괜찮을 것 같고 또 하루를 넘기지 않는다).	부부가 싸우지 않고 대화로 해결을 한다. 가정은 편안한 휴식처이다. 명절이나 제사에 시댁에 간다. 자고 오지는 않지만 무난하게 시간을 보낸다.
정서	슬픔, 불안, 우울, 답답함, 무기력감, 죽음에 대한 생각을 때때로 한다.	• 나의 감정일지를 써 본다.	편안함, 즐거움, 친밀감
행동	남편에게 뭔가를 매일 이야기하고 싶은데 대화를 하게 되면 싸움으로 끝난다. 남편의 농담이 싫다.	• 화가 나서 싸움이 될 듯하면 밖으로 나가 시간을 가진다. • 발달단계의 재성장 하는 법을 실천한다.	부부간 대화를 자주 한다. 남편의 친구모임이나 남편과 관련된 모임에도 같이 참석한다.
생각	아마 남편은 이제 내가 싫어졌을 것이다. 시댁 식구와 남편은 나에게 상처를 준 사람들이다. 용서를 할 수가 없다.	• 명상과 산책을 한다. • '나 같으면…'이라는 말을 하지 않겠다.	남편은 내 편이지 시어머니의 아들로 살아가는 것은 아니다.

② 도피구 폐쇄

각본 중 비극적 결말은 다음의 세 가지가 있다. 자살 혹은 자해, 타살 혹은 가해, 미치는 것이다. 교류분석에서 이 세 가지 선택에 대해 내담자가 포기하는 것이 가능하다는 입장이다. 이 세 가지 선택에 대해 내담자 스스로 내리는 결정으로 이 약속을 확실하게 지킬 수 있을지 내담자들은 망설인다. 이 절차가 각본변화에 중요한 요소가 되어야 하는 이유는 내담자는 C자아에서 '만약 상황이 더 나빠지고 견딜 수 없게 되면 나는 이 세 가지 중 하나를 사용할 수 있다.'라고 생각하기 때문에 이런 비극적 각본을 어떻게 사용할지 골몰하게 되기 때문이다. 도피구를 폐쇄하는 작업은 내담자의 A자아에서 약속을 해야 하기 때문에 즉각적으로 되는 일은 아니다. 특히 폐쇄의 필요가 없는 내담자라면 선뜻 동의를 하지만 필요한 내담자들은 망설이면서 약속을 할 수가 없다고 이야기한다. 따라서 후속회기에서 도피구 폐쇄 작업을 계속 진행할 필요가 있다. Boyd와 Boyd(1980)는 순서적으로 가능한 한 초기에 하라고 권유하고 있다. 그렇다면 모든 내담자들에게 도피구 폐쇄의 작업을 할 것인가 하는 문제가 남게 된다. 최근 국제 교류분석 임상가들 사이에 도피구 폐쇄가 하나의 치료과정이라는 논의가 계속되어 왔지만 여전히 일반적인 합의를 도출하지 못하고 있다.

사례에서 부부싸움을 하게 되면 늘 죽어야 되겠다는 생각이 든다고 진술한 아내에 대해서만 도피구 폐쇄를 시도하였다. 그 이유는 사례의 아내는 어린 시절부터 반복되어 온 자살에 대한 욕구와 실제 결혼 전 남자친구와 헤어진 후 자살을 시도한 경험이 있으며 조부의 자살을 목격하였고 시부의 자살도 곁에서 지켜본 경험이 있기 때문이다. 스트레스를 받는 상황에서, 특히 희생자가 되는 게임을 한 이후에는 항상 죽어야 나의 존재를 알아주지 않을까 하는 생각이 든다고 진술하였다. 또한 상담을 시작할 시점의 상황을 들어보면 부부싸움의 양상이 격렬하고 몸싸움도 하고 있었고 부부싸움 후 늘 드는 생각이 '내가 미쳤나봐.' '이성을 잃었네!' '내가 죽어야 그때서야 후회를 하겠지.' 하는 것이라 하였다.

상담자: 죽음에 대해 유혹을 느껴 본 적은 있나요? 자살을 시도한 적은?

내담자: 네. 예전에 첫 남자와 헤어지고 그랬었고. 20살 초반에도….

상담자: 어떻게 시도했죠?

내담자: 목을 맸죠.

상담자: 지금도 그런 유혹이 들어요?

내담자: 네. 알아줬으면 하고 남편에게 생각들 때. 내가 죽으면 나 때문에 너희들이 괴롭지 않을 텐데… 모든 사람이 괴롭지 않으려면… 자책과 자학이….

상담자: 지금까지의 이야기를 들으니 자살에 대해 자주 생각이 든다는 것 같네요. 어린 시절부터 현재에 이르기까지, 며칠 전까지도 '내가 죽으면 다 끝나는 게 아닐까? 이런 힘든 싸움도, 이 고통도…'라고 생각해 왔네요. 오늘 내가 H씨와 하고 싶은 일은 다음 세 가지에 대한 약속이에요. 이것은 도피구 폐쇄라고 부르는 절차인데 세 가지에 대해 하지 않겠다는 결정을 내리는 거예요. 그 결정은 단순히 나에게 하는 약속이 아니라 자신이 내리는 결단입니다. 첫 번째는 아무리 힘들어도 내가 상담을 받는 동안, 혹은 앞으로 자살을 하지 않겠다는 약속과 두 번째는 아무리 힘들어도 남편과 아이, 그리고 내가 미워하는 사람들을 상하게 하지 않겠다는 것, 세 번째는 힘들다고 정신병 같은 것으

로 도피하지 않겠다는 약속이에요.

내담자: 음… 첫 번째 것은 할 수 있을 것 같아요. 지금 상담 이후 그런 생각이 들지 않고 제가 완전히 무너지지는 않을 것 같은 자신이 생겼어요. 그리고 지난번 자살시도 이후 결심한 게 '죽지는 말 자.'거든요. 아직도 싸우면 그런 생각이 들지만 생각뿐이라는 것을 알아요. 스스로 심각하다 생각은 안 하기 때문에…. 두 번째도 할 수 있는데 세 번째의 것이 제가 화가 나면 남편과 싸우는데 이성을 잃었다라고 느낄 때가 있는데 그런 거도 해당이 되나요? 그럴 때는 내가 미쳤나? 하는 생각이 나중에 들거든요.

상담자: 그렇지요. 남편과 싸우면서 완전히 이성을 잃고 내가 무슨 행동을 하는지, 현실적으로 판단하거나 인식하지 못하는 상태가 되지 않겠다는 약속인데 어떻게 생각하세요?

내담자: 그렇다면 그건 하지 못할 것 같아요. 그건 자신이 없어요.(2회기)

(다음 회기)

상담자: 저번에 우리가 하려다 못한 도피구 폐쇄라는 거 기억나시나요?

내담자: 네.

상담자: 지금은 어떻게 생각이 드세요?

내담자: 미치지 않겠다는 거 말씀이시죠? 아직도 전 자신이 없어요. 상담 받은 이후 지금까지는 한 번도 그런 적이 없지만 그래도 혹시….

상담자: 어느 정도 확신이 없나요?

내담자: 6 대 4 정도?

상담자: 4정도는 모르겠다는 거군요.(4회기)

(다음 회기)

상담자: 지난번 세 가지 약속에 대해서 지금은 어떻게 생각하세요?

내담자: 80%는 자신이 있어요. 그렇게 할 것 같진 않구요. 그래도 약속
은 못하겠어요.(8회기)

(다음 회기)

상담자: 지난번 얘기하던 세 가지 결심과 관련해서 지금 생각은 어때요?

내담자: 95%는 확실한데 왜냐면 지금까지 석 달 넘게 한 번도 그런 적
이 없었으니까요. 그래도 여전히 절대 안 그런다는 말은 못하
겠어요. 사실 그렇게 되는 게 제일 무섭기도 한데 왜 약속을 못
할까 모르겠네요.(13회기)

결국 사례의 아내는 도피구 폐쇄를 완전하게 해 내지를 못하
였다. 하지만 본인이 도피구 폐쇄에 대한 반복적인 질문을 받음
으로써 자신의 자살에 대한 사고는 어린 시절에 떠나간 모를 데려
오지 않으면 굶어 죽겠다고 음식을 거부하면서 부를 힘들게 하였
던 마음인 C자아에서 남편에게 반복적으로 같은 패턴으로 대응하
고 있는 것임을 알게 되었다. 또 이성을 잃고 싸움을 벌이는 것에
대한 두려움이 있으면서도 여전히 A자아로 그 상황을 잘 해결할
수 있을까 하는 자신의 능력에 대한 부족한 자신감을 보여 주고
있다.

3) 3단계: 개입 단계

2단계 사정하기 단계까지는 부부의 어려움을 개인 역사와 연결

시켜 분석하고 부부와 상담자와의 관계를 발전시키는 것에 초점을 두었다면 3단계부터는 새로운 단계가 시작된다. 부부는 고집스럽게 매달리던 자신들의 문제해결 방식이나 오염된 사고에 도전을 받게 된다. 부부는 낡은 신념을 점차 변화시켜 나가야 하고 서로에 대한 이해의 자각이 일어나야 한다. 내면의 어린이 자아가 이야기를 할 수 있도록 기회를 주고 부부가 균형 있는 자아상태를 사용하면서 의사소통을 할 수 있도록 개입해야 한다.

3단계에서는 교류분석 기본 개념을 설명할 필요가 있는데 저자가 사례의 부부들과 함께 공유한 교류분석 개념들은 자아상태(CP 혹은 부모마음, A혹은 어른스러운 마음, C혹은 어린이 마음), 스탬프(기분 나쁠 때 쌓아 놓는 감정), 스트로크(상대를 인정해 주는 모든 행동), 스트로크 은행(칭찬을 많이 받으면 마치 은행에 잔고가 많은 것과 같은 이치), 게임(미묘한 심리적 이득을 얻으려는 심리게임) 등이다. 우선은 자아상태 검사를 통해 성격의 다른 점을 이해시키면서 자연스럽게 자아상태 구조와 기능에 대해 설명을 하고 다른 개념들도 이야기 속에서 가능한 쉽게 설명하였다. 회기가 거듭되면서 부부들은 상담자와 이런 언어를 함께 사용하면서 상황을 쉽게 설명할 수 있게 되었다. 예를 들면 "제가 C자아에 자꾸 머무는 거예요."라든가 "남편이 스탬프를 쌓아 두었나 봐요." "스스로에게 스트로크를 주는 일은 아직도 어려워요."와 같은 식으로 이야기를 하게 되었다. 개입 단계의 치료계획과 전략은 [그림 5-5]와 같다.

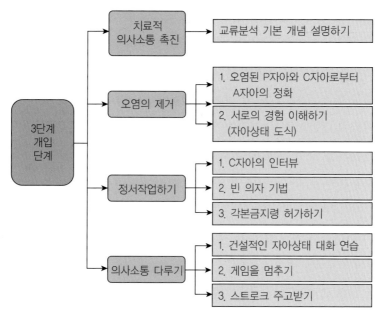

[그림 5-5] 3단계 개입 단계의 상담계획과 전략

(1) 상담자/부부의 치료적 의사소통 촉진

① 교류분석 기본 개념 설명하기

교류분석 개념의 용어를 내담자와 공유하는가 하지 않는가의 문제는 전적으로 상담자의 선택에 달려 있다. Yalom(1970)은 교류분석에서 새롭고 유용한 것은 이해하기 쉬운 용어라고 하였다. 하지만 교류분석 임상가인 Stewart(1992: 박현주 역, 2009)는 많은 임상가들이 내담자와 상담을 할 때 교류분석 용어를 사용하지 않는다고 말하고 있다. 반면에 Stewart의 이런 견해와 다르게 교류분석 가족상담가 Horewitz(1977)와 교류분석 임상가 Lister-Ford(2002) 등은 회기 안에서 교류분석 개념들을 내담자와 공유하면서 사용하는 것을 볼 수 있다.

교류분석 개념의 설명을 회기 안에서 할 것인가에 대한 저자의 견해는 내담자에 따라서 그것은 적절하게 조절되어야 한다는 것이다. 내담자의 나이가 너무 어리거나 혹은 너무 많거나 교육수준이 낮은 경우라면 교류분석 개념의 설명은 평범한 일상적인 용어로 대치될 수 있다. 반면에 젊고 인지적인 내담자라면 교류분석 개념의 용어를 함께 사용하는 것이 상담의 진행을 빠르게 하며 상담자 주관에 의한 설명이나 해석이라기보다 이론에 근원을 둔 객관적 설명이라고 인식한다. 특히, 본 사례의 내담자는 거의 30대 중반이며 대졸의 학력을 가지고 있고 출산 전까지 직장생활을 하던 경우였으므로 자아상태, 스탬프, 스트로크, 시간의 구조화, 게임 등의 개념을 공유하며 상담을 진행하였다.

상담자: 어디에 머무는 것 같아요?

내담자: C자아에 머무는 것 같아요. 그냥 싫어요.

상담자: 하지만 거기에 머문다고 해결이 되나요?

　　　(…중략…)

상담자: 남편이 나를 돕는다고 설거지를 하는데 내 마음에 안 들면 어떻게 할까요?

내담자: 모르겠어요. 며칠 전에 싸울 때 자기가 더 노력을 하겠다고 하더라고요. 근데 그걸 노력한다고 되나….

상담자: NP자아에서 한번 생각해 볼까요? NP자아에서 자꾸 반응하면 남편의 반응도 달라지겠지요. 내가 많이 사용하면 나도 바뀌는 부분이에요.

내담자: NP자아에서 생각해 보면 그 부분은 씻기 쉬운 건 오빠가 씻고 어려운 건 내가 씻고.

　　　(…중략…)

상담자: 그거 이야기했어요? 고마움을? 네, 그렇죠. 정말 잘했네요. 그게 스트로크 은행이에요. 부부마음에 통장이 하나씩 있는데 그건 상대방이 나에게 좋은 것을 하나씩 할 때마다 쌓이는 거예요, 잔고가. 이렇게 남편은 아내가 밥 차려 주러 들어온다는 말을 들을 때 그게 쌓이고 아내는 남편이 당신이 그렇게 물어봐 주니 고맙더라 할 때 쌓이는 거죠. 이렇게 쌓이는 게 많아서 잔고가 넉넉하면 부부 사이에 갈등이 생겨도 예전처럼 크게 싸움이 되지는 않죠. 잔고를 꺼내 쓰면 되니까요. 통장의 잔고가 없어지고 대신 스탬프가 쌓일 때 갈등이 잘 해결이 되지 않는 거겠지요.

상담자: 스트로크라는 게 있는데 그건 상대방을 인정해 주는 모든 자극을 말해요. 긍정적이고 좋은 스트로크는 상대를 변화하게 하고 나 또한 그런 스트로크를 받으면 변화하죠.

(2) 오염의 제거

상담자는 부부에게 의도적인 도전을 해야 하는데 이것은 전적으로 공감하던 것에서 공감과 도전을 함께하는 것이다. 이 부분에서는 처음과 같은 상담관계동맹의 모습이 바뀔 수도 있다. 하지만 모든 인간관계에서 신뢰를 바탕으로 이러한 변화를 거치는 것과 마찬가지로 상담 장면에서도 그러하다. 상담자는 지금-여기의 경험과 어린 시절의 경험 사이의 연결을 밝혀 내고 명확하게 피드백을 주어야 한다. 그리고 부부를 관찰한 것에 근거한 정직한 반응을 하여야 한다.

① 오염된 P자아와 C자아로부터 A자아의 정화(결혼, 가정, 성, 역할)

이 과정은 자아상태의 경계선을 강화시키는 것으로 C자아나 P자아로부터 오염이 된 A자아의 기능을 바로잡고 강화시키는 데 있다. 내담자는 성장하는 과정에서 자신에 대해 생각하는 능력과 현실을 정의하는 능력이 부모나 부모역할을 했던 중요한 타인, 문화 등에 의해 무시되어 왔을 수 있다. 성장하면서 개인들은 가족과 문화의 특정한 방법을 받아들이는데 이를 준거틀이라 한다. 준거틀은 개인이 세상을 보는 독특한 방법이다. 그리고 우리가 지각하고 이해하는 방법을 제한하는 것이다. 또, 틀에 맞지 않는 것은 걸러내고 재정의를 내리는 것으로 우리의 감정 사고, 행동에 큰 영향을 주면서 각본을 유지하게 만든다. 내담자는 자신과 다른 사람의 삶에 대한 생각이 다른 것을 자각할 필요가 있다. A자아의 정화는 주로 질문을 통해 이루어진다. 상담자의 A자아로부터 질문되어지는 것은 처음에는 도전으로 느껴질 수 있으므로 내담자의 C자아를 충분히 공감하면서 이루어져야 한다. 내담자는 자신의 준거틀과 타인이 다른 것을 이해하지 못하고 '다르다'고 보지 않고 '틀렸다'라고 보는 데서 갈등이 시작된다.

사례에서 내담자는 C자아상태에서 환상을 가지고 있는데 어린 시절 문제를 해결할 힘이 없을 때 종종 가지던 환상을 어른이 된 지금도 꿈꾸지만 현실에서는 일어나지 않을 것이라는 것을 알지만 버리지는 못하고 있다. 이는 C자아가 A자아를 오염시키고 있는 것이다.

상담자: 현재까지는 갈등을 어떻게 다루셨지요?

내담자: 지금까지는 서로 싸우고 자기 고집부리고 큰소리 내고 격렬하게 싸웠지요.

상담자: 그래서 얻어진 것은 어떤 것이 있나요?

내담자: 남편은 '이제 포기한다, 애정이 없다. 너에 대한 마음도 비우겠다' 같은 말을 하게 되었고, 제가 이건 아니라는 마음이 들어서.

상담자: 부부간 갈등은 누구나 있을 수 있고 갈등의 결과가 자기의 정서만 표출하기보다는 갈등 후에 갈등을 해결하는 방법, 긍정적인 결과를 만들어 내는 것이 있어야 되겠죠. 그리고 H씨가 편하게 지내는 것, 그것이 상담으로 인한 변화의 결과가 아닐까요?

(…중략…)

내담자: 저는 보기도 싫고 그렇다고 안 보기에도 마음이 안 좋고 없는 존재가 되면 좋겠다. 이 사람들이 다 사고가 나서 없어졌으면….

상담자: 그게 어린아이 같은 마음이네요. 우리가 어릴 때 우리 마음대로 뭔가 일이 잘 해결되지 않고 나는 해결할 수 없다 생각할 때 속으로 환상을 가지게 되죠. 나를 괴롭히는 저 상대가 다 죽어서 없어지면 나는 편안해질 텐데…. 아니면 지금 내가 죽으면 저 사람은 내가 소중한 줄 그때서야 알게 되겠지. 그런 환상이죠. 어릴 때 환상이 지금 어른이 되었는데도 그 생각이 나는 거예요. 현실적으로 그런 환상이 이루어지는 것이 가능한가요?

내담자: 아니요. 불가능하죠.

상담자: 상담을 통해 내 마음에 무엇이 있어서 이 일을 이렇게 받아들이는지 짚어 볼 수도 있겠지요.

(…중략…)

상담자: 힘이 들 때마다 내가 죽거나 혹은 나를 힘들게 하는 타인이 죽거나 하면 해결이 될 것 같고 나는 힘이 없는 사람 같다는 생각은 어느 자아상태에서 오는 것 같아요? 이젠 A자아로 생각해 보면 그게 사실인 것 같아요? 나는 힘이 없고 어찌할 수 없는

사람인가요?

내담자: 아니요. (침묵) 그건 어릴 때부터 난 힘이 없는 아이라고 생각했고 익숙했어요. 근데 어른이 되어서도 계속 같은 생각이었고 같은 느낌이었다고나 할까…. 이제는 사실 힘이 있지요. 뭐든 내가 알아서 하는 거고.

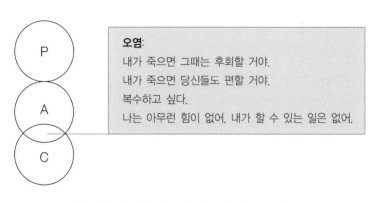

[그림 5-6] C자아가 A자아를 오염시킨 상태의 내용

② 자아상태 도식의 사용

교류분석의 장점 중 하나는 도식의 사용에 있다. 성격의 기능을 사용하는 부분을 도식을 보면서 이야기할 수 있고 일상적인 대화를 자아상태 도식에서 설명할 수도 있다. 회기 중에 그림을 그리면서 설명도 하지만 벽면에 붙어 있는 도식을 보면서 내담자들이 자신의 이야기를 하기도 한다. 특히 부부상담에서 상대의 입장이 되어서 이해를 하는 것이 새로운 자각을 불러올 수 있는데 단순하게 '상대의 입장에서 보면 어떨까요?'라는 질문보다 자아상태에서 상황을 이해하는 편이 좀 더 효율적임을 경험을 통해서 알게 되었다. 사례에서 아내와 남편은 상대 입장을 자아상태에서 다시 생

각해 볼 수 있었다.

상담자: 남편과 싸우기 전에 이런 이야기를 한 적이 있나요?

내담자: 아뇨. 싸우기 전에는 그런 말 한 적 없어요. 늘 싸우면서 했죠.

상담자: H씨의 생각 중에는 나는 표현하지 않아도 '내 마음을 알아서 배려해 줘야 된다.'라는 생각이 있어요. H씨는 남편이 아무 말 없어도 그 사람 맘을 알 수 있어요?

내담자: 아니요.

상담자: 그 마음은 어떤 자아상태인 것 같나요?

내담자: 글쎄요. P자아인가요? 늘 섭섭했는데….

상담자: 그렇죠. P자아에서 생각하고 C자아에서는 섭섭하다고 느끼고. 그렇다면 그렇게 싸우면서 퍼붓는 아내를 보면 남편은 어떤 생각과 느낌이 들었을까요?

내담자: 음… 좀 황당할까요? 저 같은면 엄청 황당할 것 같은데… 아마 우리 신랑 같은 사람은 FC자아에서 '황당하다. 더 말하기 싫다.' 했을 것 같아요.

(…중략…)

상담자: H씨의 CP자아에서 보면 왜 저런 농담을 하지? 하고 늘 걸리는 거죠.

내담자: 그 사람의 입장에서 보면 그냥 농담이었을 거예요. FC자아에서. 워낙 그러니까요. 내가 듣기 싫다 하면 늘 미안하다 해야 하는데… 상대가 기분 나빠하면 미안하다 그럴 의도가 없었어 하면 되는데 그런 것들이 습관이 안 돼서. AC자아가 낮으니 뭐라고 맞추지도 않고.

상담자: 두 사람이 고쳐야 할 문제라기보다 다른 거죠.

(…중략…)

상담자: 남편은 지금 어떤 입장인 것 같아요?

내담자: 남편도 힘들 것 같아요. 이러지도 못하고 저러지도 못해서.

상담자: 그런 남편의 마음을 알아주는 말을 할 수 있을까요?

내담자: 미안하다로 할 수 있을 것 같은데… 저는 그런 말 잘 못해서… 얼마 전에는 제 마음을 그대로 담은 듯한 노래가사가 있어서 남편한테 보냈는데 노래가사냐, 그러더라고요.(눈물)

상담자: 그런 것도 간접적으로 자신의 마음을 표현하는 것이지요.

(…중략…)

상담자: 남편이 자신을 알아주고 이해해 주면 정말 뭔가가 내려가는 느낌이 드는데 상담 받고 좋아지면 남편이 더 이상 나에게 관심을 안 주는 게 아닐까 하는 생각이 드는 거죠. 그동안 남편은 오히려 자신이 희생자라고 생각하지 않았을까요?

내담자: 그랬을 거예요. 늘 내가 먼저 화내고 소리 지르고 짜증내고 그러니까요. 남편은 눈치 보고 맞추고….

상담자: 그런데 실상은 내담자가 남편의 관심이나 이해를 얻으려고 했을 수도 있지요. 다른 행동이나 말을 해 본 경험이 없으니까요. C자아의 전략이었던 거죠. 늘 그런 행동을 통해서 나를 사랑한다는 확신을 얻으려 한 거죠.

내담자: 의외네요. 아….

(3) 정서작업하기

① C자아의 인터뷰

교류분석상담에서 상담자는 내담자가 자신의 어린 시절의 경험을 지금-여기, 즉 현재의 관계로 가져오고 있는 경우를 흔히 보게 된다. 상담자는 개인의 어린 시절 경험을 알아냄으로써 C자아의 경험을 자세히 탐색할 수 있다. 이러한 과정의 탐색을 통해 자신에 대한 이해가 깊어질 것이고, 어떤 자아상태에서 어떤 자아상태로 관계 맺기를 원하는지를 결정하는 능력을 경험하기 시작한다. 그리하여 어린이 자아의 충동에서 해왔던 역할을 좀 더 억제하는 것을 볼 수 있다.

사례에서 내담자는 아이를 출산한 후 남편과 시어머니의 태도가 자신에게 도저히 용서할 수 없는 상처를 주었다고 생각하며 어린 시절 자신의 존재에 대한 인정받지 못함을 투사하고 있다. 심지어 상담자의 반응에도 화가 난다며 C자아에서 표현하였다. 내담자의 불안은 어린 시절 엄마가 없어질지 모른다는 분리 불안으로 시작된 것을 확인할 수 있었고 상담자의 개입은 어린 시절과 현실을 철저하게 분리시키는 것이었다.

> 상담자: 그렇죠. 시댁이랑 갈등이 있어도 자기 아이 좋아하는 것은 엄마로 좋지요. 그건 그거고 내가 시댁 식구와 갈등이 있는 것은 있는 거고 이렇게 두 가지가 분리가 되는데.
>
> 내담자: 선생님이 그렇게 얘기하는 것도 화가 나요. 다른 엄마들도 그런다는 것을 알고는 있지만 나는 못 받아들이겠어요.
>
> 상담자: 그렇군요. 그런 말에도 화가 날 만큼 받아들이기가 힘이 드네요.
>
> 상담자: 아이를 출산하고 느꼈던 감정이 어릴 때 엄마가 나를 버리고 나갔을 때의 감정과 비슷하다고 하셨는데 그걸 알고 나니 지금은 어떤가요?
>
> 내담자: 그런가 하고 생각은 드는데 어찌해야 할지는 모르겠어요. 머리로는 알겠는데 내 마음은 그렇게 안 되니… 마음에 병이 있는 느낌이에요.
>
> 내담자: 엄마는 어릴 때 아빠의 그런 잘못된 것을 많이 얘기하면서 금방 갈 것처럼 얘기했어요.
>
> 상담자: 그런 말을 들으면 어땠나요?

내담자: 불안하죠. 많이 불안해서 엄마 옆에 있으려고 했죠, 늘. 동생은 할머니 집에 맡겨질 때도 많고 언니는 좀 커서. 전 늘 엄마 옆에 있으면서 불안하기도 해서… 유치원도 졸업을 못했어요.

상담자: 엄마가 남편과 사이가 안 좋아서 그렇게 자주 얘기하면 아이라면 어떨 것 같아요? 당연히 불안하고 엄마에게서 안 떨어지려고 했겠죠?

내담자: 환경 자체가 사람을 주눅 들게 하고 위축되게 하고 저도 눈치보고 엄마 말 잘 들으려고 하다가 떼쓰고 별렸다가 체벌하고… 제 생각에는 엄마도 외롭게 유년시절을 보냈고… 크면서 이해하게 된 거죠. 대물림을 생각하면 무서워요. 저한테서 엄마의 모습을 보게 되면 무서워요.

상담자: 어릴 때 느꼈던 감정은 예를 들어 불안이나 엄마가 갔을 때 느꼈던 막막함 등은 그때는 그럴 수 있었을 것 같은데 지금 어른이 되어서도 그런 감정을 반복해서 느낀다면 지금은 언제 그런 마음이 드는지 또 그렇게 느끼는 게 지금 맞는 건지… 혹 어릴 때 느꼈던 걸 나도 모르게 상황은 다른데 반복하게 되는 건지 잘 살펴볼 필요가 있어요.

② 빈 의자 기법

게슈탈트(Gestalt) 이론에서 아주 흔히 사용되는 기법으로 개인으로 하여금 과거 발달상의 다양한 경험과 지금 부부간의 일어나는 문제를 다루기 위해 도입, 계획된 기술이다. 내담자 빈 의자를 이용하여 자신의 과거 인물과의 관계, 영향을 자각하고 현재 경험 측면을 빈 의자에 투사함으로써 그러한 측면들을 직접적으로 경험하여 현재의 감정과 사고의 통합을 촉진시키게 된다. 때로는 의자를 다른 자아상태로 가정하고 대화를 시도해 보기도 한다.

사례에서 내담자는 어린 시절 무기력하게 떠나가는 엄마를 바라보며 발버둥치던 기억의 상처에서 벗어나지 못하고 있었다. 종종 남편과의 관계에서도 C자아에서 '난 힘이 없어. 어떻게 할 수가 없어. 그저 울며 애원하고 간청하지만 나를 낫게 해 줄 수 있는 것은 당신뿐이야.'라는 상태가 된다. 그리고 남편이 자신이 원하는 조건 없는 사랑을 주지 않을 때는 어린 시절의 환상인 '이 사람도 내 곁을 떠나지나 않을까. 만약 그런 일이 일어나도 난 아무것도 할 수 없을 거야.'라는 생각을 하면서 무력감과 두려움을 느낀다. 상담자는 빈 의자를 사용해서 내담자의 C자아에서 느끼는 무력감과 두려움을 재경험하게 하고 이러한 감정이 지나치고 비현실적임을 인식하도록 한다.

상담자: 그게 H씨 마음에 어릴 때 경험이 남아 있는 거예요. 어린 시절에 가장 기억나는 일이 뭔가요?

내담자: 너무 많은 기억이 있어서 잘 모르겠어요. 왜 이렇지… 영화 필름처럼 지나가요. 엄마가 떠나던 날요.

상담자: 그럼 엄마가 가던 그날을 한번 떠올려 볼까요?

내담자: 엄마가 떠난다는 것을 알았던 날. 그날은 외삼촌이 와서… 엄마가 가는 것을 보고 있었어요. 엄마가 가는 모습을 아빠가 못 보게 하고 발버둥치고 울고 안고 들어오고 그냥 막연히 엄마가 갔구나 하고 알았어요. (눈물)

상담자: 그날 무슨 말을 하고 싶었나요?

내담자: 글쎄요. 그냥 가지 말라고… 엄마한테… 엄마한테 가지 말라고 하고 싶었어요. 모르겠어요. 내가 할 수 있는 게 없는 것 같은 마음.

상담자: 그렇다면 여기 의자에 앉아서 엄마에게 뭐라고 말을 해 볼래요?

내담자: (울음) 가지 마… 엄마가 없으면… (울음) 가지 마. 소용이 없어
요 그래도 엄마는 갔네요.(한숨) (흐느낌) 슬프고 힘들고 무서
워요. 엄마가 그냥 왔으면 좋겠다. 안 갔으면 좋겠다….

상담자: 지금 어린 H는 무엇을 느끼고 있나요?

내담자: 두렵고… 아무 힘이 없는 느낌요. 불안하고….

상담자: 그렇군요. 아무것도 해도 안되는 것 같은 무력감을 느끼는 것
같네요. 슬프고….

(…중략…)

상담자: 그럼 이번에는 이 큰 의자에 앉아 한번 엄마가 되었다 상상해
보시겠어요?

내담자: (자리를 옮긴다.) (눈을 가만히 감고 잠시 침묵).

상담자: H씨 어머니! 어머니로서 H씨에게 무슨 말이든 해 보시겠어요?

내담자: H야, 내가 잘못했다. 네가 그렇게 힘들 거라고 생각 못했어. 나
도 그때 너무나 힘들었단다. 미안하구나.(울음)

상담자: H씨 어머니! 어떻게 그 당시 애를 놔두고 집을 나갈 수 있었나
요?

내담자: (울음) 저도 어쩔 수 없었어요. 딸만 셋을 낳고 시어머니에게 많
은 구박을 받고, 애 아빠가 바람도 피우고 하여, 아들 못 낳는
내가 이 자리를 비켜 주자는 생각에 이혼을 결심하였죠. 너무
나 고통스러웠고 힘들었어요.

상담자: 그랬군요. H씨 어머니도 참 힘든 삶을 사셨네요. 그러면 이제
H씨에게 무슨 말을 해 주고 싶어요? 지금 H씨에게 해 주고 싶
은 말이 있으면 한번 해줘 보세요.

내담자: 미안하다. 그리고 괜찮아질 거야. 그리고 어린 네가 무엇을 할
수 있었겠니. 그저 울고 밥 안 먹는 것 외엔. 너의 잘못도 아니
고 그 일은 어쩔 수가 없었어.

상담자: H씨 어머니, 고마워요. 다시 자리에 돌아와서 앉으시겠어요?
엄마가 가는데도 잡지 못하고 그냥 보기만 했던 힘이 없던 마음

이 지금도 느껴지나요?

내담자: 네, 아이 같은 마음이 지금도 느껴져요.

상담자: 그렇군요. 엄마가 가도 어쩌지 못해서 느끼던 그 감정을 지금도 느낄 때가 있나요?

내담자: 네, 남편에게서 느껴요. 그래서 울고 애원하고 간청하고 화내고 소리 지르고 집을 나가고⋯ 어릴 때 하던 대로 하네요.

상담자: 그렇지요. 그때는 H씨는 힘이 없던 어린아이였고 그 상황에서 H씨의 무력감은 당연한 일이었고 상황을 해결할 수 없었지요. 하지만 지금은 이제 그 아이가 자라서 성인이 되었고 자기 아이도 있고 남편도 있어요. 지금 성인으로서 그 힘없는 아이에게 얘기를 하고 싶은 게 있나요?

내담자: 아이에게 괜찮다 잘 지내왔다. 그렇게 힘들고⋯ 무책임하게 아이들 셋이나 두고 나간 엄마, 재혼한 아빠, 무서운 할아버지 그 속에서도 힘든데 잘 버텼다. 이젠 점점 더 괜찮아질 거야. 이젠 너도 아이도 낳았고 넌 아이에게 늘 옆에서 따뜻하게 해 줄 거야. 잘했어. 잘 버텼어. 이젠 네가 부모가 됐어. 이젠 더 이상 어린애가 아니고 어른이 됐어.

상담자: 정말 잘했어요. 지금 겪는 어려움은 터널을 지나고 있는 중이라 깜깜해 보이는 거지, 곧 조금씩 밝아질 거예요. 너무 힘들어하지 말고 흠, 한번 심호흡을 크게 해 볼래요? (심호흡)

상담자: H씨는 더 이상 힘이 없는 어린아이 같은 모습을 보이지 않아도 돼요. '시어머니나 남편이 나에게 이렇게 해 주면 혹은 저렇게 해 주면 내가 편안해질 텐데 왜 안 해 줄까?' 하고 바라기만 하던 힘없는 어린아이가 아니에요.

③ 각본금지령 허가하기

내담자는 자신의 성장과정에서 부모로부터 받은 각본 메시지속 금지령이 있다. Goulding 부부(1976)는 부정적인 초기결정을 토대로 12가지 금지명령 주제목록을 제시하였다. 내담자는 각자가 갖게 된 금지명령대로 현재에서의 친밀한 관계를 맺는 다양한 행동을 하지 않으려 할 것이다. 이들 각 금지령마다 여기에 대응하는 허가하기가 있다. 치료과정에서 내담자는 부모가 준 오래된 금지령과 현재 상담자가 제시하는 허가 중 하나를 선택할 수 있다.

사례에서 내담자는 '존재하지 마라' 금지령과 '열심히 하라'의 드라이버를 가지고 있었다. 어려서부터 늘 자신이 세상에 없어지는 상상을 하였고 실제 자살을 시도하기도 하였다. 금지령을 덮고 살아가기 위해서 무엇이든 '열심히 하라'는 부모명령을 지나치게 따르게 되었다. 결혼 전부터 시댁의 경조사와 남편의 병간호, 시어머니와 쇼핑 등을 하면서 열심히 며느리의 역할을 하였다. 그렇게 하면서 자신의 존재에 대한 인정을 느끼고 싶어 했지만 시어머니와 남편이 주지 않는다고 느껴지는 순간 어린 시절 자신의 부모에게 향했던 분노와 불안 등의 정서는 시어머니와 남편에게 투사가 되었다. 상담자는 금지령에 대한 허가를 개입 단계부터 해 왔고 남편이 내담자가 그토록 원하는 사랑과 인정을 제대로 주지 못하는 이유를 스스로 깨닫게 함으로써(드라마 삼각형 게임) 마음을 그대로 전하는 교류를 하도록 개입하였다.

상담자: H씨 자신의 존재에 대해 환영받고 축하하고 너무너무 좋아하고 그랬다고 믿어요?

내담자: 아니요. 그랬다는 이야기를 들은 적도 없었고 할아버지는 아들

을 바랐는데 딸이라, 저는 어릴 때 사진이 하나도 없어요. 언니
랑 동생은 흔적이 있는데… 엄마는 기억도 못해요. 한 번도 너
를 임신해서 너무 좋았다 그런 거 없고 아들이 아니라서 속상했
다는 말. 엄마가 이혼을 한 것도 아들에 대한 컴플렉스로….

상담자: 어린 시절의 H씨는 어땠던 것 같아요?

내담자: 불안하고 외롭고….

상담자: 그랬군요. 그러면 인정을 받기 위해서 어떻게 살아왔어요?

내담자: 그냥 열심히요. 죽도록 열심히 했죠. 결혼 전에도 시댁에 얼마
나 열심히 했는지 몰라요. 그런데 그 사람들은 내가 애를 쓴 것
도 모르고 원래 쉽게 하는 줄 아나 봐요.

상담자: 그랬겠네요. 그러면서 남편에게 많이 기대했겠네요?

내담자: 나도 모르게 그랬네요.

상담자: H씨가 남편에게 바랐던 것은 무엇인 것 같아요?

내담자: 그냥 나를 위해주고 잘 들어주고 이해해 주기를 바랐는데… 따
뜻한 말 한마디… 신경 써주는 느낌.

상담자: 어릴 때 엄마, 아빠, 할아버지, 할머니가 내 존재를 그대로 인정
해 주지 않고 마치 태어나서는 안 될 아이처럼 느끼도록 했다면
그것이 지금도 영향을 끼칠 수 있지요. 지금도 남편이 나를 정
말 위해 주고 사랑해 주기를 정말 원하고 있잖아요. 그런데 남
편은 그렇게 하고 있다는데 H씨는 못 느끼겠다고 하죠. 어쩌면
남편은 정말 H씨를 사랑하는데 본인이 그걸 잘 못 느끼는 것일
수도 있어요.

내담자: 그럴까요? 정말.

상담자: H씨는 태어나서 안 될 아이가 아니라 정말 귀한 사람이에요. 그
걸 증명하기 위해 그렇게 열심히 할 필요도 없어요. 이미 존재
자체로 OK에요.

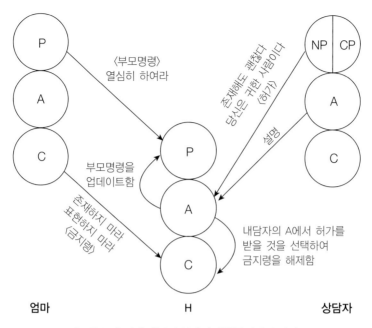

[그림 5-7] 사례 내담자 H씨의 각본금지령의 허가

(3) 의사소통 다루기

① 건설적인 자아상태 대화 연습

교류를 분석(analysis of transactional)을 할 때, 이러한 커뮤니케이션 과정 중에 일어나는 것을 설명하기 위해 자아상태 모델을 사용한다. 교류는 자아상태 간 서로 메시지를 주고받을 때 일어난다. 즉, 자아상태 간 교류적 자극과 교류적 반응을 주고받는 것을 말한다. 많은 내담자들이 의사소통이 잘 되지 않아 갈등을 겪는다. 교류가 원활하지 못한 것이다. 교류분석상담에서는 각자의 자아상태(P-A-C)를 잘 활용하여 건강한 소통이 이루어지도록 연습한다.

사례에서 내담자가 짜증을 내는 것에 대해 남편이 반응하지 않

고 스탬프를 쌓아놓고 있다가 나중에 터뜨리는 부분에 대해 내담
자는 자각하고 연습을 한다.

> 상담자: H씨가 화가 나 있는 상태라서 짜증을 내면 나중에 싸움이 되겠
> 네요. 그런 상태라면 처음에는 NP로 남편의 마음을 읽어 주고
> 다음에 A자아로 대화하는 거죠. 어떻게 하면 될까요?
> 내담자: 제가요? 음… '내가 애기까지 준비시키라고 짜증내서 당신도 짜
> 증이 났구나'. 하고 그 마음을 읽어 주고 나서 '그냥 애기 옷 좀
> 입혀달라고 말했으면 당신도 짜증 안 났을 걸. 내가 준비할 건
> 많고 당신은 여유가 있는 것 같아서 그랬나 봐.'라고 하면 되나
> 요?

② 게임을 멈추기

교류와 게임에 대해 Berne(1964)은 『Games People play』에서
37개의 게임을 소개하면서 다양한 상황에서 전개하는 게임을 소
개하였다. 사람들은 자신의 존재를 인정받기 위해 왜곡된 파워게
임으로 크고 작은 심리적 게임을 하며, 스탬프를 쌓고 이 스탬프
를 해결하기 위해 또 게임을 벌이는 반복적 패턴을 통해 가족, 부
부, 친구와 친밀감이 바싹 말라비틀어진다. 중요한 것은 개인이
반 게임(antigame) 전략을 사용하기로 결정할 때 이들은 아주 빨
리 게임에서 자유로운 관계가 될 수 있다. 즉, 자신의 게임 양상을
자각하고 해결책에 동의함으로써 변화에 시동이 걸리고 동시에
갈등 빈도는 줄어들면서 상호지지를 비롯한 친밀한 시간은 늘어
난다.

사례에서 내담자의 남편은 내담자가 늘 남편이 영혼 없이 자신

을 대한다고 말을 하고 있음에도 자신이 드라마 삼각형에서 박해자 역할을 하는 사람에게는 그 사람이 정말 원하는 것을 절대로 주지 않았다는 것을 자각하게 되었다. 단지 내담자에게만 그러는 것이 아니라 군대, 사회생활에도 같은 게임을 하고 있다고 말을 하였다. 그 결과 남편은 희생자에서 나중에는 박해자로 전환이 되고 내담자는 박해자에서 희생자로 전환이 되는 게임을 계속하고 있었던 것이다.

> 내담자 : 남편이 그러더군요. 자기는 자기를 힘들게 하는 사람한테는 절대 원하는 것을 안 해 준다고요. 시키는 것은 다해요. 정작 원하는 것은 안 해 준대요. 나한테 많이 당했다고 생각하니까 자기 마음이 삐뚤어진대요. 근데 저는 그게 느껴지죠. 안 주는 걸. 그러니까 가만히 안 있죠. 남편은 군대에서도 그렇고 회사에서도 그렇고 자기가 희생자라고 느껴지면 절대로 마음을 안 준대요. 시키는 것은 다하는데 그 사람이 원하는 것은 알면서도 안준대요. 이게 게임인 거 아닌가요?
> 상담자 : 그렇군요. 아주 중요한 것을 알게 되셨네요.
> 내담자 : 자신이 집에서 희생자라고 느껴지니까 제가 그렇게 울고불고 사랑을 달라고 하는데도 안 주었다는 거잖아요. 그럼 희생자가 안 되면 되는 건가요? 그럼 제가 남편에게 난리치고 울고 하지 않고 늘 차분하게 말을 하면 되나요?

③ 스트로크 주고받기

Berne은 다른 사람으로부터 인정을 받으려는 욕구를 '인정-기아(recognition-hunger)'라고 불렀으며 '인정의 한 단위'를 스트로크라 하였다. 아이와 마찬가지로 성인들도 스트로크가 필요하다. 예를 들어, 결혼한 부부는 부모로부터 받던 스트로크를 배우자를 통해 받고자 하는 경향이 있다(Horewitz, 1977). 많은 배우자들은 상대 배우자들로부터 무조건적, 조건적 긍정적 스트로크를 받고자 한다. 또 내담자들은 자신이 맺고 있는 관계 안에서 긍정적 스트로크를 구하는데 스트로크를 잘 주고받게 된다는 것은 친밀을 향해 내담자가 나아가고 있다는 증거가 된다.

사례에서 내담자는 집에서 변화한 배우자의 행동에 서로 긍정적인 스트로크를 하면서 그 행동을 더욱 강화시키고 있다. 상담자는 적극적으로 지지해 준다.

내담자: 많이 표현하려고 하고… 한 번도 그런 적 없었는데 12시에 퇴근하고 와서 설거지도 하고 그러더라고요. 진심으로 걱정하고 마음을 표현하는구나… 했어요.

상담자: 그래서 스트로크를 주었어요?

내담자: 네. 그 다음날 문자로. 아파서 자느라 나가는 것도 못 봤거든요. 요즘은 잔소리도 별로 안 하게 돼요.

상담자: 잔소리 할 일이 없나 보죠. 내담자도 남편이 뭔가를 해 주는 게 느껴지니까, 채워주는 게 느껴지니까 이젠 더 이상 불안하지도 않고요.

상담자: 말로 하는 스트로크. 나무조차도 고사되어 버리는 말의 에너지. 마음의 전달이에요. 오글거려도 상대에게 주면 좋을 에너지는 '정말로 너를 사랑한다'는 거죠. 과제는 잘하고 계신가요?

내담자: 하루에 한 번 정도 하고 있어요. 안아주고… 뭐… 요즘은 딸보다 남편과 더 자주 안게 돼요.

4) 4단계: 문제해결 단계

문제해결 단계에서는 새로운 결심들이 생긴다. 그동안 라켓체계에서 반응하던 것을 점차 자율체계로 전환하고 치료개입의 결과가 관찰되는 시기이다. 상담중기의 하반기에 해당되는 시기이다. 전통적인 재결단 작업이 없이도 여러 가지 변화가 보고되기도 하는데 상담자는 필요하다면 재결단 작업을하기도 한다. 상담회기 밖에서 그간 상담결과로 자각하게 된 점, 새로운 관계기술, 의사소통 등을 사용하고 회기 중에 보고하기도 한다. 상담자는 지금까지 시도하였던 개입을 통해 새로운 변화를 공고하게 다지는 단계이기도 하다. 문제해결하기 단계를 나타내면 [그림 5-8]과 같다.

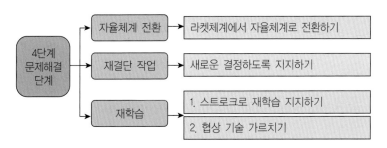

[그림 5-8] 4단계 문제해결 단계의 상담계획과 전략

(1) 자율체계 전환
① 라켓체계에서 자율체계로 전환하기

각자의 라켓체계에 따라 살면서 서로를 힘들게 하는 것을 변화시키는 치료적 개입은 라켓체계의 어느 지점에서든 변화를 주어

각본에서 벗어나 자율체계로 전환하게 하는 것이다. 결국 기존의 부부 갈등적 생활양식을 고수하려는 라켓체계의 여러 지점 중 어디에서라도 라켓체계의 흐름을 깨뜨릴 수 있다.

(2) 재결단 작업

이 단계에서 전통적인 재결단 작업을 하든 하지 않든 여러 가지 결단들이 일어난다. Goulding(1979)은 상담의 효과로 내담자는 인식을 못하더라도 본인이 새로운 결정을 내렸고 그 결정이 바람직하다면 재결단을 한 것이라고 하였다. 상담자는 내담자의 행동이 회기 밖에서도 변화한 것을 관찰할 수 있다. 또, 심리적 재결단도 있다. 각본금지령의 허가, 드라이버의 자각을 통해 재결단을 할 수도 있다. 재결단이 항상 드라마틱할 필요는 없다. 진정한 재결단은 부모의 형상에 적응하는 것이 아니고 잘 교육된 A자아에서 하는 것이 아니라 병리적인 부분을 몰아낸 C자아가 변화하는 것이다(Clarkson, 1992).

① 새로운 결정하도록 지지하기

상담이 진행되면서 각자의 문제가 자신의 원가족에서 경험과 미해결된 과제, 관계방식에서 비롯되었고 이를 반복하고 있는 점을 자각하게 된다. 이러한 자각은 그동안 자신이 어떻게 해야 할 것인지에 대한 임패스 상황을 해결하려는 동인이 된다. 이럴 때 상담자는 자신의 문제해결과 상호 갈등 상황을 해결하는 데 필요한 새로운 결정을 하도록 격려, 지지해야 한다.

사례에서 내담자는 생각을 바꾸어서 해 보겠다는 새로운 결심을 이야기하였다.

> 내담자: 이렇게 살면 힘들 것 같아요. 이젠 표현도 하고 노력을 해 봐야
> 겠어요. 작은 거라도.
> 상담자: 그렇죠. 변화하려면 내가 마음을 먹고 결심을 하고 염두에 두면
> 서 의도적인 노력을 하고. 이렇게 하지 않으면 변화가 없지요.
> 그런 결심을 했다니 정말 대견해요.
> 내담자: 늘 나만 힘들다고 생각하고 남편이나 시어머니는 웃고 있다고
> 여겨졌는데 시아버지의 자살을 겪으면서 시어머니도 힘들었겠
> 다 생각이 이제는 들어요. 아들 하나인데 못 가게 하고 하나뿐
> 인 예쁜 손녀도 못 보게 하니 제가 미웠을 것 같아요. 이번 생신
> 에는 같이 가려고 지금 마음속으로 매일 연습하고 있어요. 전
> 화로 뭐라고 말을 하나 하고요. 연습을 하는데 어렵긴 해요.

(3) 재학습

재학습은 무엇을 할지, 어떻게 할지를 새로운 준거틀 안에서 배
우는 것이다. 변화나 패턴에 대한 이러한 지식이 한번 그 사람의
정보 속에 저장이 되면 에너지는 자신의 인생을 더 나아지게 하는
데 사용된다. 그리고 자신의 오래된 메시지들을 가지고 있을지 아
니면 버릴지를 생각한다. 이 단계에서는 C자아로부터 새로운 호
기심이 생기는데 특히 새로운 단계에 접어들어 재교육적인 호기
심과 질문이 많아지는 시기이다. 하지만 이 단계는 내담자들이
나아졌다는 이유로 건너뛰고 종결로 가는 치료자들이 많이 있다
(Clarkson, 1992). 상담 초기에 내담자들이 흔히 요구하는 충고는
그 당시에는 적합하지 않지만 이 단계에서는 주어질 수 있다.

① 스트로크로 재학습 지지하기

내담자는 새로운 결정을 토대로 문제를 해결하는 데 필요한 자신의 새로운 행동방식에 대한 재학습이 필요하다. 상담자는 이러한 내담자에게 스트로크를 제공하며 재학습을 통해 새로운 변화된 행동을 할 수 있도록 적극 지지할 필요가 있다. 내담자가 친밀감을 회복함에 있어서 필수적인 요소가 각자가 원하는 스트로크를 충족하는 것이다. 이는 상담자로부터 경험한 무조건적 긍정적 스트로크에 대한 긍정적 경험을 토대로 받고 싶은 스트로크를 지속적으로 주도록 하는 과정을 말한다.

> 내담자: 그래도 제 상태가 아직 안정이 되어 있는 상태는 아니고.
> 상담자: 어떠세요? 얼마 전에는 변화가 있긴 하는데 이 변화는 일시적인 게 아닐까 생각했는데, 지금은?
> 내담자: 뭐… 일시적일 거라는 생각과 꾸준히 될 거라는 생각 두 개 다 있어요. 하다 보면 안 될 때도 있고, 잘못하면 안 되는데 하는 생각도 들고.

② 협상 기술 가르치기

협상을 다루는 것은 그간 상담을 통해 활성화된 A자아를 더욱 공고히 하는 것이며 공존하기 힘든 욕구를 조정하는 기술을 배우는 것이다. 또한 자신의 필요나 욕구를 더 이상 C자아가 아닌 정보를 제공하고 조정하는 A자아에서 요구하고 사용할 수 있게 되는 것이다. 시간의 구조화를 새롭게 하는 것이나 자기주장하기 등을 새롭게 할 시간이다.

사례에서 그동안 조정할 수 없었던 서로의 욕구를 협상을 통해 해결하는 법을 알게 되었다.

상담자: 지난 시간에 협상에 대해서 이야기를 했는데 서로 원하는 것이 다른 게 있죠?

내담자: 네. 저는 아직은 시어머니에게 사진을 보내는 것은 마음이 허락되지 않고, 남편은 이제는 보내자는 것이에요.

상담자: 네. 지금까지 그랬던 것처럼 두 사람의 욕구가 달라요. 한 사람이 무조건 맞추자니 스탬프가 쌓이겠죠? 어떻게 하면 좋을까요? 자신의 정보와 생각을 충분히 전달하는 것이 중요한데…. 그리고 가족끼리 협상을 할 때는 비즈니스 협상과는 다른 게 정서를 바탕으로 해요. 그리고 반드시 관철시키기보다는 정보를 잘 전해 주고 최대한 서로가 불편하지 않게 조정을 해 본다는 생각으로 하셔야 합니다.

내담자: 전 제가 아예 안 준다는 것은 아니고 아직은 그렇게까지 준비가 안 되었다는 거예요. 하지만 남편 폰으로 아기 사진을 찍어도 좋아요. 단 시어머니에게 보내지는 않고 자기만 보겠다고 약속을 하면요.

상담자: 그렇군요. 그렇게 남편과 다시 한 번 대화를 해 보실 수 있겠어요? 그리고 남편의 말도 공감을 해 주면서요….

5) 5단계: 계약 평가 단계

상담의 초기에는 성취하고자 하는 변화에 대해 매우 일반적인 생각을 가지고 상담에 임한다. 하지만 회기가 진행되면서 계약에 근거한 상담을 진행하고 전체적인 목표에 다가가기 위해 구체적인 계약들을 맺게 된다. 상담의 종결 단계에 접어들면 계약을 맺었던 부분에 대한 평가를 하게 된다. 단기상담의 특성상 가지고 있는 다양한 문제가 보인다 하더라도 상담은 계약을 향해서 진행되어야 한다. 다음은 5단계를 그림으로 나타낸 것이다.

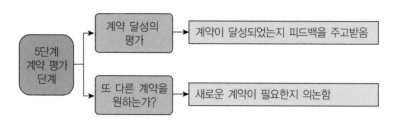

[그림 5-9] 5단계 계약 평가 단계의 상담계획과 전략

(1) 계약 달성의 평가

① 계약이 달성되었는지 피드백을 주고받음

사례에서 내담자는 시댁에 갈 일이 있으면 좋아하면서 갈 수는 없지만 그래도 가야 하는 거니까 갈 수 있을 정도만 되면 자신이 맺은 계약이 달성되는 지표로 삼겠다고 하였다.

상담자: 우리가 그간 자주 얘기했던 문제가 있지요? 제가 계약이라고 하던 일요. 말하자면 H씨에게 어떤 목표 지점이 있고 우리가 무사히 그 지점에 도달했다는 것을 알 수 있게 되는 행동이나 관찰할 수 있는 어떤 게 있는가 하는 일이었는데요.

내담자: 제가 시댁모임에 예전처럼 저승사자에게 끌려가는 것 같이 가는 게 아니라 그리고 못 가면서 힘들어하는 게 아니고 그냥 싫지만 갈 수 있게 되는 거였는데 이제 몇 주 뒤면 아버님 기일인데 지금 생각으로는 그래도 갈 수 있을 것 같아요. 설처럼 그렇

게 넘기면 되지 않나 싶어요. 그리고 사진문제가 있었는데 아직 완전해진 것 같지는 않지만 이젠 남편과 아이 둘만 두고 나가도 사진 찍어 보낼지도 몰라 하는 생각은 안 들어요. 예전에는 시어머니의 아들로만 보였는데 지금은 내 편같이 느껴지니까요.

상담자: 그렇다면 상담을 시작하시면서 그리고 중간중간 점검하면서 계약을 만들었던 것이 달성되었다고 보시나요?

(2) 또 다른 계약을 원하는가

① 새로운 계약이 필요한지 의논함

계약 맺기가 교류분석에서 강조되는 이유는 상담자와 내담자가 변화과정에 대한 연대 책임을 진다는 것에 있다. 특히 단기상담의 경우 문제를 사정하고 개입을 하고 자각과 실행을 통해 변화가 일어나기까지 겨우 10회기에서 12회기까지의 시간이 주어질 뿐이다. 그 회기 동안 관찰이 가능한 변화를 많이 만들어 내는 것이 바람직할 것이다. 하지만 현실적으로 내담자가 처음 상담에서 호소한 문제를 중심으로 개입하고 한두 가지의 계약을 달성하기 위해 노력할 수 있을 뿐이다. 종결의 시기가 되면 계약의 달성에 대한 평가를 함과 동시에 또 다른 계약을 통해 다른 문제도 해결해 볼 의사가 있는지 타진하는 시간을 갖는다.

사례의 경우 상담 11회기에 평가를 통해 처음 가져온 문제는 해결이 되었으나 내담자는 다른 문제를 해결해 보고 싶다고 해서 3회기 연장을 하였다. 내담자가 해결하기를 원하는 문제는 초기 계약과 연결이 되어 있었고 만약 계약이 달성된다면 계약이 완전해짐을 의미하므로 3회기를 연장하여 진행하였다.

상담자: 처음에 우리가 이야기했던 계약은 달성이 된 것 같네요. 그렇다면 아직 아쉬움이 있거나 아니라면 상담을 하는 과정 중에 새롭게 알게 된 문제가 있는데 예전에는 그냥 살아가고 있었던 것이지만 이왕 상담을 시작했으니 이런 문제도 다루어 보았으면 하는 게 있으신가요? 혹시 있다면 회기를 좀 더 연장할 수도 있어요.

내담자: 저는 아직도 시어머니에게 상처를 받았다고 느껴지나 봐요. 여전히 아이를 자주 보여 주고 싶지 않고 남편이 사진을 찍을까 봐 늘 신경이 쓰여요. 이 문제를 해결하고 싶어요.

상담자: 그래요? 그렇다면 다시 계약을 맺고 3회기 정도 더 진행해 볼까요? 이 문제가 어떻게 되면 좋겠어요?

내담자: 편하게 남편이 아이 사진을 찍어도 내가 신경이 안 쓰이면 좋겠어요.

상담자: 그럼 남편이 찍는 게 신경이 쓰이나요? 찍어서 보낼까 봐 신경이 쓰이나요?

내담자: 찍어서 보내지만 않는다는 믿음만 있다면 남편이 찍는 건 괜찮아요.

상담자: 그래요. 그렇다면 남편이 찍는 게 불안하지 않게 되는 게 목표가 되면 좋을까요? 아니면 보내도 괜찮게 되었으면 좋겠어요.

내담자: 아니요. 보내는 것은 아직 싫고요. 그냥 남편과 아이 둘만 두어도 내가 편하게 생각이 들어서 혼자 외출하거나 하게 되면 좋겠어요.

상담자: 그럼 둘만 집에 두고 외출을 하게 된다면 어느 정도 남편에 대해 사진을 보내지 않을 거란 믿음이 생겼다고 보면 되겠네요. 이 부분을 목표로 3회기 정도 더 진행해 보면 어떨까요?

6) 6단계: 종결 단계

종결은 상담의 중요한 부분 중 하나이다. 본 사례와 같이 상담의 기간을 정해 놓은 경우 종결을 준비할 수 있다. 계약을 통해 쌍방이 합의가 된 상태이기 때문에 비교적 자연스럽게 종결에 대해 이야기를 할 수 있다. 이 단계에서는 그간 이루어 낸 것에 대한 상담자의 긍정적 스트로크도 중요하지만 스스로 변화를 평가하는 것도 중요하다. 다음과 같은 질문들로 내담자가 자신의 변화를 측정하도록 한다. 처음은 회상 부분이다. 첫째, 함께 작업을 한 것 중 중요한 이정표라고 느껴지는 것은 무엇인가? 둘째, 어떤 것이 가장 도움이 되었는가? 셋째, 내담자의 모습은 어떻게 달라졌는가?

그 다음은 현재의 모습이다. 오늘 종결을 하면서 어떤 느낌이 드는지 물어보는 것이다. 그리고 미래와 관련된 질문으로 앞으로 예견되는 어려움이 있는지, 만약 그렇다면 어떻게 대처할 생각인지 질문을 한다.

본 사례에서는 내담자 보고하는 것 중 도움이 되었던 것은 서로에 대한 이해를 하게 되면서 부부싸움이 줄었다는 점과 대화를 하는 법을 알게 되었다는 것이다. 또, 문제가 자신에게 있었다는 것을 깨달았던 순간이 터닝 포인트가 되었다고 이야기하였다. 예견되는 어려움에 대해서는 알게는 되었지만 혹시 잘 되지 않을 때, 도움을 받을 수 없게 될까 봐, 예전의 모습을 되풀이하지 않아야 한다는 책임감이 좀 무겁다는 이야기도 하였다.

[그림 5-10]은 6단계 종결하기에서 치료계획과 전략을 도식화

한 것이다.

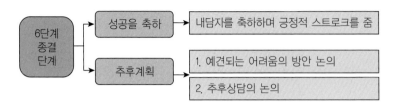

[그림 5-10] 6단계 종결 단계의 상담계획과 전략

(1) 성공을 축하

① 내담자를 축하하며 긍정적 스트로크를 줌

교류분석상담에서 공개적 의사소통은 교류분석상담의 중요한 원칙으로 내담자가 원하면 상담의 과정을 공개할 수 있다. 마지막 종결 회기에서 상담자는 그간의 치료의 변화과정을 간단하게 요약을 하면서 피드백을 주고받는다. 또한 그간의 변화가 부부가 함께 애쓰고 달성한 목표임을 긍정적인 스트로크를 통해 전달한다.

본 사례의 내담자는 종결을 앞두고 2주의 시간을 상담 없이 지내보겠노라 하였고 상담 종결을 예상하며 2주 동안 어려움이 없는지 가정에서 평가하는 시간을 가졌다. 그 이후 종결회기에서 그간 부부갈등이 생겼어도 잘 넘기게 된 자신의 힘에 대해서 이야기를 하였다.

상담자: 오늘 종결을 하는 것에 대해 어떻게 생각하시고 지금 느낌은 어떤가요?
내담자: 한편으로는 보호막이 없어진 듯한 느낌이 들어요. 그래도 선생님은 늘 여기 계신다고 생각하면 좀 안심은 돼요. 그리고 남편

은 상담 이후 제 변화가 워낙 많아서 기대 이상이었기 때문에 만족한다고 말을 하던데요.

상담자: 무엇이 가장 변화한 것 같나요?

내담자: 남편의 변화죠. 자기는 안 변했다고 하는데 저는 이제 내편이 생긴 느낌… 나를 이해하는 사람이 있다는 생각….

(2) 추후계획

① 예견되는 어려움의 방안 논의

현재는 상담에 가져온 문제는 해결했다 하더라도 이후 예견되는 어려움은 있는지, 있다면 어떻게 해결을 할 것인지 질문한다.

내담자: 그동안 배운 걸 떠올리면서 이겨내야죠. 제가 또다시 우울해질까 하는 두려움 같은 것은 아직 좀 있어요. 지금은 남편이 내 편 같은데 다시 아니게 되면 어쩌나 하는 생각도 가끔 들고…. 이젠 저도 제 일이 뭐가 있나 좀 찾아볼까 해요.

② 추후상담의 논의

교류분석의 상담자들은 내담자가 다른 문제나 이슈로 추후 작업을 위해 다시 오는 것은 허용한다. 또 다른 이슈로 인생의 시련에 직면했을 때 자신에 대해 잘 알며 믿을 수 있는 사람에게서 도움을 받고자 하는 일은 어쩌면 당연한 일로 보인다(박의순, 이진선 역, 2008). 하지만 상담자에 대한 공생과 의존이 있는지는 파악할 필요가 있다. 만약 그렇다면 다른 상담자에게 의뢰를 하는 편이 공생적 역동을 막아 주게 되어 적절할 것이다. 본 사례는 추후상담에 대해 특별한 약속을 하지는 않았다. 그 이유는 내담자가 저자에게 연락을 하는 것이 어려운 일이 아님을 알고 있기 때문이다. 단, 그들은 그간의 상담을 통해 연구자에게 연락을 하는 일은 전문성이 필요한 도움에 국한된다는 것을 잘 이해하고 있었다.

7) 내담자(H)의 상담과정 매트릭스

사례의 부부는 반복적인 격렬한 다툼과 내담자가 시댁에 가기를 거부하는 것, 어떤 교류도 하지 않고 심지어 아이조차 보여 주지 않는 문제로 인하여 상담을 신청하였다. 반복되는 내담자와의 갈등에 남편은 이미 많이 지친 상태로 내담자에 대한 애정은 없다고 말한다고 하였다.

내담자는 어린 시절부터 유기불안에 시달리고 부모의 이혼으로 인해 큰 상처를 받았다. 존재에 대한 사랑을 갈구하면서도 남편도 떠날지 모른다는 심리적 불안을 느끼고 있었다. 자신은 아무런 힘이 없어 이 상황을 나아지게 할 수가 없고 자신이 죽는다면 원하는 것을 주지 않았던 남편이 후회를 할 것이고 더 이상 자신으로 인해 주변 사람들은 괴롭지 않을 것이라는 C자아의 환상을 가지고 있었다. 어린 시절부터 우울과 불안, 수면장애를 가지고 있었고 이를 감추느라 매사에 열심히 하면서 타인과 교류는 적당한 거리를 유지하고 있었다.

자녀를 출산한 후 자신의 존재를 사랑하기보다는 아기만을 사랑하고 자신은 껍데기 같다는 느낌을 남편과 시어머니한테서 느끼고 그들을 비난하며 교류를 중단하고 매사에 싸움을 걸면서 부정적인 스트로크라도 취하려 하였다. 남편은 내담자의 욕구를 알지만 자신은 희생자라는 생각에서 자신을 박해하는 인물에게는 시키는 것은 하지만 마음만은 주지 않는다는 게임 속 드라마 삼각형의 위치, 즉 희생자와 박해자의 역할을 번갈아 하고 있었다.

상담의 개입은 내담자의 정서적 분출로 시작하였다. 특히 무조건적이고 긍정적인 존재에 대한 스트로크는 필수적이었으므로 매회기 노력하였고 (내담자의 취약하고 불안한 A자아를 강화하기 위해) 문자로 늘 안부와 정서를 물으면서 새로운 정보를 제공하는 재양육을 시도하였다. 빈 의자 기법을 사용해 자신의 존재가 버려짐을 경험하였던 순간을 재경험하고 그 당시의 C자아의 생각과 느낌에서 새로운 A자아의 생각을 업데이트하였다. '존재하지 마라.'의 각본금지령을 '나는 소중한 존재이고 열심히 하고 완벽하지 않아도 존재해도 괜찮다.'로 대치되도록 하였다.

남편은 내담자의 변화에 자신도 새로운 의사소통 방법을 사용하기 시작했고 내담자의 요구대로 스트로크를 주기 시작했다. 계약은 시댁의 행사에 가게 되는 것이었는데 시어머니에게 전화를 걸고 앞두고 있는 시댁 행사에 가기로 결심했고 예전의 공포감에서는 벗어나게 되었다. 갈등상황이 있었으나 예전과는 다르게 반응하였다고 보고하였다. 내담자의 도피구 폐쇄를 시도하였으나 종결 시까지 하지 못했다. 종결로 가는 네 가지 단계인 사회적 통제, 증상완화, 전이치유, 각본치유 중 진정한 각본치유과정이 이루어졌다고 할 수는 없겠으나 세 가지 단계는 이루어진 것으로 상담자는 판단하여 종결하였다.

[그림 5-11]은 사례 H의 상담과정 매트릭스를 나타낸 것이다.

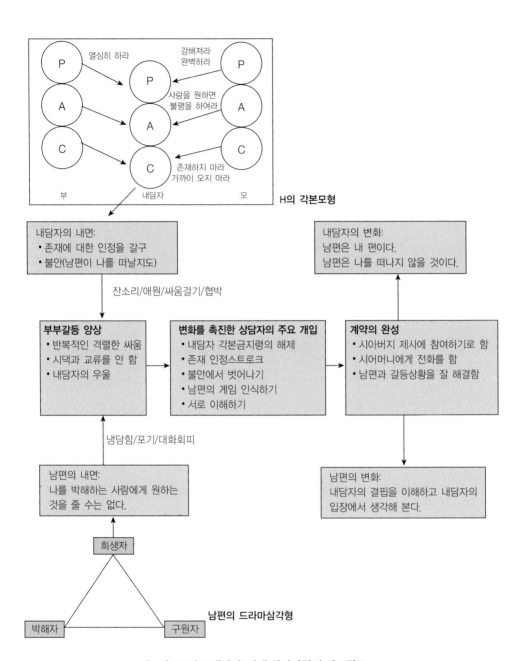

H의 각본모형

내담자의 내면:
• 존재에 대한 인정을 갈구
• 불안(남편이 나를 떠날지도)

잔소리/애원/싸움걸기/협박

부부갈등 양상
• 반복적인 격렬한 싸움
• 시댁과 교류를 안 함
• 내담자의 우울

변화를 촉진한 상담자의 주요 개입
• 내담자 각본금지령의 해제
• 존재 인정스트로크
• 불안에서 벗어나기
• 남편의 게임 인식하기
• 서로 이해하기

계약의 완성
• 시아버지 제사에 참여하기로 함
• 시어머니에게 전화를 함
• 남편과 갈등상황을 잘 해결함

내담자의 변화:
남편은 내 편이다.
남편은 나를 떠나지 않을 것이다.

남편의 변화:
내담자의 결핍을 이해하고 내담자의
입장에서 생각해 본다.

냉담함/포기/대화회피

남편의 내면:
나를 박해하는 사람에게 원하는
것을 줄 수는 없다.

남편의 드라마삼각형

[그림 5-11] H(내담자) 사례 상담과정의 매트릭스

6장
교류분석상담의 기법

우리는 이전 장에서 교류분석상담의 목표는 무엇이고, 교류분석상담 과정과 특징은 어떠한가에 대해 교류분석이론적 관점과 더불어 실제 상담 사례를 통해 과정과 특징을 살펴보았다. 본 장에서는 5장의 교류분석상담 과정 및 특징에서 전개되는 내용에 맞추어 교류분석상담기법에 대한 이해를 돕고자 할 것이다. 따라서 본 장에서도 상담과정에 따른 단계별 계획과 전략에 포함되는 상담기법을 설명할 것이다. 5장에서 우리는 [그림 5-1] 상담의 단계별 계획과 전략을 살펴보았고 이를 다시 상기하기 바란다.

1. 초기 단계에서의 상담기법

교류분석상담 과정을 크게 세 단계로 대별하자면 초기 단계, 중기 단계, 종결 단계로 나눌 수 있다. 1단계 초기접촉 단계와 2단계 사정 및 계약 맺기 단계는 상담의 초기 단계이다. 교류분석상담자가 상담을 12회기로 계약을 맺는다면 1~3회기 정도에 해당이 되는 시기이다. 이는 계약에 입각한 상당히 단기상담에 해당된다고 할 수 있다. 물론 전체 회기가 몇 회기가 되는가에 따라 초기 단계 회기는 달라질 수 있다.

1) 초기접촉 단계

(1) 개인체계에 접촉

상담자와 내담자가 처음 만난다는 것은 서로의 삶에 있어서 특별한 경험이 될 수 있다. 내담자가 생면부지의 모르는 사람을 만나 자신의 사적인 문제를 이야기하려고 한다는 것은 희망, 기대, 두려움, 걱정, 어색함, 회의감으로 가득 찬 가운데 애써 남아 있는 힘을 낸 것이다. 그럼에도 불구하고 상담관계 초기에 많은 내담자들은 완전하게 접촉할 준비가 되어 있지 않다. 내담자는 자기 자신도 그리고 타인도 충분히 인식하지 못한다. 내담자의 일부는 분열되고 부인되고 있으며, '수용할 수 없는'이라는 꼬리표를 단 채 자각 밖으로 밀려나 닫혀져 있다(김병석 외 역, 2011).

이런 일들이 일어나는 초기 상담관계는 대체로 내담자의 일방통행이다. 양방향 교류가 일어나도록 하는 것은 온전히 상담자 몫이다. 관계 내 접촉 과정에서는 관여를 통해 내담자가 자신을 자각하는 데 점점 더 진솔해지고 관계에 개방적이 되도록 안내한다. 변화를 촉진하는 방향으로 관여한다는 것은 상담자가 내담자와 함께하는, 내담자를 위한 상담자로 존재함과 동시에, 욕구와 허점 그리고 실제 삶에서 지게 되는 여러 짐도 여전히 지고 있는 보통 사람으로 온전히 현재에 머무르면서, 충분히 접촉 가능한 상태로 실존이 되는 것을 의미한다.

개인체계에 접촉하는 과정에서는 접수 상담지를 사용하고 내담자의 의뢰 기준을 판단하는 과업이 필요하며 교류분석상담기법으로 무조건적 긍정적 스트로크를 통한 내담자 인정, 관여, 질문, 조율을 간략히 살펴본다.

① 무조건적 긍정적 스트로크를 통한 내담자 인정

초기 상담관계는 내담자에게 중요한 순간이다. 내담자는 모든 것이 잘 풀리지 않는다는 것을 스스로 인정하였고 이를 상담자에게도 인정한 것이다. 이제 내담자는 스스로 문제를 해결하는 것이 어렵다는 것을 알게 되었고 자신이 선택한 상담자에게 도움을 청한다. 이 자체는 상당히 용기 있는 행동이다. 이러한 개인체계를 상담자는 공명하며 스트로크 줄 수 있어야 한다. 상담자는 내담자가 내린 큰 결정을 인정할 필요가 있다.

② 관여

관여는 상담자의 태도와 관련된 상담 활동기법이다. "탐색은 상담자가 내담자의 자아상태 구조 속 내용과 관련하여 내담자가 무엇을 하는가와 하였는가에 대한 것이며, 관여는 내담자가 ~하는 것에 대한 것이 아니라 내담자의 존재에 대한 것이다."(Erskine et al., 1999) 관여는 상담자가 기꺼이 내담자에게 영향을 받고, 즉

양방향 교류가 이루어지며 내담자 자각을 돕기 위해 최선을 다하는 상담자의 책임을 요구한다. 내담자의 경험과 그가 어떤 사람인지에 대한 인식, 그리고 내담자의 감정적 현실에 대한 인정("그렇게 어려운 상황에서 그것은 아주 정상적이고 이해할 만한 반응으로 들리는군요.")은 상담자의 존재를 통해 관여로 나타난다. 이때 상담자의 현존은 내담자에게 아직도 미세하게 드러나 보이는 실제적 특성일 수 있으며, 여기에서 내담자는 누군가를 느낄 수도 있고 느끼지 못할 수도 있다. Erskine과 동료들(1999)은 상담자에게 내담자에 대한 호기심, 심리내적 접촉과 상호 관계적 접촉을 유지할 것과 인내심과 일관성을 가질 것, 그리고 개방적이며 기꺼이 내담자에게 감정적으로 영향 받을 것을 권하였고 초기 접촉에서 관여의 중요성을 강조하였다.

③ 질문

질문은 통합적 교류분석의 주요 상담기법 중 하나이고, 관여와 조율을 포함한다(Erskine et al., 1999). 통합적 교류분석에서 이들 기법의 조합은 내담자에게 민감하고 공감적인 상담을 만들어 낸다. 질문은 현상학적 질문[1], 내담자의 개인사와 기대에 대한 질문, 그동안 문제에 대처해 온 방법과 전략, 선택권(options), 각본 결정에 대한 질문, 내담자의 상처받기 쉬운 감각[2]에 대한 질문의

---

1) 인간은 자신의 직접적 개인적 경험을 통해서 세계를 가장 잘 이해할 수 있다는 명제를 통해 타인보다 내담자가 경험하는 것이 중요하다는 인식하에 내담자의 경험에 대한 질문.
2) 어릴 적 경험한 것이거나 살아오면서 경험한 몸과 관련된 감각적 경험으로 신체적 학대나 성적인 쟁점과 관련된 부분, 유기 등에서 비롯된 것.

영역 등으로 세분화된다. 질문은 내담자와 상담과정을 존중하는 자세와 진정한 관심으로부터 이루어진다. 질문의 목적은 자각을 촉진시키고 내적 접촉과 상호관계 접촉을 향상시키는 데 있다.

④ 조율

조율은 핵심적인 상담기법이며 내담자에 대한 공감적인 반응으로 시작하지만 상담자는 내담자에 따라 열린 반응을 해야 한다. 조율의 초점은 내담자의 관계욕구에 대한 조율(조율된 반응은 상담관계에서 관계욕구를 충족시킨다). 내담자의 발달적 문제(퇴행이라 할 수 있는 발달적 지연 혹은 결핍), 인지적 과정(내담자의 준거틀에 들어가기 위해 그들이 무엇을 어떻게 사고하는가를 찾는 것), 리듬(상담의 시간과 속도를 주의 깊게 맞추는 것), 정서적 조율(슬픔에 대한 연민의 반응과 같이 일치하는 정서로 반응하는 것)을 포함한다.

(2) 초기상담 계약 맺기

초기상담 계약 맺기 단계에 포함되는 내용과 기법은 상담OT, 상담에 오게 된 이유를 탐색, 내담자의 언어로 초기상담 계약 맺기, 행정 계약 맺기, 계약 실행에 첫 시동 걸기이다.

① 첫 상담 구조화하기

첫 상담 구조화하기는 상담과 진행과정에 대해 내담자에게 설명해 주는 것을 포함한다. 이때 정해진 상담시간보다 30분 정도 더 소요되며 이 시간은 비용이 청구되지 않음을 알리며 내담자의 스케줄도 존중함을 보여 준다. 이는 상담자에게는 어떤 서비스가 제공되는지를 설명할 시간을 주고 내담자에게는 상담받기를 원하는지 결정할 수 있는 기회를 준다. 교류분석상담에서 이러한 것이 치료적으로 의미가 있는 것은 내담자의 내면과 사적인 속사정을 이야기하기 전에, 이러한 논의를 하는 것이 내담자가 A자아상태에서 상담의 조건, 기간을 좀 더 현실적이고 쉽게 생각할 수 있게 한다는 것이다. 이러한 과정은 내담자의 초조하거나 어색해 하는 감정을 감소시키거나 조절하는 데 도움이 된다. 결국 내담자에게는 A자아가 선택을 하게 하는 기회를 주고 상담에 대한 P자아의 책임감을 갖게 하며, C자아에서 하고 싶은 내밀한 이야기를 할 수 있게 하여 자아상태 전체를 조화롭게 사용할 수 있는 기회가 되며 이는 상담의 효과에 시동을 걸게 되는 것이다.

이때 교류분석상담자가 유념하면서 민감해야 하는 것이 상담 서비스에 대한 명확한 정보를 알기 쉽게 알려 주는 동시에 자연스럽게 내담자로 하여금 어색하지 않게 그들의 어려움을 말할 수 있도록 적합한 기회를 제공하는 것이다. 통상 내담자는 내적 어려움과 스트레스가 많아서 첫 계약이 이루어지기 전에 일방통행으로 그들의 감정을 '쏟아' 내는 경우가 많다. 상담자가 내담자가 느끼고 있는 감정에 민감한 것은 중요하지만, 상담 개입이 이루어지기 전에 기본 계약을 성립하는 것 또한 중요하다(박의순, 이진선 역, 2008). 왜냐하면 행정계약, 상담 관리 계약인 비밀보장의 경계를 동의하기 전에 내담자 문제를 듣기 시작하고 진행이 되면 상담자가 나중에 비밀보장을 하기 어려운 사안일 경우 곤란하고 어려운 입장에 놓이게 될 수 있기 때문이다.

② 내담자의 언어로 초기상담 계약 맺기, 행정 계약 맺기

교류분석상담자는 상담에 온 내담자에게 맞추면서 서비스에 대한 적당한 설명을 해 주는 것이 중요하다. 이때 너무 많은 정보와 전문 용어, 사적인 용어는 내담자를 혼란시킬 수도 있고 상담자와 내담자 관계가 P자아와 C자아상태로의 관계로 은연중에 나아가게 됨을 유념해야 된다. 전체적으로 상담자는 친밀하지만 중립적인 태도를 유지하는 것이 좋으며 이는 A자아상태의 교류를 허용하며 내담자와 적당한 감정적 거리를 유지하게 한다.

내담자가 호소하는 말로 상담을 통해 해결되었으면 하는 부분을 관계의 평등, 즉 A자아와 A자아로 논하고 평가, 검토한 후 초기 상담계약을 맺는다. Berne(1966)은 계약을 '무엇을 할 것인가에 대한 잘 정의된 행동 과정에 대한 두 사람간의 약속'이라며 분명한 '행동 과정'으로 정의했다. 그러고 난 후 상담 관련 계약을 약식의 서류를 가지고 상담자가 쉽게 설명하며 맺어 나간다. 이에는 상담 업무 계약, 관리, 치료 계약이 포함된다(박의순, 이진선 역, 2008, pp. 39-50). 이러한 과정에서 모든 계약은 구두로 하는 것보다 문서로 하는 것이 절대적인 명확성을 담보할 수 있고 상담 관계의 경계를 만들어 서로를 보호할 수 있기 때문에 적극 추천한다.

이러한 상담 계약을 한다는 것은 교류분석상담의 독특한 특징 중 하나이다. Lister-Ford(2002)는 계약이 없다면 교류분석이 아니라고 할 정도로 의미를 두었고, 계약을 맺을 때 교류분석상담자는 어린이도 이해할 수 있는 명료하고 단순한 언어를 사용하며 '나는 ~를 할 것이다'라는 동적인 말과 함께 시작할 것을 강조하였다. 이는 내담자가 스스로 자신의 삶과 이 과정을 책임진다고

마음먹게 하는 의도이다. 긍정적인 확신의 언급은 목표를 더욱 가깝게 하는 효과를 가져오는 신경언어 프로그래밍과 유사하며 이는 A자아의 적극적 활동으로 상담과정이 이미 진행되고 있다는 것이다. Halloway와 Halloway(1973)는 효율적인 계약은 다섯 가지 차원에서 논의와 명확성을 포함한다고 하였다(박의순, 이진선역, 2008, p. 49 재인용).

첫째, 상담에 온 목적은 무엇인가?

둘째, 목표에 도달했다면 어떻게 알 수 있는가?

셋째, 목표 달성을 위해 하지 않아야 할 것은 무엇인가?

넷째, 하지 않을 것 대신에 새롭게 해야 할 것은 무엇이라고 생각하는가?

다섯째, 목표가 달성되지 못하게 하는 자신의 걸림돌은 무엇인가?

③ 도피구 폐쇄 유의사항과 기법

도피구 폐쇄는 아무리 안 좋은 상황하에 놓여 있더라도 자신이나 타인을 죽이거나 해하지 않고 미치지 않겠다는 것에 대해 증인이 되는 상담자와 함께 스스로에게 말로 약속하는 과정이다(Stewart, 2007). 애착이론은 도피구를 고려하기 위한 흥미로운 관점을 제공한다(Widowson, 2010). 이것은 상담자나 상담이 내담자에게 새로운 안전기지로 내면화될 때까지 내담자는 도피구 폐쇄를 준비하지 않는다는 관점이다. 즉, 도피구 폐쇄가 다루어지기전에 치료적 동맹이 잘 이루어져야 할 필요가 있음을 강조한다.

안전기지의 기능은 내적 자기위안을 제공해 주고 격렬한 감정을 견딜 수 있게 한다. 그러므로 충분한 치료적 동맹이 이루어질 때까지는 도피구 폐쇄가 잘 이루어지지 않는다는 것을 유념하면서 내담자가 새로운 긍정적인 자기위안 수단을 만들기 시작했는지(상담자와 신뢰관계 형성 정도를 점검), 격렬한 감정을 견딜 만한 능력이 있는지를 확인해야 한다. 내담자가 감정을 이겨 내는 것을 학습하는 방법으로 잘 알려진 것은 공감적인 관계를 경험하는 것이다. 이를 통해 상담자는 내담자가 감정을 견딜 수 있는 힘을 가늠해 볼 수 있다. 여기서 필자는 상담에서 너무 빨리 도피구를 다루면 내담자의 경계심과 혼란을 자극시킬 수 있다는 점을 강조하고자 한다.

상담자의 '완벽해라' 드라이버는 자칫 도피구 폐쇄를 성급하게 시도하게 하며 이럴 경우 내담자를 상담자에게 과잉적응하게 할 수 있다. 또한 상담자의 미숙하거나 둔감한 도피구 폐쇄는 내담자로 하여금 이 상담에서는 자살충동(혹은 상해나 미치는)에 대한 사고가 수용될 수 없으므로 억누르거나 의미 있는 논의가 안 될 것 같다는 추론을 하게 만드는 결과를 가져온다. 동시에 이러한 느낌을 가진 내담자가 온전히 수용될 수 없다는 인상을 줌으로써 수치스러운 경험을 갖게 할 수도 있다(Ayres, 2006; Mothersole, 1996).

상담자는 상담자에게 과잉적응하고(Schiff & Schiff, 1971) '행동을 살피는' 내담자의 행동적 양상에 주의를 기울이고 민감하고 진지하게 고려하는 것이 중요하다. 과잉적응의 미묘함은 첫눈엔 놓치기 쉬우므로 과잉적응으로 '상해를 입히지 않겠다.'는 계약을 한 후 혹은 도피구 폐쇄 과정 후에 발생할 가능성도 있다는 것을 염두에 두어야한다.

도피구 폐쇄가 실제로 내담자 자신의 보호에 매우 의미 있는 절차이자 기법임을 의심할 여지가 없다. 그러나 도피구 폐쇄가 '모든 것, 그리고 모든 것의 종착지'도 아니고 자살 생각에 대한 궁극적인 치료도 아니라는 인식의 균형을 잡을 필요가 있다. 더불어 도피구 폐쇄는 대부분의 상담 기법처럼 특정 내담자의 특정한 순간에 적합하다(가족연구소 마음, 2016). 주의 깊고 민감하게 적절한 타이밍에 이루어지는 내담자의 도피구 탐색은 내담자의 견디기 힘든 삶의 큰 장벽 너머에 있는 탐색되지 않았던 실존적 주제가 드러나게 할 수도 있다. 내담자가 자신의 삶을 책임지는 것과 연관된 실존적 주제와 의미, 구원에 대한 환상, 진정으로 자유로운 존재의 상태, 삶의 무의미성(Yalom, 1970)에의 직면은 상담에서 모든 도피구에 대한 민감한 탐색 후 일어나는 과정이자 상담자의 과업이다.

Stewart(2007)는 적절하게 도피구를 폐쇄한 내담자가 아닌 경우에는 내담자의 현재의 안전과 보호에 특히 관심을 가져야 할 필요가 있다는 것과 동시에 도피구가 적절하게 폐쇄되어 있을 때조차도 상담자는 지금 상담중인 내담자를 보호하는 데 그치지 않고 이를 잊어버리지 않는 것이 중요함을 강조하였다.

④ 계약 실행에 첫 시동 걸기(1회기를 마치고 바로 2회기를 약속하며 문제해결의 시동을 걸기 위해 A자아를 작동하게 하는 기법)

상담자는 1회기를 마치고 내담자가 빈손으로 그냥 집으로 돌아가게 해서는 안 된다. 내담자에게 첫 회기를 돌아보고 피드백을 요청하고, 격려하며, 곧 바로 변화에 대한 개입을 시도해야 한다. 교류분석상담자가 Berne의 '먼저 낫게 한 후 분석하라!'라는 자세를 견지하는 것은 단기 상담을 지향하는 우리 실정에 잘 부합한다고 생각한다. 초기 단계부터 병리나 문제를 분석하는 데 전념하며 당장 해결에 소극적인 것보다는 초기부터 상담자는 내담자가 문제해결의 실마리를 갖고 살아내야 하는 삶으로 돌아가서 실행해 보고 나아지는 경험을 조금이라도 경험해 보게 하는 것이다. Berne은 이것을 치료 목표 첫 번째 단계인 '사회적 통제'라고 하였다.

사회적 통제는 자신의 사회적 인간관계에서 자신을 컨트롤, 즉 통제해 보는 경험이다. 대부분의 내담자는 상당한 용기를 내어 상담을 하러 왔기에 상담자는 초기에 이러한 용기에 스트로크를 주며 격려하고 다음 회기까지(대개 2회기) 자신이 생활 속에서 컨트롤해 볼 수 있는 다양한 행동 양식이나 관계 방법에 대해 정보를 주어 컨트롤 경험을 맛보게 한다.

내담자는 자신의 A자아를 사용하여 상담자로부터 제공받은 정보, 즉 문제해결의 단초가 되는 행동을 생활 속에서 행동화하여 자신의 증상이나 관계가 조그만 변화가 있게 되면 상담과 상담자에 대한 신뢰를 갖게 된다. 그리고 이를 누군가에게 자랑하고 싶어 하고 스트로크 받고자 다시 상담에 올 확률이 커진다. 내담자의 이러한 노력이 타인과 상담자로부터 보상(스트로크)을 받는 경험을 하게 하고 상담자는 스트로크를 통해 점차 이를 강화해 나간다. 이때 상담자가 나눌 수 있는 증상완화나 문제해결을 위해 실제 도움이 되는 방법에 대한 안내(설명, 계약)는 예를 들면 4.2.4 호흡법[3)], 생활 속 행복명상법[4)], TLC(항우울 생활방식 변화 요법)[5)], 팔목 고무줄 이용방법[6)], time-out 기법 등이다.

〈계약 실행에 첫 시동 걸기: A자아를 작동하게 하는 질문 기법의 예〉

상담자 질문: ○○씨가 상담에 온 용기와 힘을 가지고 두 번째 회기에 오기 전 일주일 동안 상담목표를 위해 해 볼 수 있는 행동은 어떤 게 있을까요?

○○씨는 다음 상담에 오기 전까지 무엇을 행동해 볼 생각인지요?

○○씨가 상담을 하러 온 용기를 가지고 다음 상담에 오기 전까지 자신에게 도움이 되는 무언가를 한다면 무엇을 해 볼 수 있을까요?(생각입니까?)

---

3) 4.2.4 호흡법은 복식 호흡법으로 4초 동안 코로 숨을 들이마시고 2초 동안 멈춘 다음 8초 동안 천천히 내쉬는 것으로 온전히 복식 호흡에 집중하여 '지금-여기'에 머무르게 하고 자각을 촉진하는 것이다. 분노 조절, 충동 조절, 식이장애 내담자에게 매우 도움이 된다.

4) 생활 속 행복명상법은 일상생활 속에서 어렵지 않게 편하게 잠깐씩 명상을 경험하게 하는 방법으로 명상 앱을 안내해 주고 이를 이용하여 혼자서 명상음악, 싱잉볼 소리를 들으며 하는 것이다. 좌선, 걷기, 움직임, 음식을 통해 하기도 한다.

5) TLC(항우울 생활방식 변화 요법)은 Therapeutic Life style Change로 우울증 내담자에게 매우 효과적인 방법으로 여섯 가지 방식을 체크 표를 가지고 매일 체크를 해가며 실행해 보게 하는 것이다. 여섯 가지 내용은 ① 오메가-3 복용, ② 몰입활동(힐링 명상), ③ 운동(산책, 걷기), ④ 일광 노출(햇볕 샤워), ⑤ 사회적 지지(친한 사람과 이야기하기), ⑥ 수면 관리(잠 잘 자기)이다.

6) 분노조절에 어려움을 겪는 내담자가 자신이 화가 나려고 할 때 얼른 팔에 차고 있는 고무줄 팔찌를 당겨서 놓아 자신의 팔에 약간 통증을 느끼게 하는 방법으로 분노를 얼른 알아차리게 하여 그 상황을 조절하도록 하는 것이다.

2) 사정 및 계약 맺기 단계

(1) 사정 및 사례개념화하기

① 사정

사정(assessment)은 교류분석이론에 입각하여 내담자가 직면하고 있는 문제와 상황을 확인하고, 이해하기 위하여 자료를 수집하고 분석함과 동시에 문제해결을 위한 계획을 수립하는 과정이다. 또한 사정은 내담자의 강점과 능력을 한층 더 북돋우고, 내담자의 참여를 유도하며, 내담자와 상담자가 수직관계가 아닌 동료관계의 파트너십을 통한 교류분석상담의 과정(process)이다. 따라서 상담자는 내담자로부터 수집한 정보를 바탕으로 교류분석적 관점에서 다음의 질문들에 대답할 수 있도록 사정기법에 익숙해야 한다.

- 문제가 무엇인가?
- 문제가 얼마나 심각한가?
- 문제의 역동성은 무엇인가?: 문제를 여러 가지 요인과 관련해서 파악하는 것
- 상담에 관한 내담자의 기대는 무엇인가?
- 무엇이 변화될 수 있는가?
- 무엇이 변화되어야 하는가?

② 사례개념화

사례개념화란 내담자와 그의 문제를 이해하고 효과적이고 효율

적인 치료적 개입을 수행하기 위해 내담자의 문제를 최대한 경제적으로 기술하고 설명할 수 있는 개념적 틀을 구축하는 가설설정 과정이다. 이는 결국 내담자 문제의 성격과 원인에 대해 교류분석이론을 바탕으로 상담자가 내담자를 이해하고 문제를 해결하고자 도출해 낸 설명, 가설이며 문제를 해결하는 데 활용하는 도구라고 할 수 있다. 이러한 사례개념화는 초기에 끝나는 것이 아니라, 치료의 전 과정을 통해 수정, 보완, 검증되어야 한다.

◈ 사례개념화의 내용
- 정보의 분석: 면접, 행동적 사정, 심리검사 혹은 각종 체크리스트, 자기보고 질문지에서 수집한 객관적인 정보 분석
- (예) "우성고등학교 3학년입니다." "시선회피, 눈을 좌우로 움직이면서 깜빡거림, 시선은 주로 밑을 보고 있음", 이고그램, 간편 각본체크리스트 등
- 분류 및 명명: 상담의 초점이 되는 문제가 무엇인지를 정의하는 과정
- 원인 또는 관련 요인 설명: 원인에 대한 이해를 위해 상담자는 자신의 상담 이론, 즉 교류분석이론을 적용하여 사례를 명확히 개념화할 수 있어야 한다. 그러나 공통적으로는 다음과 같은 측면들을 고려할 수 있다.
  - 주요인과 부요인, 내적 요인과 외적 요인, 발생요인과 유지요인, 통제요인과 비통제요인
- 개입 방향 및 방법 설명: 교류분석상담사는 교류분석이론으로 다음의 내용을 진술할 수 있어야 한다.

-내담자의 주된 문제는 ~이고, (예: 공황장애)

-이러한 문제는 ~의 증상으로 나타나고 있다. (예: 호흡곤란, 목과 어깨 결림)

-내담자 문제 및 증상의 원인은 ~이다. (예: 가족각본, 무서운 CP, 공생, 임패스)

-상담개입은 ~방향으로 나아가거나 ~ 목표를 성취할 필요가 있다. (부모 자아와 어린이 자아의 혼란을 명료화하고 어른 자아의 위치를 견고히 하기, 자발성 획득)

-상담 개입 방향 및 목표를 성취하기 위해 ~ 방법(기법)을 사용할 수 있다. (예: 부모 면접, 빈 의자 기법, 재경험, 통합)

◆ 사례개념화에서 파악해야 할 내용과 실례

• 상담자가 파악한 내담자 문제의 성격은 무엇인가: 호소문제, 증상, 문제 상황을 내담자 문제의 성격이나 핵심과 관련지어 봄

24세 미숙의 경우, 반복되는 우울과 심한 두통, 대인관계에서의 외로움을 호소.

미숙이 기억하며 지금도 속상해하는 것은 몇 주 전의 일이다. 평소 조용한 미숙에게, 직장 동료들이 직장 내 직원을 위한 행사 등의 결정 사항에서 미숙을 항상 소외시켰다는 것이다. 자신은 늘 있는 듯 없는 듯 무시되는 상황에 처하였다. 미숙은 본인이 원치 않는 이런 상황에 대해 적절한 해결책을 찾지 못했고, 아무도 보호나 도움을 주지 못하는 상황에서 사태는 급기야 미숙이 퇴직을 해서라도 직장에 나오는 것을 피하고 싶어 할 정도로 심각한 스트레스를 느끼는 상황으로까지 발전하였다. 또한 이런 스트레스 상황이 지속되는 가운데 직장 내 동료관계와 직업적인 일 전반에 걸쳐서 점점 자신감을 잃게 되고 자신에 대한 부정적인 생각과 부적절감, 무능감을 강하게 경험하였다.

• 문제가 생기게 된 경로나 원인은 무엇인가: 촉발 사건이나 계기, 문제에 영향을 미친 가족이나 개인사 등의 요인

미숙의 경우, 직장 동료들의 은연중의 무시와 소외를 당하는 상황에서 적절히 대응하지 못해 온 것은 성장, 발달 단계에서의 자기 존재감, 실패경험이 문제를 촉발시킨 계기가 된 것 같다.

제시된 사례의 개요를 보면 미숙은 두 살 차이 나는 첫째 남동생이 탄생함에 따라, 아픈 남동생이 받았던 보살핌과 자신의 '밀쳐짐'에 근거하여 자신은 중요하지 않은 사람이라는 초기결정에 이르렀다.

이 당시에 그녀의 어머니는 자주 외박하는 아버지, 연이어 태어난 미숙의 막내 여동생으로 인해 자녀 양육에 엄청난 스트레스를 받고 있었고 미숙에게 관심과 심리적으로 도움이 될 수 없었다. 이후 미숙은 남동생, 여동생에게 늘 양보하고 놀이를 할 때도 언제나 져주거나 약자 역할을 맡으며 '중요한 역할'은 맡지 않고 둘째 동생에게 맡도록 하였다. "나는 중요한 사람이 아니야."라는 결정은 연이은 동생들의 탄생과 맏이로서 미숙의 욕구가 무시되는 정신 외상적인 가정환경에서 강화되었다.

이러한 성장 과정에서 내린 결정과 맡았던 역할, 미숙의 대처방식은 직장 동료들로부터 무시와 소외를 당하는 상황에서 적절히 대응하지 못하는 결과로 이어졌다.

미숙은 자신의 초기결정에 따른 각본으로 상대방의 감정이나 욕구를 무시하고 딱 부러지거나 분명한 언행으로 자신을 나타낼 수 있는 같은 또래의 동료들의 문화에 익숙하지 않고 자신에 대한 무시나 소외에 맞서서 자신을 보호할 수 있는 대처전략들을 개발시켜 온 경험이 부족할 수도 있다.

그 결과 동료들로부터 반복적으로 소외를 당하고 무시당하는 경험에서 미숙은 동료관계에 자신감을 잃게 되었고, 사회적 영역에서 상실된 자신감은 미숙의 직장업무 수행에도 영향을 미쳐 상사로부터 좋은 평가를 받지 못하는 결과로 이어져 미숙에게 자신감 상실의 또 다른 원인을 제공하게 되었다.

- 문제를 지속시키는 내적 역동은 무엇인가: 문제를 유발하거나 지속시키는 라켓체계, 준거틀(역기능적 사고, 신념), 감정, 행동특성, 방어기제

미숙은 성장과정에서 자신의 부모님에게서 "중요한 사람이 돼서는 안 돼."라는 비언어적 태도에 의한 금지령을 받았을 것으로 추측된다.

미숙은 어린 시절 자신이 중요하게 여겨지지 못한 점에 대한 한 가지 해결책은 다른 사람(동생들과 부모님)을 돌보는 것이고, 그것이 자신의 몇몇 욕구를 충족시켜 줄 수 있을 것이라는 점을 발견했을 것이다. 이러한 결단은 성인기에 미숙이 남을 돕는 직업을 선택했다는 사실에서 가시화되었다. 미숙은 직장에서도 보통 조용하고 철회(withdrawal)되어 있었으며 다른 사람에게 곧잘 양보하는 행태를 보였다.

이리한 미숙이 가지는 자신에 대한 핵심신념은 "나는 소중하지 않다."이고, 이를 지지하는 경험과 생각은 "나는 항상 혼자다." 그리고 타인에 대한 핵심신념은 "타인이 나보다 더 중요하다."이며 이를 지지하는 경험과 생각은 "아무도 나를 썩 원하지 않는다." "아무도 나를 사랑하지 않는다."이다. 동시에 자신의 삶에 대한 신념은 "삶은 힘들고 외롭다."이며 이를 지지하는 생각은 "남이 날 좋아하고 원하도록 하는 방법은 남을 돌보는 것이다." "나는 완전히 혼자 힘으로 나를 돌보아야 하고 원하는 것을 얻어야만 한다."이다.

타인에게서 받았던 사회적 반응은 그녀가 크게 중요한 사람이 아니고, 자신이 원하는 것에 대한 인식을 제대로 하지 못한다는 것이었으며, 그것은 결국 그녀가 그렇게 중요한 사람이 아니고, 때론 있으나 마나 한 존재이며, 타인이 더 중요하다는 그녀의 신념을 강화시켜 주었다.

미숙의 관찰 가능한 행동(틀에 박힌, 반복강박적인, 타성)과 감정적인 행동은 하나의 슬픔이었으며 미숙을 장기간의 우울과 심각한 두통으로 이끌었고 주로 슬픈, 조용히 홀로 시간을 보낸다는 것이다. 그리고 모든 일을 맡아서 하려고 하며, 시선을 피하고, 타인의 욕구에 역점을 두며, 자기를 위해 요구하지 않는다는 것이다.

미숙의 공상적 삶은 대개 그녀가 다른 사람들을 잘 대해 주면 그들이 그녀를 사랑하고 보살펴 줄 것이라는 역(逆)각본결정에 집중되었다.

그러면서도 동시에 미숙에게 드는 공상은 자신의 각본결정을 지지하기 위해 '그녀는 때때로 자신이 결국 혼자, 가난하게, 사랑받지 못한 상태로 생을 마감하는 것'이었다.

미숙은 엄마는 슬프고 나를 돌봐줄 수 없다는 것과, 친구가 별로 없으며, 무시당하는 것이나, 활동에 참여해 달라는 초대를 못 받는 것 등을 통해 자신의 초기결정에 대한 정당성을 늘 부여하고 있다.

〈문제를 지속시키는 내적 역동의 또 다른 예〉

청소년들은 자신이 또래에게 어떤 모습으로 비치는가에 매우 민감한 경향이 있다. 진수는 한편으로는 급우들의 놀리는 행동이 수준 이하라고 무시하고 비웃었지만 급우들의 언행이 자신에게 개그맨의 이름을 부르며 놀리는 일이 반복되면서 자신이 급우들에게 그 개그맨처럼 푼수 같고 엉뚱하고 멍청한 사람으로 보일 것이라는 생각을 갖게 된 것 같다. 즉, 급우들의 반응과 자신의 생각을 확고하게 분리시키지 못하고 자신도 모르는 사이에 개그맨의 긍정적인 이미지를 내면화시키지 못하며 개그맨의 부정적인 이미지를 내면화시키면서 급기야 자신에 대해 부정적인 생각과 감정에 휩싸이게 된 것이다.

이 때문에 학교생활에서 자신의 행동거지와 급우들의 반응에 지나칠 정도로 민감한 반응을 보이게 되었다. 사회적 상황에서 경험하는 불편감과 불안 때문에 진수는 급우들과 함께 있는 자리에서 현재 진행되는 상호교류에 주의를 집중하지 못하고 자기 생각에 빠져 가끔 급우들 눈에 엉뚱하게 보이는 행동을 하게 되었고 이런 행동은 또 다른 놀림거리를 제공하게 되는 악순환이 되고 있다.

• 문제를 지속시키는 외적 역동은 무엇인가: 문제를 강화, 지속

시키는 가족 역동, 주위 반응, 물리적 환경

> 미숙의 직장 생활이 매우 힘들어지고 동료들과의 관계도 부적응이 지속되면서 직장을 포기하는 듯한 태도에 미숙의 어머니는 별다른 반응을 보이지 않았고 이것은 문제 상황에 대한 미숙의 무기력한 태도와 유사한 면이 있다. 어머니의 이런 태도는 미숙의 어릴 적 결정에 대한 기억을 강화하는 역할을 했을 수도 있다. 아울러 직장 동료들 또한 문제의 심각성을 간과하고 있어 이를 계속 조장하고 있을 수 있다.

- 문제의 해결이나 극복을 위해 내담자가 필요로 하는 것은 무엇인가: 내담자에게 필요한 기술이나 능력, 문제해결을 촉진시킬 수 있는 상담자-내담자 관계의 특성

> 미숙은 무엇보다 자신감과 사회적 통제력을 회복하는 것이 시급하다. 이를 위해 우선 미숙은 자신의 내적 반응, 즉 역기능적인 신념, 생각, 감정 등에 대한 이해를 위해 이를 구성하고 있는 라켓체계를 자율체계로 전환하여 성공적인 통제를 경험할 필요가 있다.
>
> 뿐만 아니라 미숙처럼 문제 상황에 처해 위축되고 자신감을 상실한 내담자의 경우 상담자와의 관계에서 자신의 생각과 감정 그리고 의사를 충분히 표현하고 존중받는 경험이 필요하다. 따라서 상담자는 미숙에게 무조건 긍정적 스트로크의 제공과 더불어 라켓체계를 자율체계로 전환하는 재결단 작업을 통해 미숙과 함께 문제 상황을 검토해 보고 동료들과 미숙 자신이 각각 문제에 기여한 부분을 살펴보며 대안적인 행동을 모색함으로써 미숙을 문제해결 과정에 적극적으로 참여시키는 것이 바람직하다.

◈ 사례개념화를 위해 살펴볼 점
- 내담자가 진술하는 용어에서 반복적으로 나타나거나 공통되

는 주제, 패턴

  (예) 다른 사람들이 나를 무시한다. 쉽게 상처, 수동-공격적
    패턴

- 문제 행동 및 증상의 역기능적 측면뿐 아니라 기능적 측면
  파악
- 내담자 개인 특성뿐 아니라 가족 역동, 주변인과의 관계 특
  성, 환경적 특성의 포괄적 파악

(2) 상담계약 맺기

① 계약을 위한 상담목표의 중요성

계약이라는 용어와 이에 대한 이해는 내담자들이 초기에 다소
어색해 하는 경향이 있다. 우선 내담자가 상담을 통해 달성하고자
하는 것을 상담자와 계약을 맺는 과정에 우선 상담의 목표로 인식
하도록 하고 이를 상담자와 행동적으로 약속하는 계약으로 나아
가게 하는 것이 수월할 수 있다. 이러한 차원에서 상담자는 상담
목표가 갖는 중요성을 인식할 필요가 있다. 그 중요성은 다음과
같다.

- 상담의 방향성 제시
- 상담자 전문 능력의 평가 기회
- 성과를 달성하려는 노력을 촉진
- 목표에 맞는 효과적인 상담 전략 계획
- 상담의 진척 상황 평가 기준
- 자기 동기화의 효과

② 계약을 위한 상담목표 설정의 과정

상담목표 설정의 목적과 필요성에 대해 내담자가 납득할 수 있도록 자세히 설명한 후 함께 목표를 선정한다. 그러고 나서 상담자와 내담자가 함께 세운 목표에 합의하는지 확인해 본다. 목표 달성이 가져다 줄 이점과 손실을 검토하고 목표 달성에 장애가 될 수 있는 요인을 정확하게 파악한다. 필요한 경우 목표 실행 과정에서 원래 정한 목표를 수정하여 새로운 목표를 설정하기도 한다. 아래는 장기 목표와 단기 목표를 구분하기 쉽게 제시하였다.

장기 목표 (상담 전체 목표. 상위목표)	단기 목표 (회기 목표, 하위목표)
포괄적 내용	• 구체적이고 측정 가능 • 실질적인 문제해결에 기여 • 내담자 통제 범위 안에 있는 것
예: 불안 감소	예: 불안을 유발하는 CP생각과 신념을 파악하고 근원에 대한 이해와 통찰을 높인다. 불안 감소에 도움이 되는 행동? 생각을 전환하는 인지적 전략? 긴장 이완 기법을 습득하고 활용한다. 사회 활동과 진로 준비와 관련된 활동의 빈도를 높인다.

③ 문제 대처 방식 파악의 방법

목표 설정에서 사정은 중요하며, 내담자가 문제 상황에 대처하는 방식을 알아야한다. 즉, 다음의 내용을 고려해 보아야 한다.

• 왜 '지금' 상담을 받게 되었나?

- 첫 상담 예약 후 '진전'이 있었는지? 만약 첫 상담 전 무엇이라도 향상이 있었다면 상담자는 이 부분을 향후 더 강화하고 유지해야 한다(Weiner-Davis, deShazer, & Gingerich 1987).
- 상담이 성공한 경우 무엇이 실질적으로, 구체적으로 달라져 있음을 확인하고 경험할 수 있을지를 알아야 한다. 변화를 확인할 수 있는 것을 아는 것은 문제 발견에서 해결 형성으로 신속하게 움직이도록 촉진한다.
- 다루어야 할 문제를 정의할 때는 구체적 증상이나 행동 등의 용어를 사용한다. 예를 들면, 우울증, 피로, 즐거운 활동의 부족, 슬픔, 불안, 여러 사람 앞에서 이야기할 때 심장이 뛰는 것 등으로 내담자가 다룰 수 있는 용어가 바람직하다.
- 내담자 호소문제가 '왜 지금 문제가 되는지' 알아본다. 이것은 문제의 의미, 심각한 수준과 이유를 알 수 있다. 예를 들면, '남편의 외도가 왜 지금 문제인가? 질투가 나서, 남편이 떠날까 봐, 내가 못난 것 같아서, 아이를 낳을까 봐' 등이다.
- 호소문제가 여러 개이면 중요한 순서 혹은 시급히 해결해야 할 순서를 정한다.

④ 목표 설정 과정에서 목표 합의

상담자는 목표를 합의하는 과정에서 '내담자는 진정으로 변화하기를 원하는가? 문제를 다른 사람이나 상황 탓으로 보는가? 상담이 자신을 위한 것인가?' 등을 확인하는 것이 중요하다. 특히 청소년 상담이나 비자발적인 상담의 경우 양쪽이 수용할 수 있는 목표를 찾아가는 것 자체가 상담 초기의 중요한 과제가 된다. 내담자가 목표 설정에 많이 참여할수록 그 목표를 성취하기 위해 더 많이 노력하는 경향이 있기 때문이다. 다음에 제시된 목표 합의 과정을 보여 주는 상담 대화를 통해 상담자가 효과적으로 사용하는 기법과 그것이 잘 나타난 상담자 반응은 어떤 것인지 살펴보자. 또한 이 사례의 목표 합의 과정의 특징은 무엇인지도 생각해 보자.

〈비자발적으로 참여한 청소년과의 상담목표 설정 과정에서 목표에 합의해 나가는 사례〉

상담자: 상담을 하면서 어떤 결과가 나타나면 더 이상 여기에 올 필요가 없다고 할 수 있을까? [상담목표 설정을 위한 Ⓐ 대 Ⓐ 교류]

내담자: 난 모르겠어요. 어떻게 해서 내가 여기에 와 있는지도 모르겠어요. 아는 거라곤 엄마가 상담을 신청했다는 것뿐이에요. [내담자의 Ⓒ 반응으로 저항, 수동성]

상담자: 그래? 엄마가 상담을 신청했다고 생각하니? [내용 반영으로 Ⓐ 대 Ⓐ 교류]

내담자: 예. (끄덕임) [내담자의 Ⓒ 반응으로 저항, 수동성]

상담자: 엄마가 너를 나한테 보낸 이유가 뭐라고 생각하니? [상황 재인식을 위한 Ⓐ 대 Ⓐ 교류]

내담자: 엄마가 왜 그러셨는지 모르겠어요. [내담자의 Ⓒ 반응으로 수동성]

상담자: 만일에, 네가 뭔가 원하는 게 있어서 나를 만나러 여기 오기로 한 거면 그게 뭘까? [내담자 내부로 에너지를 가져가 보도록 하는 Ⓐ 대 Ⓐ 교류]

내담자: 내가 왜 여기 와야 하는지 모르겠어요. [내담자의 Ⓒ 반응으로 저항, 수동성]

상담자: 그래, 네가 여기 있는 이유가 너한테는 수수께끼구나. 그러면 엄마는 이 점에 대해서 너와 상의하지를 않았구나. "엄마는 네가 상담 선생님을 만나 봤으면 한다. 왜냐하면 거기에 가볼 필

요가 있다고 생각하기 때문이야."라고 말해 주지도 않았구나.
[내용 반영으로 Ⓐ 대 Ⓐ 교류]

내담자: 내가 아는 거라곤 엄마가 방과 후 학습에 나를 신청했다는 것
　　　　뿐이에요. 그리고 그때 누가 엄마한테 내가 전문가랑 이야기를
　　　　해 보면 어떨지 물어봤다는 거하고요. [내담자 내부로 에너지를
　　　　조금씩 가져가는 Ⓐ 대 Ⓐ 반응 교류]

상담자: 무엇 때문에 방과 후 학습을 받아야 하니? [내담자 문제로 들어
　　　　가는 Ⓐ 대 Ⓐ 교류]

내담자: 내가 중요 과목 성적이 형편없어서요. [내담자 내부로 에너지를
　　　　조금씩 가져가는 Ⓐ 대 Ⓐ 반응 교류]

상담자: 그게 엄마하고 다른 사람들이 네가 여기 와서 나를 만나보도록
　　　　한 이유들 중 하나라고 생각하니? 만약 그렇다면 공부를 조금
　　　　더 열심히 해서 성적을 좀 올려볼 수 있도록 도움을 받으라는
　　　　거 아닐까. [내담자 상황 인식을 좀 더 현실적으로 하게 하며 상
　　　　담목표 설정을 위한 Ⓐ 대 Ⓐ 교류]

내담자: 과목 성적을 좀 올리기가 너무 힘들어요. [내담자의 Ⓐ 반응]

상담자: 그렇지. 성적을 좀 올릴 수 있는 방법이 있으면, 올려보고 싶니?
　　　　[공감과 내담자 상황 인식을 좀 더 현실적으로 하게 하며 상담
　　　　목표 설정을 위한 Ⓐ 대 Ⓐ 교류]

내담자: (강하게 끄덕임). [내담자의 Ⓐ가 문제해결에 대한 욕구를 보이
　　　　는 반응]

상담자: 네 생각에 성적을 좀 올리려면 어떻게 해야 하는데? [내담자가
　　　　주체가 되어 자신의 문제를 좀 더 현실적으로 해결해 나가게 하
　　　　며 상담목표 설정을 위한 Ⓐ 대 Ⓐ 교류]

내담자: 내가 할 일을 모두 하는 거요. [내담자의 Ⓐ 반응]

상담자: 할 일들을 하는 거에 관심이 있니? [내담자 내부로 에너지를 조
　　　　금씩 가져가는 Ⓐ 대 Ⓐ 반응 교류]

내담자: (대답 없음). [내담자의 갈등 또는 임패스 상황을 나타내는 반응]

상담자: 쉽지 않기도 하고 그래서 진짜 원하는 건 아닌가 보네. 하지만
　　　　생각은 하고 있구나. [상담자의 과녁맞추기 교류]

내담자: (대답 없이 계속 바닥만 쳐다봄). [내담자의 갈등 또는 임패스 상황을 나타내는 반응]

상담자: 음… 어떻게 생각하니? 네가 여기 와서 나를 만나서, 나중에 얻고 싶은 결과는 성적을 좀 올리는 거니? [상담자는 조금 더 적극적으로 내담자가 임패스를 해결하도록 에너지를 조금씩 가져가는 Ⓐ 대 Ⓐ 반응 교류]

내담자: (고개를 끄덕임). [내담자는 임패스를 해결하고자 Ⓐ로 선택]

상담자: 네가 이번에 성적을 좀 올리지 못한다고 하더라도, 최소한 우리는 지금보다 더 떨어지는 일이 일어나지 않도록 할 수는 있을 거야. 그게 네가 생각하거나 원하는 일이니? [상담자는 조금 더 적극적으로 내담자를 지지하며 Ⓐ자아가 지금보다 더 떨어지는 일이 일어나지 않을 것이니 밑져야 본전이라는 생각에 보증을 하며 성적 문제를 해결하고자 하는 에너지를 더 가지도록 하는 Ⓐ 대 Ⓐ 반응 교류]

내담자: 네. [내담자가 Ⓐ자아로 조금 더 힘을 내 선택한 반응]

상담자: 그래, 나한텐 네가 어쨌든 지금보다 더 나빠질 수는 없으니 뭐라도 같이 해 볼 수 있는 방법을 찾아서 해 보기를 원한다고 들리는데? 네가 이야기하지는 않았지만 네 말이 그렇게 들리네. [상담자는 조금 더 적극적으로 내담자를 지지하며 Ⓐ자아가 작동하도록 하는 Ⓐ자아의 간접질문]

내담자: 예, 그러면 좋겠어요. [내담자가 Ⓐ자아로 조금 더 힘을 내 선택한 반응]

상담자: 그래, 자 그럼 우리 상담목표가 지금보다 성적을 어느 정도가 됐든 올리는 것으로 하면 되겠니? [상담목표 설정, 확인을 위한 Ⓐ 대 Ⓐ 교류]

내담자: 네. [내담자가 Ⓐ자아로 최종 선택한 반응]

상담자: 그래, 그럼 우리가 이러한 상담목표를 가졌는데, 다음 상담에 오기 전까지 목표달성을 위해 자신에게 도움이 되는 무언가를 한다면 무엇을 해 볼 수 있을까? [상담자가 함께 설정한 상담목표를 위해 필요한 행동적 실행에 첫 시동 걸기로 내담자의 Ⓐ자아를 작동하게 하는 Ⓐ 대 Ⓐ 질문 기법]

이러한 상담 대화를 통해 교류분석상담자 기법은 내담자의 생각을 반영해 주면서 굳건하게 버텨주고 내담자로 하여금 A자아로 생각, 대응해 보도록 잘 유도하고 있다. 상담목표 합의 과정의 특징은 상담자와 내담자 양자가 공히 각자에게 도움이 되는 시간을 만들어 보고자 하는 선의지에 불을 지피고 있는 것이다. 즉, 상담자는 내담자를 공감하며 돕고자 하는 의지를 따뜻하면서도 A자아를 통해 내담자의 A자아가 이득을 생각해 보게 하는, 즉 "지금보다 더 나빠질 수는 없으므로 밑져야 본전이니 과중한 책임감을 갖지 않고 해 보지 뭐."라는 내면의 자아상태 간 역동을 잘 읽어내며 목표설정을 할 수 있도록 돕고 있다.

⑤ 계약을 위한 상담목표의 구성

상담자는 계약을 맺기 위해 첫째, 목표 행동 둘째, 목표행동을 수행하는 상황조건 셋째, 성취여부를 판단하는 기준의 세 가지 요소를 가진다.

목표행동은 내담자 중심의 기술이어야 한다. 주어는 내담자, 능동태의 표현이다. 이는 구체성으로 나타나야 하며 추상적인 용어를 동작동사, 행위동사로 묘사한다. 예를 들면, '불안을 낮춘다'고 하면 '불안 척도의 점수를 몇 점까지 낮춘다.'로, '행복해지고 싶다?'라고 하면 '행복감을 경험하는 상황이나 활동, 즉 조깅, 친구와 영화 관람 등을 통해 행복 척도를 몇 점까지 올린다.'가 이에 해당된다.

이를 구체적으로 설정해 가는 과정은 내담자의 좋은 의도를 인식하게 하여 스트로크 주며, 넓은 의미의 목표(상담 전체 계약)로 먼저 다가가고, 그다음 구체적인 하위 목표(회기 계약)로 나아간다. 다음 내담자 반응의 사례는, 상담에서 내담자가 목표를 설정해 가는 과정에서 앞의 세 수준을 보여 주고 있으며 이에 상담자가 피드백을 보여 준다.

내담자: 이번 일은 제 눈을 뜨게 해 주었습니다. 지금까지 정말이지 눈이 멀어 있었습니다. 아내와 아이들은, 제가 일에 몰두하는 것이 좀 심한 편이기는 하지만 자기들을 위한 것인 줄 모릅니다. 제가 어리석었습니다. 저는 아내와 아이들이 윤택한 생활을 할 수 있도록 열심히 일하고 있다고 생각해 왔거든요. 사실 대부분의 시간을 직장에서 보내고 있습니다. 일을 좋아하기 때문입니다. 제 자신을 위해 일하는 것인지도 모르죠. 제 삶에 순위를 다시 정할 필요가 있을 것 같습니다.

상담자: (내담자의 좋은 의도를 인식하게 하며 스트로크 준다.) 이번 일을 경험하면서 아내와 자녀들과의 관계를 변화시키고 싶어하시는군요.

내담자: 가정생활을 회피하기 위해 일에 몰두하는 것은 아닙니다. 하지만 가족들과 충분한 시간을 보내지 못하기 때문에 가정생활이 나빠지고 있는 것 같습니다. 아내나 아이들과 좀 더 많은 시간을 보내야 되겠습니다. 그게 당연한 일 아니겠습니까? 이제 그렇게 하고 싶습니다.

상담자: (내담자가 의도 표명을 넘어 막연하지만 넓은 의미의 목표에서 언급하고 있음을 알고 이를 함께 동의한다.) 네, ○○씨가 그나마 집에서 보내는 시간을 늘리겠다는 목표를 가지셨네요. (이러한 넓은 의미의 목표를 구체적인 하위 목표로 재설정해 나간다.) 그럼 집에서 보내는 시간을 늘리는 것을 이번 달에 구체적으로 어떻게 해 보실 수 있을까요?

내담자: 한 달에 네 번의 주말 중 세 번은 집에서 아이들과 아내와 같이 좋아하는 활동을 하며 보내겠습니다. 주중에도 두 번 이상 야

근을 하지 않고 가족과 같이 저녁을 먹겠습니다.
상담자: 네, ○○씨가 좋은 의도를 가지셨고 이를 구체적으로 실천하는
　　　　방법까지 계획을 세우셨네요. 좋습니다.

이렇게 구체적으로 계약을 위한 상담목표의 구성, 설정해 가는 과정에서 세 가지 수준을 상담자가 고려하는 것은 상담과정에서 내담자에게 목표 설정의 이점을 충분히 경험하게 해 준다. 다음의 예시 또한 상담목표 구성 중 목표 행동을 잘 보여 준다.

내담자의 좋은 의도: 우리도 결혼 생활을 제대로 좀 했으면 싶어요.
넓은 의미의 목적: 좀 더 건설적인 방법으로 돈 문제를 다투고 싶어요.
구체적인 목적: 돈 문제만 나오면 싸우거나 다툽니다. 이제 싸우는 횟수
　　　를 좀 줄이고, 서로 상의해서 결정하고 싶어요. 우리는 대화를
　　　하지 않고 소리를 지릅니다. 월별 예산을 세울 필요가 있겠습니
　　　다. 그렇게 하지 않으면 가지고 있지도 않은 돈을 가지고 싸우
　　　게 될 겁니다. 다음에 선생님을 만나러 올 때에는 예산을 짜가
　　　지고 오겠습니다.

⑥ 성취 가능성

내담자의 능력과 상황적인 제약을 고려해야 하고 타인이나 외부환경을 변화시키는 것이 아니라 자신의 행동을 변화시키는 것으로 설정하여야 하며 이는 성취 가능성, 즉 자신이 사회적 통제를 발휘할 수 있어야 한다. 다음의 예는 이러한 부분을 잘 보여 준다.

16세의 정 군은 부모의 부부관계의 갈등과 악화, 이를 해결하는 관계기술 결여 때문에 자신이 희생되었다고 생각한다. 부모는 싸움을 할 때마다 아들을 이용하려고 했기 때문에, 정 군은 탁구공 같은 느낌이 들었다. 상담자는 정 군이 부모의 행동을 직접 통제할 수는 없지만, 부모가 이용하려는 시도에 대한 자신의 반응은 통제할 수 있다는 사실을 깨닫게 했다. 예를 들어, 부모가 싸우기 시작할 때 곁에서 도우려고 애쓰지 말고 자리를 피해버릴 수 있는 것이다. 부모가 서로 자기편으로 끌어들이려고 한다면, 누가 옳은지 알 수 없다고 말할 수 있다. 또한 정 군은 집 밖에서의 생활을 잘해 보려고 노력했다. 이러한 노력은 집에서 겪는 긴장을 해소하는 데 도움이 됐다.

⑦ 계약의 실제

이제 상담자와 내담자가 상담목표로 설정한 것을 행동적 계약으로 맺는 것이다. 상담목표로 설정한 것을 전체 치료계약으로 변경하여 내담자가 변화를 위한 분명한 계약에 합의할 수 있도록 한다. 치료계약을 이끌어 내는 것 자체가 개인적인 변화를 유도하는 결정적인 동인이 된다.

'교류분석에서는 사람은 모두 OK'라는 전제를 갖고 있기에 상담자와 내담자는 평등한 위치에 있고 개인은 자신의 결정과 행동에 책임을 진다는 입장에 있다. 그러므로 상담자와 내담자는 그들의 공동 작업이 언제 끝날지 분명하게 한다. 이를 통해 목표달성을 이야기할 수 있고 이는 목표 없이 수개월, 수년을 끄는 것을 방지해 준다.

목표 설정에서 효과적인 계약 맺기를 할 때 다음의 내용을 포함하여야 한다(Stewart, 1996, p. 67; 2007, pp. 63-64).

- 계약 목표는 행동을 통해 실현 가능한가? 행동 가능한 것으로 묘사되어야 한다. 이 세상에서 최소 한 사람은 이것을 달성했을까?
- 계약은 안전한가? 계약 실천이 신체적, 법적으로 문제가 되지 않는가?
- 긍정적인 말로 표현이 되어 있는가? 부정적 계약은 장기적 효과가 없다. 긍정적 시각화를 위해 부정적인 말로 표현된 계약은 하지 않아야 한다.
- 계약 달성 여부를 관찰할 수 있는가? 관찰이 중요한 이유는 목표에 도달했는지 알 수 있어야 하기 때문이다. 세부사항을 시각화할 수 있어야 한다. 결말 계약의 경우 상담이 '나는 나의 체지방 비율을 18%로 바꿀 것이다.'와 같이 염원하는 결말을 묘사한다. 이 진술을 시, 청각, 다른 감각을 사용하여 상상하는 것이 가능하다. 일의 상태를 묘사한 것이다.
- 행동 계약: 최소한 결말 계약을 위한 실행을 위해 하나 이상의 계약이 뒷받침되어야 하는 것으로 "운동을 하고 다이어트를 할 것이다."가 해당된다. 이는 회기와 회기 사이에 특정한 행동을 수행할 것을 상호 승인한 과제가 된다.
- 계약이 분명한 내용인가? 모호하거나 추상적이지 않는가? 그럴 경우 다음 예시에서처럼 상담자의 분명하고도 구체적인 확인 질문이 도움이 된다.

내담자: 내가 화가 나면 이제부터는 무조건 가족들에게 표현을 할 것입니다.

상담자: '화를 내려고 하는데 생각해 보니 화가 나지 않았네.'라고 생각되는 경우가 있을 겁니다. 그런 상황에서도 가족들에게 화를 표현하시겠습니까?

내담자: 적절한 때가 오면 남편에게 나의 감정에 대해 이야기할 것입니다.

상담자: 적절한 때라는 것을 어떻게 알 수 있을까요? 저는 적절한 때가 궁금하네요.

• 아직은 취약할지라도 임패스와 드라이버에서 벗어난 내담자의 A자아의 에너지와 내담자의 자율성을 담보하고 있는가?

이러한 효과적인 계약 맺기를 감안하여 5장에서 형식을 소개한 바 있고, 여기에서는 실제 상담에서 적용한 예를 소개한다. 〈표 6-1〉의 가장 왼쪽에는 '현재' 내담자의 상황이나 모습을 생각, 행동, 감정으로 나누어 기술하며, 가장 오른쪽에는 상담 후 변화된 '미래'를 왼쪽에 있는 내용, 즉 생각, 행동, 감정의 변화된 내용으로 기술한다. 중간에 있는 'Grasslands'는 건너야 할 풀밭 또는 초원, 징검다리의 의미인데 왼쪽에서 오른쪽으로 넘어가기 위해서 초원을 어떻게 건널 것인지에 대한 구체적 '행동계약' 내용이 포함된다.

〈표 6-1〉 구체적인 계약 도구

현재(A HOW I AM NOW)	행동계약(Grasslands, 개울가의 이쪽에서 저쪽으로 넘어가는 징검다리)	미래(HOW I WANT TO BE)
- 학업에 자신감이 없고, 불안하다. - 미래가 무섭고 두려우며 불확실한 것은 피하고 싶다. - 호흡 불안정, 가슴통증, 신체 긴장이 매일 저녁에 있다(4점 정도).	1. 나를 믿을 수 있다는 데이터를 찾는다. - 지금까지 내가 잘 해왔던 것 적어 보기 2. 나의 가족(엄마)에게 감정을 표현해 본다. 3. 나에게 허가를 주는 '만트라'를 만들고 되새긴다. 4. 상황을 객관적으로 보는 눈을 가진다. 5. 몸의 긴장을 풀고 편안하게 한다. - 앱을 이용하여 매일 명상 실천하기 6. TLC 내용 여섯 가지 중 실천 가능한 것 선택, 행동한다.	- 다른 사람의 눈치를 보거나 맞추면서 적응하려 하지 않고 당당하고 여유 있는 모습이다. - 몸의 긴장 없이 편안하게 누워서 쉬고 있다.
Think - 실수나 실패하면 안 된다. 적당히 할 수 없다. - 왜 나는 나 스스로 힘들게 하지? 내가 답답하다. - 어떻게 해야 하지? 계속 이러면 내 미래는 어떻게 되지?		**Think** - 나는 나 스스로가 좋다. - 때로는 넘어가도 괜찮다. - 나는 나를 위한 객관적인 눈을 가지고 있다.
Act - 공부할 때 완벽하지 않으면 페이지를 넘기지 못한다. - 불안하거나 신체 통증이 있을 때 다른 걸 해서 주위를 돌리려 하지만 잘 안 된다.		**Act** - 내가 처음 계획한 시간대로 움직인다(완벽하지 않아도 넘어감). - 남에게 맞추려 하지 않고 내 기준대로 움직인다. - 타인의 평가에 영향 받지 않고 자유롭게 행동한다.
Feel - 답답하다. - 불안하다. - 무섭다. - 부담스럽다.		**Feel** - 편안하다. - 하루가 만족스럽다.

⑧ 계약을 관리하기

상담자는 목표설정을 계약을 맺은 후 매 회기 상담 시 전체상담의 분명한 방향을 위해 매 회기 시작 시 내담자와 현재 시행중인 전반적인 계약을 숙지한다. 아울러 1회기 이후부터 매 회기 계약을 관리해야 한다. 관리 내용은 다음과 같다.

이전 회기에서 맺은 회기 계약이 어떻게 되었는가? 실천 여부에 따라 내담자 내부에 작동하고 있는 것이 무엇인지를 확인한다. 주로 자아상태 구조와 기능, 드라이버, 스트로크 추구, 게임, 수동성, 인생태도, 준거틀, 라켓체계 등이다.

지난 회기계약을 성취하지 못하였다면 계속할 것인가? 이럴 경우 내담자의 A자아 오염 여부, C자아의 두려움, 수동성, 디스카운트 등의 작용 여부를 검토한다. 그리하여 전체 상담계약을 재 인지하도록 하고 각본 적 상태에 머무르기보다 회기계약의 실행이 가져다주는 이득을 '지금-여기'에서 상담자의 NP자아를 사용하여 도전한다.

2. 중기 단계에서의 상담기법

앞서 우리는 교류분석상담 과정을 크게 세 단계로 대별하자면 초기 단계, 중기 단계, 종결 단계로 나눌 수 있음을 언급하였다. 3단계 개입 단계와 4단계 문제해결 단계는 상담의 중기 단계이다. 교류분석상담자가 상담을 12회기로 계약을 맺는다면 4~10회기 정도에 해당되는 시기이다.

1) 개입 및 문제해결 단계

(1) P자아와 C자아로부터 오염된 A자아의 정화

상담 장면에서 만나는 내담자 대부분이 A자아의 오염된 상태에 있다. 교류분석에서는 오염된 A자아 기능을 되살리는 것을 '정화'라고 하였다(Berne, 1972). 정화는 내담자의 오염된 A자아에 맑은 물을 붓는 작업이다. 이 작업은 내담자의 신념 체계, 즉 준거틀을 직면하고 모르고 있는 점을 인식하게 하는 의도적인 도전을 하는 것이다. 이 과정은 세 가지 자아상태의 경계선을 강화시킴으로써 A자아에서 P 혹은 C자아상태의 오염을 제거하는 데 목표를 둔다. 교류분석상담의 과정에서 자각(통찰)은 어른 자아가 정화되고 어린이 자아(또는 부모 자아)와 어른 자아 사이의 적절한 경계가 재정립될 때 발생한다(Berne, 1961).

정화 작업의 네 단계는 다음과 같다(박의순, 이진선 역, 2008). 우선, 내담자 문제의 탐색과 확인, 둘째, 이 내담자는 지금 어떻게 인생을 사는가와 어떻게 다른 사람과 관계를 갖는가에 대한 내담자 스스로의 내적 메시지 확인하기, 셋째, 스트레스와 화, 불안의 원인이 되는 관계와 삶을 초래하는 내적 메시지 도전하기, 마지막으로 A자아를 이용하여 어떻게 살고 어떤 사람이 되어야 할지에 대한 새로운 선택을 위해 내담자를 임파워먼트(empowerment)하기이다. 이러한 작업과정은 상담자와 내담자 사이의 치료적 동맹을 강화한다. 이 단계에서 내담자는 자신과 다른 사람들의 삶과 관계 방식에 대한 견해, 즉 준거틀을 자각할 필요가 있다.

① 준거틀 도전하기

개인의 준거틀은 태어나서 부모의 희망, 꿈, 열망과 두려움 같은 것들이 자녀에게 투사되고, 점차 성장하면서 가족과 살고 있는 사회와 문화의 영향을 받으며 형성, 발전한다. 개인에게 준거틀의 형성은 사회화 과정에서 적절하고 필요한 부분이다. 가족 내에서와 마찬가지로 더 넓은 사회 환경에서 적응과 소속감, 안녕과 예측을 확신하도록 도와준다. 그러므로 준거틀은 특정한 사회와 심리적인 환경에 맞도록 발전한다.

내담자는 현재까지 자신과 세상을 보았던 방식에 대한 새로운 인식과 견해를 발달시키기 위해 기존의 것에 대한 새로운 관점을 검토, 확장할 필요가 있다. 이것은 만만치 않은 작업이다. 왜냐하면 많은 경우 사람들은 그동안 하던 대로 하기 위해 기존의 것에 고집스럽게 매달리기 때문이다. 편하고 알고 있는 대로 하고 싶은 것이 인간의 본능이며 알지 못하는 것보다 익숙한 것이 더 안전하다고 느끼는 것이 인지상정이다.

◆ 썰렁한 유머(교수대 웃음)에 상담자의 NP자아를 사용하여 비언어적, 언어적으로 도전하기

내담자의 적절하지 않는 행동이나 의문스러운 태도를 내담자 자신이 스스로 알아차리도록 여러 가지 방법으로 촉진할 수 있다. 예를 들어, 내담자가 언급한 것에 대해 내담자가 기대하는 대로 상담자가 NP를 사용하여 대답하지 않거나, 상담 공간에서 내담자의 말이 공허하게 울려 퍼지게 내버려 두게 되는 '침묵으로 교차교류' 하는 것으로서 가능하다.

> (남자 내담자가 여자친구를 사귀는 어려움에 대해 이야기한다.)
>
> 내담자: 나는 항상 내가 가장 좋아하는 여자에게 나 자신을 바보로 만들어요. 하! 하!
> 상담자: [비언어적 도전]. (상담자는 언어적 반응은 전혀 하지 않지만 내담자에게 더 이야기하라는 듯이 따뜻한 눈길로 바라보며 기다려 본다.)
> 내담자: (웃음을 멈추고 점차 침묵한다. 그의 얼굴에 슬픔이 지나간다.)
> 상담자: [비언어적 도전]. (상담자는 내담자가 자신을 비난하는 농담 '교수대 웃음'과 자신의 고통을 어떻게 무시하는지를 알아차리게 돕는다.)
> 내담자: 사실 나는 너무 외롭고, 늘 내가 마음에 들어하는 여자에게 바보스럽게 행동한다는 사실을 받아들이기가 너무나 두려워요.

디스카운트를 하고 있다는 것을 알려 주는 흔한 단서는 '썰렁한 유머(교수대 웃음)'로 볼 수 있고, 정확하게는 심각하거나 끔찍한 상황에서 빈정거리듯이 하는 으스스한 농담이다. 이는 명확한 불일치이기도 하다. 이 같은 경우는 내담자가 고통스러운 일이나 상황에 관해 이야기하면서 웃거나 미소 짓는 경우를 말한다. 예를 들면, "오, 하하, 내가 정말 바보였지!" "나는 정말로 음주량을 줄일 수 있다고 생각하지 않습니다. 하하(미소)" 등이다.

이와 같은 교수대 웃음은 내담자가 당신에게 같이 웃거나 혹은 미소로 응답해 달라는 C자아를 유인하는 것이다. 만약 당신이 그 권유에 응하면 내담자는 당신이 자신의 디스카운트를 인정했다고 여길 것이다. 그와 같은 교수대 웃음에 직면하기 위해, 당신은 내담자와 함께 웃는 것을 자제한다. 미소 짓지 않고, NP자아를 사용하여 비언어적인 침묵으로 도전한다. 또한 당신은 다음과 같이 말로 디스카운트를 NP로 부드럽게 이야기할 수 있다.

내담자: 오늘 여기로 오는 길에 내 차가 다른 차와 부딪쳤습니다. 하하!

상담자: (미소 짓지 않고 부드럽게) 웃을 일이 아닌 것 같아요.

◆ 상담자 NP자아를 사용하여 내담자 A자아를 작동하게 하는 부드러운 도전

상담자가 NP자아를 사용하여 내담자가 시도하고자 하는 것에 대해 그것이 내담자에게 크게 도움이 되지 않을 것이라는 것을 부드럽게 도전하며 A자아를 작동하여 해결책을 결정하도록 말해 주는 것은 또 하나의 효율적 도전기법이다.

(한 여성 내담자가 자신의 몸 건강과 결정장애 등에 대해 상담을 하고 있다.)

내담자: 남편은 내가 몸 관리를 하지 않는다고 늘 잔소리를 하고 저 또한 자꾸 살이 찌고 콜레스테롤 수치가 높아져 건강이 안 좋은 것에 대해 마음속으로 걱정을 많이 하고 있었어요. 나는 담배, 커피, 달달한 군것질용 과자, 술 이러한 것들 모두 끊고, 이제부터 강도 높은 디톡다이어트 체중조절 운동 프로그램을 시작해야겠어요.

상담자: (NP로) 네, 그것은 당신의 몸 관리와 식생활 양식에 큰 변화처럼 보이는군요. 신체는 점진적인 변화에 더 순응하고 잘 반응하지요. 우선 좀 더 부드럽고 점진적인 운동법과 식생활 양식을 고려해 보신 적은 있나요?

내담자: 어떻게요?

상담자: (NP로) 담배, 커피, 달달한 군것질용 과자, 술을 한번에 끊는다는 것은 그 자체가 아주 힘든 일이지요. 그것에 적응하기에는 보통 꽤 오랜 시간이 걸리지요.

내담자: 알아요. 제가 5년 전에 한번 해봤어요. 그때 제가 너무 신경질적이고 예민해져서 남편이 저에게 그냥 그만 두라고 해서 그만 두었죠.

상담자: (NP로) 네, 그랬군요. 강도를 서서히 높여가는 방법으로, 강도가 좀 낮은 운동 프로그램을 차근차근 천천히 하며 식단도 점진적으로 조절해 보는 것이 어떨까요?

내담자: 아마 그렇게 하기엔 불가능할 것 같아요. 저는 먹든지 완전히 안 먹든지 그래야 될 것 같아요.

상담자: (NP로) (내담자가 '네, 그러나' 게임 징조가 보이므로 응답을 즉시 하지 않고 가만히 들어주며 부드럽게 바라본다.)

내담자: (잠시 있다가) 사실 이젠 어떻게든 해야죠. 계속 이렇게 지낼 수는 없어요. 나는 내가 남편과 아이들을 실망시키는 것처럼 느껴지고, 좋지 않은 모델을 보여 주는 것 같아요. 내가 정말 제대로 무엇을 할 수 있겠어요? (눈에 눈물이 고이기 시작한다.)

상담자: (NP로) 나는 당신이 얼마나 절박하고 속상해 하는지 알 수 있을 것 같군요. 자, 이제는 규칙적인 운동을 천천히 부드럽게 시작하면서 점진적으로 줄이는 것이 어떻겠어요?

내담자: 내가 그렇게 하지 못할까 봐 걱정이에요.

상담자: (내담자가 '네, 그러나' 게임 징조가 보여 NP로 A를 향해 질문) 당신이 이루고자 하는 지점의 목표에 도달할 수 있는 가장 좋은 방법은 무엇이라고 생각하나요?

내담자: 글쎄요, 당신이 그렇게 말한다면, 네. 내가 이전에 열심히 하지 않아서 유지할 수가 없었지요. 그러나 이번에는 정말로 하고 싶어요. (흐르는 눈물을 닦으며 수정체같이 단단하고 맑은 결심에 찬 표정으로) 트레이너와 상담하여 천천히 점진적으로 꾸준히 하겠어요.

② 내담자가 내면에서 느낀 경험을 재경험하게 하는 기술

내담자들은 자신만의 내적인 대화(내면의 소리로 주로 CP적 메시지)에 매우 익숙하게 영향을 받기 때문에 자신이 진정으로 원하고 필요로 하는 것이 무엇인지 잘 알아차리지 못하는 경우가 많다. 많은 경우 내담자는 자신의 준거틀 형성에 영향을 주었던 사람(주로 부모)들이 여전히 머릿속에 살고 있기 때문에 타인이나 세상 그리고 자기 자신을 어떻게 생각하는지, 어떻게 행동할 것인지에 대해 이들(주로 부모)과 내적 대화를 통해 결정하고 경험하는 결과를 초래하므로 현 시점에서 온전히 자신만의 인식으로 경험하지 못한다.

내담자가 내면에서 느낀 경험을 재경험하게 하는 기술은 세 가지 자아상태 각각의 사고, 감정과 행동을 분리할 수 있고, 내담자의 내적 경험으로부터 이러한 것들을 탐색할 수 있는 좋은 방법이다. 이것은 내담자가 자신의 내적 대화의 어떠한 내용이 여전히 머물고 있으며 계속해서 영향을 주고 있는지를 명확하게 알아차릴 수 있게 한다. 나아가 내담자는 조금 더 객관적인 위치에서 자신의 내면의 이야기가 무엇인지 알아차리게 되고 현재의 상황과 부합 여부를 검토하여 내적 대화를 새롭게 업데이트하게 된다. 결국 다음의 자아상태 대화는 어른 자아 기능을 강화시키는 데 도움이 된다.

③ 자아상태 대화

상담자는 내담자에게 자신의 '부모, 어른, 어린이' 세 가지 자아상태가 각각 다른 세 개의 의자에 앉아 있다고 상상하게 한다. 그런 다음 의자 사이를 움직이며 자아상태가 서로 대화할 수 있게 한다. 주로 부모 자아와 어린이 자아가 서로 이야기하도록 하고

상담자가 적절한 시점에 내담자의 어른 자아를 불러서 요약하고 개입한다.

〈자아상태 대화의 방법〉

내담자에게 방법을 설명한다.

여러 개의 다양한 모양의 의자(부모들이 앉을 법한 권위가 있는 '사장님' 의자, 유치원생의 작은 의자, 사무실에서 일할 때 앉는 의자 등)를 준비해 놓은 다음 내담자에게 자신의 경험에서 비롯된 세 개의 의자를 가져오게 하고 각각이 어떤 자아상태를 의미하는지를 이야기하게끔 한다. 어른 자아는 통상 부모 자아와 어린이 자아 사이에 놓게 하는데 이는 어른 자아의 개입 기능을 강조하기 위함이다.

내담자에게 각각 다른 자아상태로 경험할 때나 말할 때 의자들 사이로 움직일 수 있다고 말해 준다. 내담자는 시작하는 의자를 선택하는데 통상 평소 어떤 내면 대화가 자신에게 영향을 크게 미치는가에 따라 어린이 자아 혹은 부모 자아의 의자를 선택한다. 자신이 선택한 자아상태로부터 말하는데 이는 오직 내면세계에서만 자주 들었던 것이다. 하나의 자아상태(P 혹은 C)에서 말하는 것을 끝내면 다른 자아상태(P 혹은 C)의 의자로 옮겨간다. 이처럼 자아상태 대화는 옮겨 앉은 자아상태 의자(P 혹은 C)에서 막 이야기한 자아상태의 빈 의자(P 혹은 C)에게 향한다. 상담자는 마지막 자아상태 대화에서는 내담자에게 어른 자아 빈 의자로 옮겨 앉도록 요청해 상담의 요약을 해 주도록 한다.

여기서 상담자가 명심해야 할 것은 만약 내담자가 이 방법을 부담스러워 한다면 굳이 고수할 필요는 없다는 것이다. 변형된 방법은 의자를 사용하지 않고 그냥 앉은 자리에서 "당신 내면에서 당신의 C자아가 뭐라고 말하나요?" 혹은 "당신 내면에서 당신의 P자아가 뭐라고 하나요?" "당신의 P자아가 당신의 행동이나 생각에 어떻게 반응하나요?" "당신의 A자아는 이 상황을 어떻게 설명할까요?" "당신의 A자아가 동의하나요?"에 대답해 보는 방식으로 진행한다.

④ 역지사지 대화

내담자는 자신의 A자아가 P자아에 의해 오염된 부분에 대해 초기에는 잘 인지하지 못하게 상대를 자신의 관점과 견해에 맞추려고 한다. 즉, 오래된 P자아의 내용을 현재에도 상대에게 그대로 적용하며 강요하고 따르게 하여 관계의 어려움을 초래하는 것이다. 이럴 때 상담자는 내담자에게 자신의 P자아 내용을 말하게 한 다음 'as if ~(만약에 ~)' 기법으로 '만약 아내나 상대방이 ○○씨(내담자)에게 ~하게 말하거나 행동(내담자가 하는 말이나 태도)한다면 기분이 어떨까요?' 하고 질문하는 것이다.

토목과 건축업을 크게 하는 가부장적 태도가 물씬 풍기는 내담자 N씨는 자신이 아내에게 한 달에 생활비를 6백만 원이나 주는데도 아내가 자신이 원하는 대로 잘 안 해 주어 자주 다투고 이제는 이혼까지 요구하여 도대체 무엇이 문제이고 자신의 처신을 어떻게 해야 할 것인가에 '화'가 나서 상담을 하게 되었다. 내담자가 평소 아내에게 요구하는 정도는 아침에 골라 입고 갈 7장 정도의 와이셔츠가 늘 다림질해져 있고, 해장국 좀 끓여 주고, 집을 깨끗이 해놓고 자신이 귀가하면 편안하게 쉴 수 있도록 하며 마지막으로 잠자리를 요구할 때 들어주면 되는 것이라고 했다. 내담자는 어릴 적 G시 땅부자인 할아버지의 총애를 받으며 자랐는데, 할아버지는 늘 기생집에 다니고 집에 오면 일하는 사람들에게 무섭게 야단치고 여자들을 하찮게 취급하였다. 아버지는 건축업을 하느라 늘 지방에 다녀서 별 교류가 없었고, 어머니는 집에서 하인들의 수장 같은 취급을 할아버지에게 받으며 내담자를 보호 없이 방임하는 양육을 하였다. 내담자는 할아버지의 P자아 내용(가부장적 사고, 남존여비 등)을 그대로 전수 받았고, 프로그램 또한 할아버지의 문제해결 방식(모든 것은 돈으로 해결하면 되고, 무섭게 야단치면 된다는 것 등)을 그대로 전수 받았다. 이러한 내담자의 각본모형을 분석하니 내담자의 아내와 갈등의 원인이 명확해졌다.

상담자는 내담자와 신뢰관계가 어느 정도 형성된 것을 확인한 후 역지사지 대화를 시도하였다. 즉, 평소 내담자가 아내에게 못마땅하게 느껴질 때 자주 하는 말(비난, 야단, 꾸지람 등)을 확인한 후 이에 대해 상담자가 그 말을 그대로 내담자에게 하며 '지금 제 말을 들으니 기분이 어떠세요? 이러한 말을 들으면 어떤 생각이 드세요?' 하고 묻는 것이다. 내담자의 A자아가 갖는 현실감이나 감정을 경험하게 하는 것이다. 내담자가 P-A-C 모델을 상담자로부터 설명을 듣고 이해하고 있다면 각본모형에 대해 이해가 가능하며 내담자는 자신의 이러한 관계, 교류 방식에 대해 자각하게 되고 P자아의 오염을 제거해 나갈 수 있을 것이다.

⑤ 정화로 연결되는 도전 기법

오염된 신념은 정화과정 안에서 세밀히 조사되고 도전된다 (Berne, 1961). 상담자는 내담자가 자신들이 미처 인식하지 못한 채 암묵적인 P자아의 내용인 '의무'와 '당위' '지금-여기에 맞지 않는 오래된 문화적 규범'으로 살고 있다는 것을 자각하게 하고 이부분에 체계적으로 도전한다(Harper & Ellis, 1969). C자아 또한 A자아를 오염시키며 이러한 오염은 내담자가 현실적 경험의 타당성과 현실 검증을 방해한다. 이와 같은 방식으로 교류분석상담자는 내담자의 A자아를 오염시키고 있는 P자아와 C자아를 알아차리도록 도전한다(James & Jongeward, 1971).

도전은 내담자가 자신에게 스스로 질문해 보도록 고취시킴으로써 내담자가 이전의 사고, 감정, 행동을 재고하도록 마음의 문을 개방하도록 촉구하는 것이다. 이는 교류분석상담이 매우 철학적임을 시사하는데 자신에게 스스로 자신의 삶에 대해 질문하는 것이 곧 철학이기 때문이다. 도전을 통해 내담자의 기존 대인관계 방식에 의문을 갖게 하는 것은 대인관계 교류방식에 대한 새로운 이해와 향후 관계를 깊게 해 나갈 수 있도록 하는 데 도움이 된다.

이 과정에서 상담자가 발휘해야 하는 상담 능력은 다음과 같다. 첫째, 공감적 조율로 상담자는 상담과정 동안 줄곧 내담자의 불편함과 수치감을 찾기 위해 언어적 혹은 비언어적인 반응에 정확한 주의 집중하기이다. 둘째, 예리한 사고는 지금-여기 경험과 어린 시절 경험 사이의 연결을 밝혀내기(이때 연결은 교류분석의 개념과 이론으로 명확히 하는 것이다). 셋째, 정확하고 명확한 피드백, 넷째, 내담자의 A자아로부터 피드백을 듣고 해결에 도움이 되는 방법에 대한 것들을 통합하는 것을 도와주기이다.

(2) 각본 속 금지령 허가하기

금지령은 개인에게 내면화된 금지사항을 드러내는 주제들의 서술이다. 금지령은 언어를 배우기 이전에 각본 속으로 스며드는 암묵적인 결정이다. 즉, 어린이는 초기 양육자의 반응과 행동에 대한 반응으로 금지령을 갖게 된다. 이러한 맥락에서 금지령은 내담자들이 잘 인식하기 어렵다. 그러나 이들의 전 생애적인 삶에 대한 이야기를 들음으로써 상담자는 금지령을 추론할 수 있고 내담자가 보이는 드라이버, 어떤 일이나 상황, 관계 속에서 갖게 되는 라켓감정, 행동방식을 파악해 보면 인지할 수도 있다. 여기서는 Goulding 부부의 12가지 금지령에 대한 상담자의 자세와 기법을 간략히 소개한다.

① 너의 성(性, gender)이 되지 마라(네가 남자였으면/네가 여자였으면)

이 금지령은 서양보다도 남아선호 사상이 뚜렷한 우리나라에서 많이 보인다. 여기서는 Stewart(1989)의 재결단 과정 8단계와 12가지 전체 금지령 해제에 대한 재결단치료 방법의 설명과 병행하여 '너의 성이 되지 마라.' 금지령 해제 사례를 소개하고자 한다.

◆ Stewart(1989)의 재결단 과정 8단계

첫째, 회기 계약 체결하기, 둘째, 최근 장면 재경험하기, 셋째, 초기장면 재경험하기−빈 의자 기법, 임패스 인식하기, 넷째, 현재 자원 지각하기, 다섯째, 재결단 말하기, 여섯째, 재결단 고정시키기−마지막 속임수 경계하기, C의 작업폐쇄, 영상 지우기, 일곱째, 새로운 결단에 대한 A자아의 요약보고 검토하기−회기계약 재확인하기, 여덟째, 새로운 행동 계약하기이다.

◆ 금지령 해제에 대한 재결단치료 방법과 사례 적용

재결단은 자신이 자발적으로 구체적인 목표에 도달하려고 하는 동기 부여와 의식이 최소한 필요하다. 그렇기 때문에 재결단 학파(redecision school)의 상담자는 내담자를 철저하게 스트로크하고 직면(대결) 기법을 통하여 자각 의식을 촉진하거나 자기 책임을 명확히 하여 분명한 계약을 성립시키는 것이 중요하다. 그렇게 하여 계약이 확실히 만들어지면 재결단 작업이 보다 용이해진다. 내담자가 자신의 문제를 확실히 하고(자각) 나서 "나는 자발적으로 이 같은 상태에서 이처럼 변하고 싶다."라고 말하게 될 경우 거기에서 비로소 재결단 작업에 들어가는 것이다.

직장에 다니는 K양은 늘 자신에게 '어째서 연상의 남성과 잘 지내지 못하지?' 하는 자조적인 질문을 하고, '아무래도 자신이 남자 못지않다는 기분이 있어서 연상의 남성에 대하여 반발하고 만다.'는 호소를 하였다. 특히 직장의 직속 상사인 김 과장에게는 긍정적 스트로크가 잘 주어지지 않고, 직장 내에서도 자신보다 나이가 많은 동료나 상사와의 인간관계가 힘들어 직장생활도 힘이 들고 하여 상담을 요청하였다.

〈재결단치료 과정〉

상담자는 K양과 함께 먼저 교류분석상담 관계를 진행해 나간다. 즉, 관계의 시작(내담자와 만나기, 첫 회기의 구조화), 내담자의 내면세계 분석(탐색하기, 이야기를 이야기하기, 질문), 관계 발전과 내담자의 내면세계 분석 완성하기(내담자 이야기의 분석을 완성하기, 내담자의 상황에 대한 상호 이해 동의하기)이다. 그런 다음 자각의 발달을 도모한다. 즉, 준거틀 도전하기(치료적 기반 준비하기, 내면에서 느낀 경험을 재경험하기), 어른 자아를 해방시키기(자각 능력의 확장, 자유로운 자각 연습하기, 내담자의 변화를 평가하고 끝맺기)이다.

상담자는 K양이 김 과장에게 '한마디라도 부드러운 말투로 말을 걸고 이전과 다르게 직장에서 기분 좋게 함께 일을 하고 싶다.'는 계약을 체결하기로 했다. K양은 동기도 순수하며 진실했고 자발성도 있었다. 보통 재결단을 할 경우에 상담자는 내담자가 우선 문제 그 자체를 체험적으로 재현한다는 데서 시작한다. K양이 김 과장 앞에 가서 어떨지 모르지만 부드럽게 말을 걸려고 하는 장면을 상상하게 한다. 그런 다음 실제 실행을 해 보게 한다. 내담자 눈앞에 빈 의자를 두고 "여기에 상대가 있다고 생각하세요." 하고 말한다. 그렇게 하여 내담자에게 그때 상황을 눈앞에 떠올리도록 하여 재경험해 보게 하는 것이다. 그러면 내담자는 감정이 동요되거나 격앙되기 시작한다. 내담자가 뭔가 안절부절못하는 감정이 보이면 상담자는 그 감정을 꽉 움켜잡는 것이 매우 중요하다. 동시에 상담자는 "지금 느끼는 감정을 전에 맛본 적(느낀 적)이 있었습니까?"라고 묻는다. 대학 시절, 고등학교, 중학교 시절 이런 식으로 하여 점차 시대적으로 거슬러 내려가서 그 라켓감정의 기원을 찾아내는 것이다. 많은 경우, 상당히 옛날 시점까지 감정 체험을 거슬러 내려갈 수가 있다(이야기를 이야기하기). K양은 유치원 다닐 정도의 나이 때 부친에게 "네가 만약 사내였더라면 좋았을 텐데('너의 성(性)이 되지 마라!'라는 금지령)." 하는 말을 자주 듣고 그것에 대하여 매우 정나미 떨어지는 생각을 했다는 상황을 생각해 냈다.

상담자는 관련된 특정 유아기의 에피소드까지 탐색하게 된다. K양은 부모가 아들을 바라는 가운데 태어난 셋째 딸이었다. 위로 언니가 둘 있는 상황에서 K양이 태어났을 때 부모는 K양이 바로 사내아이였으면 하는 애절한 희망이 물거품이 되는 아쉬움을 느꼈고, 아버지는 K양이 아들이라면 얼마나 좋을까 하는 속마음을 버리지 않으며 양육을 하였다고 한다.

이러한 상황에서 상담자는 K양에게, 유치원 다닐 때 부친에게서 "네가 만약 사내였더라면 좋았을 텐데." 하는 말을 자주 듣고 그것에 대하여 매우 정나미 떨어지는 생각을 했다고 했는데, 그때와 관련하여 아버지에 대해 '어떤 기분이었는지, 무엇을 말하고 싶었는지?'를 묻고, 아버지에 대해 말하고 싶어도 할 수 없었던 미해결 과제를 속 시원히 이야기하도록 한다.

예를 들면, 아버지에 대한 '분노'라든가, "아버지는 내가 딸인 것에 대해 그렇게 섭섭한가요?" "저는 딸인데 왜 자꾸 아들 취급합니까?" "내가 아버지에게 이런 말을 하면 아버지가 나에게 정나미가 떨어지지 않을까" 등의 말을 눈앞의 빈 의자에 아버지가 있다고 생각하고 마음껏 말하게 하는 것이다. 이러한 작업은 많은 경우 내담자들이 갖고 있는 제1도의 임패스(impass), 즉 P와 C의 갈등상태를 해결하는 데 도움이 된다.

그리고 나서 아버지 의자에 K양이 앉아서 아버지로 '되어보기(becoming)'를 하여 말한다. 그리고 상담자는 '부모 면접(Parental interview)'이라는 기법을 사용해서 아버지 입장이 된 K양에 대하여 그 당시 가정상황이라든가 아버지로서 이 딸(K양)을 어떻게 생각하는가 등 여러 가지를 듣는다. 이런 식으로 제삼자가 듣는 방식을 통해 아버지의 마음이 K양으로서 보다 명료하게, 보다 넓은 시야에서 볼 수 있게 된다.

'부모 면접(Parental interview)' 사이에 빈 의자에 있다고 상상되는 어린 아이, 즉 K양의 'C자아' 부분은 당시의 상황을 다른 시점에서 보게 되는 것이다. 아마도 이러한 경우에 여자아이(딸)밖에 갖지 못했기 때문에 사내아이를 갖고 싶어 했다는 아버지의 간절한 마음은 다른 입장에서 명확하게 되고 이해될지도 모른다. 이런 식으로 하여 K양은 당시 아버지의 사정을 잘 이해하고 아버지를 용서해도 좋다는 보다 관용적인 마음이 생겨나게 된다. 여기에서 원래의 의자로 되돌아와 부친과 화해할 수 있게 된다.

상담자는 K양과 아버지 간의 오랜 심리적 갈등을 풀어주는 일련의 '화해'의 프로세스를 훌륭하게 유도하는 것이다. 이러한 화해의 과정에서 아버지가 어린 시절에 K양에게 준 역할각본인 '사내아이 역할' 각본("나는 사내아이처럼 살아가겠어."라는 초기결정대로 행동하면서, 아버지의 스트로크를 받으며 성장해 온 것이 중화(中和)되어 이제는(지금-여기) 그러한 초기각본이 맞지 않고 나의 삶에 큰 불편을 주고 있다는 자각이 일어나고 아버지와의 화해를 통해 초기각본에서 벗어나자고 하는 '재결단'을 내리게 되어 지금껏 K양을 속박하고 있던 인생 패턴에서 벗어날 수 있게 된다.

이러한 절차에 의하여 하나의 재결단 작업이 완성된다. 이 K양의 경우 금지령은 "너 자신의 성이어서는 안 돼.", 즉 "여자여서는 안 돼."라는 금지령이었다. 그 금지령에 부응하여 "나는 사내답게 살기로 하겠어." 그리고 아버지가 사내아이들 못지않다는 것을 말했다고 하면 "사내에게 지지 않도록 살아가겠어."라는 강한 경쟁심이 생겨나서 그것이 하나의 초기결정(조기 결정)으로 되어 그 초기결정이 인생각본으로 들어가고 이러한 각본이 직속 상사에게 부드러운 말을 걸 수가 없다는 패턴으로 작용한 것이다.

K양이 몇 명의 직속 상사에게 여성답고 부드럽게 그들의 처지를 헤아리고 친절하게 하려 해도 그 초기결정에 의한 인생 패턴이 방해를 하고 있었던 것이다. 그래서 재결단 작업에 의해 그 패턴이 무너지고 여성다움을 자유롭게 해도 좋다는 허가와, 아버지에 대해서도 용서해 줄 수 있게 되는 것이다.

② 존재하지 마라

상담에서 다룰 금지령 중 내담자에게는 이 금지령이 가장 위협적이고 힘들게 하는 것이다. 내담자에게 이 금지령이 각본 속에 있는 것으로 파악하였을 경우, 상담자는 무조건적인 긍정적 스트로크와 공감적인 관계를 통해 내담자가 자신의 존재를 지속적으로 긍정적으로 확인하도록 도와야 한다. 동시에 쫓기고 있는 드라이버에 대한 허용주기 작업이 병행되어야 한다. 아울러 내담자 삶의 고통과 내담자의 어려움을 인정하면서 자신의 삶을 전체적으로 조망하면서 통합할 수 있도록 A자아의 통합적 기능을 강화해 나가야 한다.

③ 친밀해지지 마라

이 금지령은 상담자가 특히 내담자가 '친밀감을 느끼는' 수준에 관심을 기울여야 한다. 상담에서 내담자가 어떻게 친밀감을 '회피'하거나 두려워하는지를 주목할 필요가 있다. 그리하여 이 방식을 다루어야 한다. 상담자가 인지해야 할 지침은 내담자에게 반복적으로 오랫동안 이론적 설명이나 '교류분석개념 가르치기' 및 제삼자에 대한 광범위한 논의는 피해야 한다는 것이다. 그렇지 않을 경우 내담자는 이성적으로 이론적 설명과 논의를 하면서 상대와 거리를 두는 것에 편해 할 것이고 결국 금지령에 충실하게 되는 것이다. 만약 이론을 소개, 설명한다면 내담자의 친밀 회피 방식을 다루면서 간략하고 짧게 하는 것이 좋다.

④ 소속되지 마라

상담자는 상담이라는 관계를 또 하나의 '소속'으로 보고 이에 대한 욕구를 만족시켜 주며 의미를 부여해야 한다. 상담에서 내담자는 자신이 어떻게 수용되고 있고, 누군가와 함께 있는 것이 어떻게 느껴지는지를 상담자와 함께 공유하여야 한다. 상담자와 함께하는 내담자가 'OK'라는 것을 알려 주는 단서와 실마리를 계속 주어야 한다. 동시에 내담자의 사회적 관계를 탐색할 필요가 있고 이의 확장에 스트로크 줄 수 있어야 한다.

⑤ 중요한 사람이 되지 마라

이 금지령은 항상 상담에서 상담가의 관심을 온전히 받는 것을 어떻게 느끼는지 질문하여야 한다. 왜냐하면 언제나 억압되어 자기주장이 허용되지 않고 책임 있는 일을 맡기지 않는 가정에서의 부모 언동으로 유래되기 때문이다. 따라서 상담자는 끊임없이 내담자에게 생각과 느낌을 물어보며 지속적인 스트로크와 '너 자신으로 충분히 좋다.'는 허가를 주어야 한다.

⑥ 성공하지 마라

이 금지령은 내담자가 자신 삶의 목표에 대한 현실적 태도가 아닌 긍정적 태도를 장려하여야 한다. 만약 현실적 태도를 강조하면 실현 가능성을 염두에 둠으로 내담자는 비판하는 부모에게서 양육되어질 때 들었던 실패를 각인시키는 내면의 말('너는 무엇을 해도 틀렸어!' '역시 넌 안 되잖아!' 등)을 듣게 된다. 따라서 상담자는 내담자의 목표와 흥미 자체에 FC로 관심을 보여 주는 것이 좋다.

이 금지령 또한 지속적인 동기부여와 스트로크, 허용, 긍정적 시각화를 통해서 힘을 부여해야 한다.

⑦ 성장하지 마라

이 금지령은 '분리되지 마라.'에 대한 변형이다. 상담자는 지속적으로 내담자의 자율성과 변화에 대한 능력 및 개별화를 강조하면서 이 금지령에 도전한다. 또한 상담자는 내담자와 함께 자율적으로 행동하는 것에 대한 두려움과 책임지는 것에 대한 두려움을 편안하게 이야기할 수 있어야 한다. 이러한 이야기 속에 선택할 수 있는 힘과 존재론적 자각을 다루어야 한다.

⑧ 아이처럼 굴지 마라

이 금지령은 '의존적이지 마라.'의 변형이다. 통상 상담 장면에서 '성장하지 마라.'와 '아이처럼 굴지 마라.'는 종종 함께 일어나며 내담자에게 힘든 이중구속을 만든다. 내담자의 어린 시절 경험 그리고 그들의 생존 전략과 세상에 대한 감각을 구성하는 방식을 확인하되 너무 열성적인 방식 또는 '마시멜로 던지기'는 피한다. 내담자의 명랑함과 유쾌함에 스트로크와 허용을 주어야 한다. 동시에 '타인과 친밀해지는 것'에 대한 관계적 욕구를 정상화시키고 허용해 주어야 한다. 또한 이 금지령과 공존하는 내담자의 의존욕구를 공감, 반영하는 친밀한 교류와 직면작업을 발달시키며 '강해져라' 드라이버에 대한 허용주기 작업을 병행할 필요가 있다. 이 금지령을 다룰 때 상담자는 개인분석 슈퍼비전을 통해 상담자 자신의 의존욕구를 점검하는 것이 중요하다.

⑨ 건강하지 마라/제 정신이어서는 안 된다

이 금지령은 상담자가 내담자의 효과적인 문제해결을 스트로크하고 건강을 강조하여야 한다. 때때로 잘 지내거나 제정신인 것에 대한 두려움, 책임감에 대한 두려움, 만약 내담자가 잘 지낸다면 관심 갖지 않을 것이라는 두려움이 있을 수 있음을 명심해야 한다. 그러므로 내담자는 보살핌받기 원한다는 것을 확인한 후 내담자 연령에 부합하는 적절한 방식으로 지지받을 수 있는 보살핌의 방식을 찾도록 전략을 세울 필요가 있다.

⑩ 느끼지 마라

이 금지령은 내담자의 느낌과 공감적 교류에 반복적으로 주의를 기울이고 건강한 감정표현을 도모하는 것은 이 금지령과 서서히 직면하는 효과적인 방법이다. 그러므로 내담자의 정서표현에 스트로크와 '아이처럼 굴지 마라!' 금지령처럼 '강해져라' 드라이버에 대한 허용주기 작업을 병행할 필요가 있다.

⑪ 생각하지 마라

이 금지령은 내담자의 생각과 관계적 반영을 표현하도록 하는 것이 좋다. 때때로 내담자는 독자적인 사고를 발달시키기 위해 상담자의 의견에 반하는 의사를 낼 필요가 있다. 이러한 경우 내담자가 스스로의 생각에 스트로크하게 하도록 한다. 상담자는 지속적으로 계획의 분명함과 사고의 명확함에 스트로크하며 허용주기를 하여야 한다.

⑫ (아무것도) 하지 마라

이 금지령은 미루지 않고 행동하는 것과 긍정적인 행동에 스트로크 주어야 한다. 자발성을 축하하고 뭔가를 시도하는 것, 결정하는 것 자체를 의미부여하며 스트로크, 허용주기를 하여야 한다.

(3) 자율체계로 전환과정에서 재학습(훈습)

재학습, 즉 훈습은 내담자가 자각한 사실들을 실제 행동으로 계속 옮겨 비로소 자신의 습관이 되게 하는 과정이다. 이러한 차원에서 보면 간단하게 '하지 않기'와 '하기'로 요약할 수 있다. 즉, "'자신의 행복에 도움이 안 되지만 지금도 하고 있는 일' 하지 않기 vs '자신의 행복에 도움이 되지만 지금 하지 않고 있는 일' 하기"와 같이 구체화하여 실천하는 방식이다.

① '자신의 행복에 도움이 안 되지만 지금도 하고 있는 일' 하지 않기

교류분석상담에서 자각(알아차림)의 중요성과 재결단은 아무리 강조해도 지나치지 않다. 내담자들이 재학습, 즉 훈습 과정을 거치면서 비로소 '다르게 살고 싶다(재결단)'고 꿈꿀 때마다 진심으로 원했던 것이 무엇인지 알아차릴 수 있다. 그것은 누구나에게 잠재되어 있는 자기실현 욕구이다. 많은 내담자들이 낡은 방식이 몸에 맞지 않을 때 오래된 습관이 변화한 역할에 적합하지 않을 때마다 이를 자각하고 다르게 살고 싶어 한다. 상담자는 내담자가 갖는 생에 유연하고 효율적으로 대처하고 싶은 욕구, 자유롭고 충만하게 살고 싶은 욕구, 파편화시켜 둔 내면을 통합하여 진정한

나 자신이 되고자 하는 욕구를 반영한 훈습을 해 나가도록 도와야 한다. 변화란 인식, 관점, 사고의 틀이 바뀌는 지점에서 성취되는 것임을 훈습과정에 체험으로 이해할 수 있도록 해야 한다.

내담자가 자신이 주체가 아니라 드라이버가 주체가 되어 움직인다면 그리하여 '완벽하라!' '열심히 하라!' 드라이버에 종속된다면 이제부터는 '하지 않기'를 훈습해 나가야 한다. 즉, '열심히 살지 않기'이다. 이는 각본에 있는 유아기 결정으로부터 자유로워지는 일과 연관된다. 이것은 낡은 생존법으로 이에는 스스로를 구속하는 나쁜 행동 패턴이 있다. 자기를 힘들게 하고 옭아매는 일인 줄 알면서도 끊어 내지 못하는 나쁜 습관은 대체로 유아기, 아동기에 부모명령에 따르기로 한 결정에 의해 지속적인 습관인 '드라이버'이다.

이것은 각본으로 들어가는 관문이며 자기도 모르게 강박적으로 반복해서 밀어붙이고 추구하는 힘이다. 이것을 '자동 반복 강박 추구'라 부르기도 하며 상담에서 이것을 훈습 기간에 인식하는 것이 중요하다. '자동 반복 강박 추구'로 일상 속에 일중독, 정보 중독, 관계 중독, SNS 중독, 최신 제품 사용 욕구, 무의식적 경쟁심, 불안감, 소외감 등과 관련이 있음을 자각하여 훈습해 나가는 것이다. 유아기로부터 내 삶을 이끌어 온 드라이버이자 각본적 힘을 중단시키고 무력화하는 방법이 '열심히 살지 않기'이며 이를 생활 속에 만트라처럼 중얼거릴 때마다 그런 습관을 알아차리고 서서히 줄어들기 시작한다.

② '자신의 행복에 도움이 되지만 지금도 하지 않고 있는 일' 하기

많은 내담자들은 어떻게 하는 것이 자신의 행복에 도움이 되는지를 모르고 있거나, 알고 있는 경우에도 실행을 잘 못하고 있는 경우가 많다. 상담이 진행되어 가면서 내담자들은 자신에 대해 많이 알아 간다. 자각의 힘으로 마치 아이가 자신을 사용하는 것과 같은 자신의 C자아적인 태도인 의존성을 보게 되고 이것은 자신이 이제 어린이가 아니라 성인으로서 자신을 사용하는 것을 훈습하게 된다. 이는 자기 보살피기, 자기 사랑하기, 자기에게 필요한 스트로크 주기, 자기가 자기를 행복하게 하기 등과 같은 방식으로 '자신이 자기를 잘 데리고 다니는 것이다.'

또한 내담자가 평소 자신의 불편한 감정을 느끼지 않기 위해 눈앞에 보이는 것들을 자신의 오래된 P자아로 함부로 판단하고 있음을 자각하고 생활 속에서 '모든 이들로부터 배우기'로 A자아를 선택하는 자발성을 발휘하는 습관을 훈습하도록 하는 것이다. 내담자가 시체의 특성 같은 경직성으로 P자아를 활용한 것을 훈습의 과정에서 물 흐르는 듯한 유연성으로 '인생은 어떤 것이 아니라 항상 어떤 것이 되는 기회, 바로 그것이라는 것' A자아가 자각하여 훈습하는 것이다. 결국 이 모두가 지금까지 내담자가 자신의 행복에 도움이 되지만 지금도 하지 않고 있는 일'을 하는 것이다. 이렇게 행동하기 시작할 때 비로소 자율성을 점차 증진시켜 나가는 것이다.

3. 종결 단계에서의 상담기법

1) 계약 평가 및 종결 단계

(1) 계약 평가

상담의 초기에 내담자는 성취하고자 하는 변화에 대해 매우 일반적인 생각을 가지고 상담에 임한다. 하지만 회기가 진행되면서 계약에 근거한 상담을 진행하고 전체적인 목표에 다가가기 위해 구체적인 계약들을 맺게 된다. 상담의 종결 단계에 접어들면 계약에 대한 평가를 하게 된다. 단기상담의 특성상 내담자가 가지고 있는 다양한 문제가 보인다 하더라도 상담은 계약에 의거해서 진행되어야 한다.

계약 평가는 내담자가 제시한 구체적 계약 내용이 달성되었는지 내담자와 피드백 주고받기를 통해서 이루어진다. 그렇게 많지는 않지만 내담자가 자신의 더 내밀한 문제를 해결하고자 하려는 경우 새로운 계약이 필요한지를 의논해야 한다. 그리하여 내담자가 처음 상담을 시작하였을 때 원하였던 변화와 계약을 되돌아보고 지금-여기에서 계약을 평가해 본다. 저자의 경험으로 이때 종결을 논의하는 회기가 되기도 하지만 혹시 내담자가 더 다루기를 원하는 문제가 있는지 질문해 보는 것이 좋다. 더 해결하기를 원하는 문제가 있다면 또 다른 계약을 맺고 2단계로 돌아가 상담을 계속한다.

Lister-Ford(2002)는 계약 평가에 있어서 계약 완료 체크목록을 여섯 가지로 요약 제시하였다. 저자는 이 중 다섯 가지를 활용한다. 첫째, 다른 사람들이 내담자가 변했다고 표현하는가? 둘째, 상담자와 내담자가 지금까지 성취한 상담결과에 동의하는가? 셋째, 내담자 스스로 변화에 대한 만족 정도(만족감 대 허탈감)는 어떠한가? 넷째, 내담자가 계약한 생활의 영역에서 새로운 자율성에 대한 즐거움을 느끼고 있는가? 다섯째, 내담자가 각본방식 포기로 인해 남겨진 허탈감을 새로운 자율적 생활양식에 의해 충족하고 있는가? 이다.

계약 평가 단계에서 상담자는 내담자의 객관적 평가와 관련된 자율성 실행 정도에 미치는 영향을 특별히 유념해야 한다. 상담자는 계약 평가를 하는 과정에서 내담자의 초기 계약 내용을 일관성을 갖고 객관적으로 차분히 평가해야 한다. 이때 상담자의 드라이버는 내담자의 드라이버를 초청하게 된다. 상담자의 '완벽하라' '기쁘게 하라' 드라이버는 내담자 또한 이러한 드라이버에 상응하며 드라이버를 작동하게 된다. 저자의 경우 계약 평가 단계를 통해서 계약이 완료되었다면 다음 회기에 종결을 권한다.

(2) 종결 단계

종결은 상담의 중요한 부분 중 하나이다. 이 단계에서는 그간 이루어 낸 것에 대한 상담자의 긍정적 스트로크도 중요하지만 내담자가 스스로 변화를 평가하는 것도 중요하다. 동시에 상담자에게 의미 있는 관계를 맺고 종결하는 것은 많은 정서적 에너지와 자기 유지 능력이 필요하다. Lister-Ford(2002)는 상담자가 종결을 함에 있어서 단기상담과 장기상담으로 나누어 교류분석상담이 갖는 독특한 점에 대해 고찰하였다(박의순, 이진선 역, 2008 재인용). 그녀는 통상 4회기에서 6회기로 이루어진 단기상담을 하는 경우가 점차 늘고 있다고 하며 상담료의 경제적 부담이 그 이유라고 한다. 동시에 이러한 단기상담에서 상담자는 짧은 시간에 종결을 하므로 상담자가 비교적 많은 사례를 담당하게 되고 결국 탈진하거나 자칫 상담을 기계적으로 처리하는 매너리즘을 매우 경계해야 함을 강조한다.

장기상담은 몇 달에 걸쳐 진행된 경우로 상담자에게 '작별 인사'는 통상 완전한 상담의 종결을 의미한다. 저자의 경험적으로 장기간에 걸쳐 상담한 내담자에게 작별 인사를 한다는 것은 심리적으로 묘한 경험이며 힘들 수 있다. 관계란 참 묘한 것이기 때문이다. 상담 관계가 효과적이기 위해서는 두 당사자 사이에 진정한 신뢰 관계(rapport)가 형성되어 있어야 한다. 이러한 관계를 통한 결속은 두 당사자의 진솔한 감정이 바탕에 있어야 하고 이렇게 내담자와 오랜 시간 상담하게 될수록 상담자의 감정은 더욱 깊어질 수 있다.

계약 평가 단계를 통해서 내담자와 상담자가 합의한 상담목표의 성취정도, 즉 계약완료 여부에 따라 상담종결의 시기를 결정하게 된다. 그리하여 지금껏 달려온 상담의 종결 시점을 알게 되면 내담자와 마찬가지로 상담자 역시 감정을 가진 사람이기 때문에 내담자를 떠나보내는 것은 상담자에게도 여러 가지 감정을 불러일으킨다. 여기에서는 상담을 종결하면서 상담자들이 알아야 할 Lister-Ford(2002)의 종결 단계에서의 계약완료 체크목록, 추수상담, 향후 관계와 상담종결 결정과 관련된 Berne의 치유 상태 관련 네 가지 양상의 스펙트럼을 살펴보고자 한다.

① 종결 단계에서 계약완료 체크목록 네 가지

변화란 각본으로부터 나와 자율로 들어가는 것이지만 어떤 사람도 전적으로 각본에서 자유로운 사람은 없다(최외선 외 역, 2013). 교류분석상담은 계약적이므로 상담종결의 결정시기는 계약완료 여부와 관련이 있다. 계약 평가를 통해 상담종결을 결정하면 이제 종결 단계에서 검토해야 할 체크목록을 활용할 필요가 있다.

상담종결 단계는 내담자로 하여금 자신이 성취한 상담목표를 회고해 보고 자신의 변화에 대해서 즐거움을 느낄 수 있는 기회를 제공해 줄 필요가 있다. 이를 위해 내담자가 첫 상담 장면을 기억하여 성취한 변화를 충분히 설명할 수 있도록 상담 회기들을 검토해 보아야 한다.

Lister-Ford(2002)는 종결 단계에서 계약완료 체크목록을 아홉 가지로 제시하였다. 저자는 이들 중 첫째, 가장 의미가 있는 변화가 무엇인지? 둘째, 상담 여정 중에 상담자가 개입하였던 부분 중 가장 긍정적이었던 것은 무엇인지? 셋째, 내담자가 가장 아쉬워하게 될 것 같은 것은 무엇인지? 넷째, 내담자와의 그동안의 만남을 그리워할 것임을 이야기해 주어 상담자가 내담자와의 이별에 신경을 쓰고 있으며, 내담자가 상담자에게 영향을 끼쳤다는 것을 느끼도록 하면서 떠나보내기 정도를 체크한다.

② 추수상담

추수상담에 관해 교류분석상담에 있어서는 어떤 표준은 없다 (Lister-Ford, 2002: 박의순, 이진선 역, 2008 재인용). 추수상담을 정해 놓으면 내담자의 C자아에 상담자가 '우리의 이별은 이별이 결코 아니야.' 혹은 '일을 완벽하게 마무리하지 못하면 바로 당신이 돌아와야 해.' 하는 메시지를 내포하는 위험이 있다. 이에 교류분석상담자는 현재 진행해 왔던 상담을 명확하게 종결할 것을 제안하였다. 추후 내담자가 새로운 자기변화를 원하는 시기가 왔을 때 다시 만날 수 있으며, 이때 내담자와 상담자는 쌍방이 새로운 계약을 할 능력과 의사가 있는지의 여부를 새롭게 탐색하게 된다. 또한 추후 내담자가 추가적인 도움이 필요한 문제에 있어서 그 문제에 따라 내담자가 원할 경우 기꺼이 다른 상담자를 찾는 것을 조력해 줄 수 있어야 한다. 이것은 공생관계의 역동을 막는 데 도움이 되고 내담자에게는 내담자가 기존의 상담자를 벗어나서 다른 상담자에게 가도 좋다는 열린 마음을 보여 주는 계기가 된다 (Lister-Ford, 2002).

③ 상담종결 후 내담자와의 관계

교류분석상담자뿐만 아니라 대부분의 상담자들은 가끔 이전 내담자로부터 소식을 들으면 기뻐한다. 내담자가 상담자와의 관계를 지속하기 위한 수단으로서 우편, 문자, 메일 등을 추후 커뮤니케이션 수단으로 사용하지 않도록 해야 한다(Lister-Ford, 2002). 그리고 답장을 보낼 것이라는 기대를 하지 않도록 확실히 해 주어야 한다. 간단한 쪽지를 보내는 것 정도는 괜찮겠다고 생각되는 경우일지라도 내담자들이 상담자에게서 답장을 받지 못할 수 있다는 것을 확실히 해 둘 필요가 있다. 그렇지 않으면 상담자는 본의 아니게 내담자와 전문적 관계에서 사회적 관계 속으로 끌려 들어가게 되거나 답장을 하지 않았다는 이유로 내담자에게 거절당한 느낌을 주게 되는 결과를 초래하게 된다.

④ 상담종결 결정과 관련된 Berne의 치유 상태 관련 네 가지 양
   상의 스펙트럼

Berne(1961, 1972)은 상담자가 내담자와의 상담에 대해 종결을
고려할 때 고려할 수 있는 내담자의 치유 상태 관련 네 가지 스펙
트럼이 있음을 피력하였다. Berne은 네 가지 양상의 치유가 대체
로 변화과정이 진행되는 동안 연속적으로 이어짐을 설명하였다.
교류분석상담자는 상담 종결에 있어서 내담자의 치유 상태 관련
스펙트럼의 네 가지 양상을 잘 이해하고 있을 필요가 있고 이는
내담자에 따라 상담 종결 때 참고, 적용할 수 있다.

◆ 사회적 통제력

내담자가 자신의 행동에 책임을 지며 각본적 행동에 덜 빠지고
또한 자율적인 행동을 증가시키는 경우 사회적 통제력을 발휘하
고 있다고 말한다. 이 단계에서 내담자는 과거 부모가 준 각본 메
시지를 변경하거나(상대에게 비난, 통제, 잔소리 등의 CP사용을 적게
하거나 과잉 돌봄이나 간섭 등의 NP를 덜 하기 시작) 아동기부터 가져
온 인정에 목말라하는 미해결된 욕구에 흔들리지 않고 아이 본성
(실망을 재앙으로 인식하고 엄청난 반응을 보이는 것)과 같은 미숙한
행동(토라지고, 수동성, 떼를 쓰고 등)이 줄어들게 된다. 사회적 통
제를 자아상태 차원에서 표현한다면 내담자가 아직 P자아나 C자
아의 내용이 충분히 변하지 않더라도 A자아가 그의 행동을 통제
하기 시작함을 의미한다. 상담자는 내담자의 사회적 통제력이 발

휘되기 시작하도록 시동을 걸어 이를 행동할 경우 스트로크, 허용 주기 등으로 훈습시키며 종결하는 경우도 있지만 내담자에 따라서는 충분한 자각, 전이 등이 해결되지 않아 이 단계에서 다음 단계로 더 나아가야 하는 경우가 많다.

◆ 증상의 경감

내담자는 자신의 각본적 행동에 대한 A자아의 통제를 단순히 유지하고 있는 것이 아니라, P자아나 C자아에서 각본적 행동을 하고 싶은 생각을 덜 하게 되는 것이다. 이 단계에서 내담자는 데몬(demon; '각본에 빠져라!'라고 하는 악마)의 속삭임에 넘어가지 않는, 즉 각본의 유혹에 빠지는 경우가 많이 줄어들고 내적으로 각본 충동이 덜해진다. A자아가 더 견고해지며 그동안 가졌던 증상(무기력, 우울, 불안, 분노, 신체화 등)이 점차 나아지고 꽤 상당한 시간 동안 내담자는 각본에 훨씬 덜 빠지면서 자신의 문제를 풀어가게 된다.

◆ 전이치료

전이치료 단계에서 C자아상태의 내담자는 상담자를 자신의 부모와 같이 느끼고 본래의 부모 대용으로 보게 된다. 상담이 진행되어 가며 원래의 부모보다 더 적극적이고 긍정적인 메시지, 스트로크를 상담자가 주게 됨으로써 내담자는 안도감, 안정감을 느끼게 된다. 상담자가 유념해야 할 것은 만약 이 단계에서 상담 종결이 되면 내담자는 내면에 실제 자신의 부모와 상담자를 함께 두게 된다. 즉, 비난하며 자신을 힘들게 하는 실제 부모와 실제 부모 모습에서 느끼지 못했던, 다르게 경험하고 싶었던 부분으로 상담자를 이상화한 모습이다.

그리하여 증상이 경감되어 가면서 상담자의 지지적 모습을 많이 활용하나 보다 근원적인 문제의 변화를 시도할 때 실제 부모의 실망이나 비난을 내담자의 C자아가 재경험하기도 하여 양자 사이의 갈등이나 충돌로 임패스(impass) 상황에 놓이는 경우가 생겨난다는 것이다. Berne이 말하는 상담기술 중 결정화(crystallization)는 내담자가 이 단계에서 나타나는 전이를 보다 확실히 치료하게 한다. 즉, 내담자는 A자아의 기능이 더욱 강하게 굳어져 이제 더 이상 아이 적 부모로부터 자신이 힘들어할 이유가 없고, 상담자가 더 이상 자신의 부모가 아니라는 것을 수정체같이 투명하고 명료하게 자각하게 된다.

◆ 각본치료

Berne은 그의 초기 저술(1961)에서 가장 완전한 이 단계의 치료를 설명할 때 '정신분석적 치료'라고 말했다. 후에 이 표현은 인생 각본이론을 발전시키고 있을 때 '각본치료'라고 다시 표현하였다 (Berne, 1972). 이는 Berne이 교류분석을 더욱 풍요롭게 한 마음 자세, 즉 Goulding 부부의 게슈탈트를 활용하는 교류분석을 수용하면서 비롯되었고 이러한 각본치료는 C자아상태에서 A자아의 지원을 받아 근본적 각본치료를 가져오는 것으로 '재결단 치료'란 이름으로도 언급되고 있다. 각본치료가 되면 내담자는 상담자의 도움, 지원이 없어지거나 상담이 종료되더라도 각본에서 빠져 나오려는 자신의 힘을 유지해 나갈 수 있다. 이를 Erskine은 라켓체계을 깨고 자유로워지는 것이라 했다. 실제 상담에서는 이 단계의 종결이 가장 최선일 수 있다 그러나 기법의 적용, 즉 교류분석과 게슈탈트를 접목하여 활용하는 '재결단치료'에 상담자가 익숙해야 하고 상담의 장기성, 즉 시간적 측면과 경제적 부담이 많이 되는 면이 있어 차선 또는 일부 내담자에 한정된다. 이와 관련한 또 다른 이유는 상담자와 내담자가 한 상담계약이 가장 우선 고려되므로 단기상담을 지향하는 교류분석상담에서 이 단계는 선택적으로 계약을 하게 되기 때문이다.

7장
교류분석상담의 사례

본 장에서는 교류분석이론으로 상담을 진행한 사례에 대하여 살펴본다. 내담자의 호소문제, 가족배경 등을 포괄하는 사례의 개요를 제시한 후, 교류분석이론의 주요 개념에서 설명한 자아상태, 인생태도, 인생각본, 라켓체계를 활용해 내담자 문제를 이해할 것이다. 이를 토대로 상담목표와 상담개입 전략을 수립하고 회기별 상담내용을 간략히 제시한다.

1. 사례 **1** "인정받고 싶어요!"

1) 사례 개요

내담자 A씨는 26세 여대생이다. 가족 구성원으로 아버지, 어머니, 여동생, 남동생이 있다. 현재 가족 갈등이 심하고 대화가 단절된 상태이다. 고등학생 때까지만 해도 공부 잘하고 부모님 말 잘 듣는 착한 딸이었다. 지금은 자기가 어떤 사람이고 무엇을 해야 할지 모른다. 아버지가 원하는 대학으로 진학하지 못한 딸에 대해 아버지의 비난이 심하다. 어머니는 첫째 딸로서의 의무를 강조하며 지시와 조언을 주로 한다. 자신보다 동생들을 과도하게 보살피는 모습에 화가 난다. 동생들은 자신을 무시하며 때로는 폭언도 한다. 집안에서 인정받지 못하는 것이 두렵고 외롭다.

첫째 딸로 태어나 어려운 집안일을 돕는 것은 공부를 잘하는 것이라고 생각하였다. 결과적으로 공부를 잘하여 인정을 받았고 부모님의 자랑거리가 되기도 하였다. 어머니는 힘든 일을 첫째 딸에게 토로하였고 동생들을 잘 보살피도록 요구하였다. 이 과정에서 자신의 감정과 요구는 표현하지 않게 되었다. 모든 것을 아껴 쓰며 어른처럼 생각하고 행동하였다.

A씨는 부모의 인정을 받고 싶다. 자신의 능력을 믿어주면 새롭게 공부할 수 있다. 사랑받는 딸이 되고 싶다.

2) 내담자 이해

(1) 자아상태와 인생태도 검사

구분	CP (U-)	NP (U+)	A	FC (I+)	AC (I-)
Ego-gram	21	35	30	38	32
OK-gram	24	43		41	25

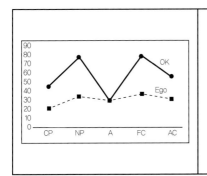

NP와 FC자아상태가 상향되고 CP, A, AC가 하향한 명랑형 프로파일을 보인다. 자기와 타인긍정의 인생태도를 지녔다. 하지만 타인긍정과 NP, 자기긍정과 FC 간의 간극이 매우 크다. 이는 타인에 대한 의식적 억제, 자신의 감정에 대한 억압에 의한 결과로 해석된다.

(2) 인생각본 분석

A씨가 진술을 통해 표현한 상담내용과 내담자에게서 관찰된 몸동작, 긴장, 반복되는 말 등을 토대로 A씨와의 상담과정에서 부모로부터 받은 주요 부모명령과 금지령, 프로그램 등을 각본모형으로 나타내면 다음과 같다.

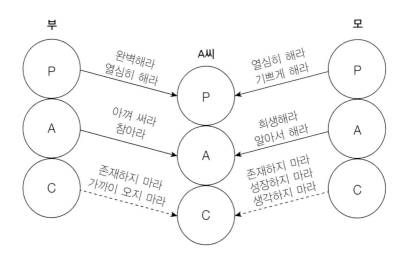

(3) 라켓체계 분석

A씨의 호소문제와 역기능적 관계 문제를 라켓체계를 통해 살펴보면 다음과 같다.

각본신념/감정	라켓표현	기억강화
1. 자기에 대한 핵심신념 • 인정받을 때만 OK 지지하기 • 완벽해야 한다. 2. 타인에 대한 핵심신념 • 도와주는 사람이 없다. 지지하기 • 환경은 중요하지 않다. • 책임감이 중요하다. 3. 삶의 질에 대한 핵심신념 • 내가 잘해야 한다. 지지하기 • 나 스스로 잘했다고 느낄 때까지 중단할 수 없다. (내적 과정) 각본결정 때의 억압된 감정 화남, 억울, 불안, 분노	1. 관찰 가능한 행동 • 열심히 못하면 포기한다. • 힘들면 표정이 굳어진다. • 말하지 않는다. 2. 보고된 내적 경험 • 마음이 답답하다. • 불안하면 심장이 뛴다. 3. 상상 • 혼자서 고군분투하다가 가출 후 외롭게 죽는다.	• 큰 소리로 화내는 아빠 • 엄마를 도와달라는 엄마 • 어려운 일을 당했을 때 나 혼자 모두 감당함 • 잘 해야만 인정받음 • 결국 혼자서 해결

314 ┃ 7장 교류분석상담의 사례

A씨는 '인정받을 때만 OK'라는 각본신념을 지니고 있다. 인정받은 경험은 어떤 일이든 완벽하게 했을 때였다. 아버지의 부모명령인 '완벽하게 하라.'를 통해 완벽해야 인정받을 수 있다는 각본을 작성했고 이는 각본신념으로 나타나고 있다. 세상에는 자신을 도와주는 사람이 없다. 따라서 무엇이든 스스로 해야 하고, 더구나 잘해야 한다. 잘한다는 기준은 스스로가 정한다. 이러한 신념 역시 열심히 해라, 완벽해라, 기쁘게 해라 등의 부모명령을 토대로 작성한 것이다.

각본감정은 억울함, 불안, 분노 등이다. 가족 간의 상호작용 속에서 경험한 것으로써 경험할 당시에 표현했어야 하지만 억눌렀던 감정들이다. 억압적이고 갈등적인 가족 분위기 내에서 진실한 감정을 접촉하고 표현할 기회를 차단당하였다. 따라서 감정표현이 자연스럽지 않고 스탬프로 모아서 발산하는 방식을 채택하고 있다. 이는 현재의 대인관계에 역기능으로 작용한다.

관찰 가능한 행동으로는 열심히 하지 못하는 일은 쉽게 포기하기, 힘들면 굳어지는 표정, 말문을 닫아버리기 등이다. 대화와 상보교류를 통해 해소할 수 있는 문제들을 철회나 포기, 경직, 차단 등의 방식으로 계속 보유하고 있다. 이는 심리게임으로도 연결된다. 내적 경험은 마음이 답답하고 불안감으로 심장이 뛰는 것이 자각된다. 신체적 긴장과 불안으로 평온함을 누리지 못하고 있다. 각본결정과 미해결 감정 등이 해소되지 못한 채 억압되어 있기 때문이다. 관찰 가능한 행동과 내적 경험과 더불어 '상상'의 영역에서는 혼자서 고군분투하다가 가출한 이후 외롭게 죽음을 맞이하는 그림이 떠오른다. 영화의 한 장면처럼 자신의 부정적 미래에 대한 그림이 지속적으로 떠오르는 것이다. 부정적이고 비관적 운명을 예측하는 패배적 각본의 결과이다. 부정적 신념과 감정은 부정적인 상상과 밀접하게 연관되어 있다. 이러한 장면은 과거 어린 시절부터 그려왔던 그림이며 성인이 된 지금 구체화되어 완성된 것이다. 그림을 바꾸지 않으면 그림의 장면대로 운명처럼 끌려갈 수 있다. 부정적인 그림, 상상 속 장면을 긍정적이고 희망적인 장면으로 교체해야 한다. 각본신념과 감정, 라켓표현을 뒷받침하는 것으로 기억강화 요인이 있다. A씨의 기억 속에는 큰 소리로 화내는 아빠, 도와달라며 힘든 모습을 보여 준 엄마, 스스로 모든 문제를 해결해야 인정받았던 경험 등이 들어 있다. 이들은 모두 사실이며 증거로 남아 있다. 기억 속에 생생히 살아서 A씨의 각본 결정을 뒷받침하는 근거로 활용되고 있다. 하지만 이들 기억은 모두 주관적으로 선택된 것이다. 특정 장면과 경험들이 선택되고 편집되어 패배적 각본의 논리적 근거로 활용되고 있다. 따라서 긍정적 경험들을 떠올리고 수집하여 새로운 기억의 공간을 만들어 내야 한다.

(4) 시간구조화 분석

A씨는 '폐쇄'의 시간구조화를 사용하고 있다. 폐쇄는 심리적 위험을 피하기 위해 다른 사람과의 언어적, 비언어적 교류를 차단하고 혼자 시간을 보내는 시간구조화에 해당한다. 얼마 동안은 혼자서 지낼 수도 있지만 이 상태가 장기간 지속되면 스트로크 박탈상태에 빠질 수 있다(Stewart & Joines, 1987). 따라서 가족 갈등이 유발되었을 때, 과도한 수면이나 과식, 공상 같은 소극적인 방식을

통해 문제를 해결하는 경향이 있다.

(5) 게임 분석

A씨는 대표적으로 '나를 차 주세요(kick me)' 게임을 하고 있다. 부모에게 인정받고 싶은 강한 욕구가 있지만 결국은 인정받지 못하고 말 것이라는 절망감이 자리하고 있다. 따라서 자신을 인정하고 사랑을 베풀지 않는 아버지와 엄마를 향해 '나를 차 주세요!' 게임을 유도한다. 게임에 참여한 부모는 A씨를 배척하고 쌀쌀맞게 대함으로써 A씨가 추구하는 부정적 스트로크를 준다. 이를 통해 A씨는 역설적으로 자신의 존재를 확인하면서 패배적인 게임을 지속한다.

3) 상담목표

내담자가 원하는 진정한 욕구가 무엇인지 파악하고 상담자가 파악한 내담자 문제의 기원과 이것이 반복되는 기제를 파악하여 목표를 수립한다. 내담자와 합의한 목표를 제시하면 다음과 같다.

- 순간마다 느껴지는 감정에 머무르고 그것이 무엇인지 이야기한다.
- 부모로부터 받은 부모명령과 금지명령을 확인한다.
- 부모로부터 듣고 싶은 말, 하고 싶은 말을 충분히 표현한다.
- 재결단을 통해 부모명령과 금지명령을 수정한다.

• 라켓체계에서 탈피하여 자율체계를 수립한다.

4) 상담과정

상담과정을 초기, 중기, 종결 단계로 구분하고 주요 내용을 제시하면 다음과 같다.

- 초기
  - 내담자와 치료계약 수립하기, 도피구 폐쇄하기
  - 내담자 문제 탐색 및 문제의 기원 이해하기
  - 대화 중 감정 자각과 감정다루기
- 중기
  - 게임 분석, 인생각본 분석, 라켓체계 분석하기
  - 라켓감정과 핵심감정을 이해하고 애도하기
  - 각본신념 수정하기
  - 라켓체계를 자율체계로 수정하기
- 종결
  - 재결단 작업하기
  - 성과 다지기
  - 상담 종결하기

5) 상담 개입

① A씨는 자신의 말을 들어주는 사람이 그동안 아무도 없어 너

무 답답하였다. 그간의 억울함을 해소하고 싶은 욕구가 있다. 동생들로부터 큰언니, 누나로서 이해받고 싶고 엄마와 아버지로부터 이해받고 싶다. 공부를 잘하지 못한다는 이유로 인정해 주지 않는 것에 대한 억울함과 분노가 있다.

➡ 매 회기마다 내담자의 감정에 대한 깊은 공감은 상담자가 해야 할 필수적인 일이다. 공감 혹은 감정반영을 통해 내담자는 자신의 정서를 자각하기도 하고 해소하기도 한다. 깊은 공감은 깊은 탐색의 길로 안내한다.

② 동생으로부터 무시와 폭언을 당해도 부모는 자신을 보호하지 않는다. 무시하라고만 한다. 엄마는 나를 응원하지 않는다. 첫째 딸이 모든 것을 감당해야 한다고 한다. 지금껏 열심히 공부하며 좋은 딸로 인정받고자 노력해 왔지만 이제는 힘들다. 포기하고 싶다. 아무하고도 말하고 싶지 않다. 다들 나를 미워한다.

➡ 내담자의 깊은 상실감을 이해하고 공감한다. 내담자의 각본신념이 유래된 기원을 탐색한다. 어린 시절 성장기에 경험한 가족관계를 회상을 통해 점검한다. 이를 통해 각본결정의 배경이 되는 내용을 살펴보고 초기결정의 내용들을 확인한다. 이는 상담자의 사례개념화, 즉 인생각본 분석의 중요한 자료가 된다. 동시에, 상담자는 내담자에 대한 적절한 긍정적 스트로크를 제공해야 한다. 내담자는 상담이라는 전혀 새로운 관계 경험에 놓여 있다. 심리적 재양육 과정인 것이다. 내담자는 부모로부터 받지 못했던 무조건적 긍정적 스트로크를 충분히 경험해야 한다. 이 자체로도 변화는 시작된다.

③ A씨는 실패했을 때 아빠가 실망하는 반응을 보이는 것이 매우 두렵다. 오로지 성공하는 모습만 보여 주고 싶다. 엄마에게 의지하고 싶지만 혼자 모든 것을 해결해야 한다는 외로움과 두려움이 매우 크다. 공부를 하는 것은 자신의 미래를 위해서가 아니라 '무시' 당하지 않기 위해서였다. 자신을 위한 공부를 하지 못하였다.

➡ 부모에게 하고 싶은 말을 충분히 하도록 안전한 장을 펼쳐 준다. 빈 의자를 활용하거나 상담자가 역할을 대신하는 역할극을 할 수도 있다. 역할극을 통해 아버지에게 하고 싶은 말을 표현하게 한다. 특별히, 과거 아버지와의 경험을 떠올리게 하고 그 시기로 돌아가는 심상작업을 수행한다. 그 장면에 머물러 생생하게 그려보고 아버지에게 들었던 말을 떠올리게 한다. 이어서 아버지에게 하고 싶었던 말, 했어야 했던 말들을 표현하도록 한다. 상담자는 촉진자, 지지자, 안내자로서의 위치를 잊지 않는다. 시간을 고려하여 다음 회기에 어머니를 포함한 가족들 전체로 표현의 대상을 넓혀 간다. 내담자와의 역할극 이후의 정리 과정에도 주의한다. 내담자의 정서 상태와 경험을 짚어보고, 이를 통한 의미를 살펴본다. 정서 체험이 신념의 변화와 행동의 변화로 이어지도록 촉진한다. 각본신념의 변화와 행동 변화는 재결단을 통해 이루어진다. 따라서 충분한 정서 경험을 토대로 추후 재결단을 염두에 둔 개입을 고려한다. 이는 여러 회기를 통해 반복적으로 수행해야 하는 작업이다. 각본을 다시 작성하고, 라켓체계를 자율체계로 바꾸어야 하기 때문이다. 상담자는 내담자가 궁극적으로 찾아가야 할 목표 지점을 늘 염두에 두어야 한다.

2. 사례 ❷ "내가 어떤 사람인지 알고 싶어요!"

1) 사례 개요

- 인적사항: 남자, 대학교 3학년, 2남 중 차남
- 호소문제
  - 우울하다.
  - 마음이 굳어가며 모든 것에 감흥이 없다.
  - 늘 부정적으로 생각한다.
  - 공무원 시험 합격에 대한 부담감이 너무 크다.
- 가족배경
  - 부(55): 대졸, 자영업, 말수가 적고 자기주장이 강함, 대인 관계가 원활하지 못함
  - 모(51): 고졸, 자영업, 고집이 세고 완벽주의자임, 통제하고 간섭하며 예민함
  - 형(24): 대학생, 고집이 세고 타인을 배려하지 않음, 내담자 와 자주 다툼
- 자아상태와 인생태도 검사

구분	CP (U-)	NP (U+)	A	FC (I+)	AC (I-)
Ego-gram	23	27	20	24	26
OK-gram	24	35		20	38

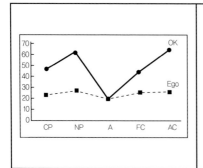

| 자아상태의 차이가 크지 않아 프로파일이 특정 유형을 보이지 않음. 자아기능의 활성화가 필요함. 자기부정-타인긍정의 인생태도를 보임. 자아상태와 인생태도 간의 점수 차이가 크게 나타남으로써 인생태도와 실제 자아기능 간에 괴리가 큰 것으로 판단됨 |

2) 사례 분석

(1) 교류방식

전반적으로 모든 문제에 대해 억압하고 회피하는 경향이 심하여 결국 타인과 자신으로부터 고립되는 결과를 야기한다. 심한 스트레스를 받으면 피로감과 함께 일시적인 해리 상태를 보이며 접근 자체를 차단한다.

(2) 대인관계

인간관계를 맺는 능력의 제한, 사회적 고립과 위축, 친밀한 대인관계에 대한 불안감이 심하고, 타인과는 즉각적인 주의를 요구하는 명백한 문제에 대해서만 이야기가 원활하다. 평소에는 은유적인 방식으로 의사소통하는 등 부적절한 생각과 행동으로 사회적 부적응을 초래한다. 타인의 반응을 예측하지 못하는 상황이나 거절에 대한 두려움과 불안으로 대인관계를 피하면서도 채워지지 않는 부분에 대해 불편해한다.

(3) 사고영역

주의집중 곤란이 심하고 사고 개연성이 부족하며 세부적인 것에 집착하여 전체를 보지 못한다. 힘들 때면, 비현실적이고 자폐적인 상상의 세계로 빠져든다.

(4) 정서, 성격문제

심한 우울감, 정서적 위축, 불안정감, 혼란감, 양가감정 등의 고통스러운 감정을 경험한다. 정서적 느낌에 따라 자신의 상태와 상황의 의미를 판단하는 경향이 심하며, 감수성을 제한하고 죽이려는 시도 때문에 표면적으로 냉담하고 무관심해 보인다.

(5) 가족관계

받아들여지지 않을 것이라는 무력감에 부모에게 자신이 원하는 것을 말하지 못하고 오히려 죄책감을 느낀다. 부모의 간섭과 통제에 쉽게 영향을 받으며 그런 자신을 지키는 의미로 특정 영역을 완벽히 감춘다. 현재 공무원 시험 준비가 부모의 강압인지, 내가 원하는 것인지가 혼란스러워 공부를 하지 못하고 있다.

(6) 발달사

기질적으로 유난히 겁이 많고 수동적이며 대인관계 욕구가 적었던 내담자는 부모의 애정과 관심을 유발하지 못하고 기본적인 애착행동을 학습하지 못했다. 가족 간의 정서적 교류가 적고 냉담하여 타인과의 관계형성에 대한 강화를 받지 못했고 의사소통 기술도 학습하지 못하였다. 그 누구와도 끈끈한 친밀감이나 애정을 충분히 느껴보지 못했던 내담자는 중학교 시절 비하, 거절, 모욕에 반복적으로 노출되면서 우울해졌으나 이에 대해 의논할 사람이 아무도 없었다. 이로 인해 내면에 '사람들은 나를 거절하고 싫어한다, 존재하지 마라.'와 같은 부정적인 자기 결단을 하게 되었고 이와 관련된 심한 우울감과 분노감이 남았을 것이다. 대인관계에 현저한 불신을 느끼게 되었기 때문에, 환경으로부터 방어적으로 거리를 두는 것, 감정을 격리시키는 것을 학습하였을 것으로 추론된다. 이는 자기와 타인 및 세상에 대한 각본신념을 형성하는 데 기여하였을 것이다.

대학에 와서도 친밀한 관계를 만들지 못하고 소외감과 단절감을 안고 고립된 생활이 반복되었고, 대인관계에서 만족을 얻을 수 없다는 좌절감에 더욱 우울해졌다. 대인관계에서 적절한 즐거움과 만족감을 충족시키지 못하므로 점차 사회적으로 철수하여 자기 자신에게 몰입하였으며 무가치감에서 비롯되는 우울감에 끊임없이 시달리고 괴로웠으나, 이를 상상을 통해 방어하는 과정에서 내담자의 라켓체계 형성과 순환에 주요한 동인으로 작용한 것으로 판단된다.

사고와 감정을 억제하려는 노력은 내면의 정서나 생각과의 불일치로 인한 고통으로 간섭받기 때문에 인지적 명료성이 떨어졌을 것이며, 과도한 자극상황에서 철회하여 숨어버림으로써 불안과 적대감이 스탬프로 쌓여 라켓감정과 심리게임의 기폭제가 되었을 것으로 보인다.

3) 상담목표 및 계획

(1) 계약 및 상담관계 수립

상담에 관한 계약, 도피구 폐쇄, 사회적 고립을 줄이는 건전한 치료적 관계를 수립한다. 관계 기술을 터득하고 거부에 대한 불안을 극복해 가며 현실적인 대인관계가 보람 있고 즐겁다는 체험을 하게 한다.

(2) 인지적 방략: 각본신념 다루기

내담자가 회피를 멈추고 원하는 가치를 추구하는 방법을 찾아 선택하도록 한다. 정서적 느낌보다는 객관적 증거에 의거하여 자신의 사고를 평가하고, 정서와 사고에 거리를 두고 있는 그대로 바라보도록 연습한다. 부적절한 생각을 무시하고, 그런 생각에 따라 감정적 혹은 행동적으로 반응했을 때의 결과가 어떠할지 고려해 보도록 연습한다.

(3) 체험적 방략: 라켓감정 다루기

과거 고통스러웠던 거절과 단절의 경험으로 돌아가 공감과 이해의 욕구를 인식하고 이를 주지 않은 부모와 또래들에게 충분히 분노를 표출하고 애도하며, 궁극적으로 위로받고 수용 받지 못한 슬픈 어린아이가 수용되고 위로받도록 한다.

(4) 행동적 방략: 재결단하기

사회적 기술 훈련과 적절한 언행의 모방학습을 통해 사회적으로 적절한 행동을 증진시킨다. 내담자의 적절한 자기표현과 주장을 위해 가족관계를 포함하여 사회적 상황을 위계로 정하고 적절한 반응을 연습한다. 역기능적인 부모명령과 금지명령을 허가와 수용, 애도를 통해 긍정적이고 기능적인 내용으로 수정한다.

4) 내담자 분석

상담과정 및 회기별 상담종료 이후, 상담자는 상담자로서의 자기 자신과 내담자에 대한 지속적인 분석을 수행해야 한다. 즉, 상담 중에 보이는 내담자의 변화, 내담자의 자원, 신념, 자신이 통찰한 점, 개입의 의도, 기법 등을 분석하고 평가하는 것은 상담자의 자기 성장에 중요한 밑거름이 된다. 따라서 사례와 관련한 내담자 분석 및 상담자 분석 내용을 소개한다.

(1) 상담과정 중 내담자 상태변화에 대한 분석

A자아의 힘으로 자신의 어린 시절을 잘 탐색하고 있다. AC의 순응적인 모습에서 점차 FC의 자유로운 아이의 모습이 자라나고 있다. 정서적으로 억압되어 있는 것을 회복하려면 오랜 시간이 필요하다. 내담자는 상담을 통해 자신이 거부되지 않고 받아들여지는 경험을 하는 가운데 자신에 대한 긍정성과 마음의 안정을 찾아가고 있다.

(2) 내담자의 자원은 무엇이며, 실제로 문제해결을 위해 무엇을
    시도하는가

A자아이다. 정확한 정보를 통해 오염된 P와 C의 내용을 알게
되면서 자율성이 회복되는 힘이 있다. 내담자는 적극적으로 상담
에 임하고 있다. 자신이 원하는 것이 잘못된 것이 아니라는 것을
자각하고 있다.

(3) 교류 분석적 평가(심리학적)

어린이 자아가 오염되어 있다. 안전기지가 약한 내면의 어려움
을 정서적 공감을 통해 지지해 주고 재결단을 통해 초기결정을 수
정해야 한다. 무조건 참고 살아야 했고, 희생적인 삶을 강요당한
각본을 타파하여 자신의 욕구와 원함을 돌보는 힘을 키워야 한다.
라켓체계를 수정하여 자율체계로 전환시켜 자-타 긍정의 인생태
도를 갖게 한다.

(4) 내담자의 신앙이나 신학적 신념이 내담자의 삶에 미치는 영
    향은 무엇인가

내담자가 소유한 특정한 신앙이나 신학적 신념은 찾아볼 수
없다.

5) 상담자 분석

(1) 치료관계 형성 과정에 대한 분석

내담자는 상담자를 신뢰한다. 상담자는 내담자를 존중하고 진

실하게 대함으로써 협력적인 상담 관계가 형성되어 있고 이는 갈
수록 견고해질 것이다.

(2) 상담자 자신에 대한 통찰: 상담 전, 상담 중, 상담 후에 상담
    자의 감정변화

상담 시작 전에 내담자가 보이는 눈물로 인해 마음이 먹먹했다.
상담이 진행되면서 내담자가 차분하게 자신의 이야기를 내어놓기
시작했다. 이 과정에서 점차 자신을 비난한 행동이 적절하지 못했
음을 통찰하고 각본을 이해하며 재결단을 향한 동기를 갖기 시작
하였다.

(3) 상담자의 개입의 의도: 내담자를 위해 무엇을 하려고 했는가

무조건적인 존중과 무조건적이고 긍정적인 스트로크, 정확한
공감적 반영을 통해 내담자가 자신의 각본을 알아차리는 데 주력
하였다. 공생과 오염을 통해 형성한 감정의 덩어리를 객관화하
고 핵심감정을 표현하도록 A자아를 활성화하는 것을 목표로 하
였다.

(4) 상담자가 주로 적용한 기법은 무엇인가

감정반영을 통한 공감, 일치성, 무조건적 긍정적 존중, 경청과
주의집중, 빈 의자 기법, 역할극, 심상화 작업, 재결단, 제한적 자
기 양육 등을 적용하였다.

(5) 상담자의 신앙이나 신학적 신념이 상담에 미친 영향은 무엇
   인가

   상담자의 종교나 가치, 신념 등이 내담자에게 영향을 주지 않도
록 최대한 중립적인 위치에 서고자 하였다. 내담자는 그 자체로
무조건 OK라는 자세를 견지하였다.

8장
공헌과 과제

교류분석은 일반적으로 발달이론, 성격이론, 의사소통이론, 심리치료이론, 정신병리이론 등 여러 이름으로 불린다(Stewart & Joines, 1987). 그만큼 다양한 개념을 포함하고 있고 여러 분야에 적용 가능한 탁월한 이론으로 볼 수 있다. 실제로 교류분석에 관여한 여러 학자들이 교류분석이론의 뛰어난 점을 강조하고 있다. 하지만 교류분석의 공헌 점에 대한 구체적인 설명을 찾아보기란 쉽지 않다. 물론, 교류분석의 한계나 과제를 언급한 내용도 찾기 어렵다는 점은 마찬가지이다. 교류분석이론이 보다 발전하기 위해서는 공헌과 향후 과제를 짚어 보는 노력이 필요하다. 공헌 점을 살펴봄으로써 이론에 대해 관심과 애착을 갖게 될 것이고, 그 과정에서 자부심도 갖게 될 것이다. 향후의 과제를 통해서는 이론의 한계나 부족한 점을 보완할 방안을 찾게 됨으로써 건설적인 발전을 도모할 것으로 기대된다. 또한 이론에 대한 맹목적인 추종이나 오·남용을 방지하는 데에도 기여할 것으로 본다.

우선, 교류분석이론의 공헌 점을 살펴보면 다음과 같다.

첫째, 교류분석은 통합적 상담이론으로서 상담 실제에 기여하였다. 여기서 통합적이라는 것은 인간을 이해하는 일반적인 관점인 인지, 정서, 행동, 신체, 영성적 관점 모두를 취하고 있음을 의미한다. 상담심리학의 주요 이론들 중에서 이러한 통합적 관점을 취하는 이론을 지목하기란 쉽지 않지만 비교적 최근에 소개된 이론인 심리도식치료(Young, 2003)는 통합적인 이론으로 간주할 수 있다. 단일 이론이 통합적인 성격을 띠고 있다는 것은 상담의 활용 측면에서 선택지를 넓혀 주는 것이며 상담 수월성을 제고한다. 상담자의 입장에서 한 이론으로 내담자의 인지, 정서, 행동 모두를 짚어 보고 개입할 방략을 수립할 수 있다는 점에서 사례에 대한 이해와 성과를 높여 준다. 통합적인 이론을 활용하지 않는다면, 일반적으로 인지, 정서, 행동 등 하나의 관점에 특화된 단일 이론을 채택하여 적용하거나 여러 이론을 절충해서 사용하는 절충적 개입을 하게 된다. 어떤 이론이나 접근이든 상담자의 능력에 따라 상담의 성과는 달라진다. 특정한 이론이나 개입 방략이 상담 효과를 보장할 수는 없다. 하지만 통합적인 단일 이론을 깊이 이해하고 연마함으로써 내담자 문제의 기원과 촉발 요인 및 지속 요인을 평가하고 개입하는 일련의 과정에서 해당 이론에 근거한 일관된 방향을 견지할 수 있다. 교류분석이론은 인지와 정서 및 행동은 물론이고 신체증상과 영성의 영역까지 포함하고 있으며 이들을 변화시키는 구체적인 변화 방략을 제시한다. 단일 이론으로서 다른 어떤 이론보다 통합적이고 구체적이면서도 다양한 개념과 방략들을 담고 있다.

둘째, 교류분석이론은 인간에 대한 이해의 지평을 넓혀 주었다. 한 개인을 이해한다는 것은 결코 쉬운 일이 아니다. 특히, 상담 장면에서 만나는 내담자의 문제를 인간 이해의 관점에서 통찰하는 것은 특별한 노력과 전문성을 필요로 한다. 심리학은 인지, 정서, 행동 등의 측면에서 인간을 이해하기 위해 부단히 노력해 온 산물이다. 따라서 심리학 이론은 일종의 지도나 나침반과 같다. 오랜 시간의 연구와 검증을 거쳐 경험적으로 수용된 것이다. 따라서 이론적 틀에서 개인이나 내담자에 대한 이해를 시도하는 것이 보다 타당하며 신뢰할 수 있는 접근이라 할 수 있다. 기존의 검증된 이론이 아니라면 각자가 경험을 통해 훈습한 지식이 이해의 바탕이 된다. 이 경우, 신뢰성과 타당성에 심각한 의문이 제기될 수밖에 없다. 따라서 누구보다 상담자는 검증된 이론의 틀 속에서 인간을 이해하는 전문가로서 자리매김해야 한다. 그러면 어떤 이론을 선택하여 인간 이해의 지도로 삼을 것인가? 인간의 복잡성과 이해의 어려움을 감안할 때 다양한 개념을 통해 다면적으로 바라볼 수 있는 도구일수록 효과적일 것이다. 교류분석이론은 자아상태 구조와 기능, 구조병리, 심리게임, 인생각본, 라켓체계, 시간구조화, 스트로크, 교류패턴, 재결단 등과 같은 다양하면서도 명확한 개념들을 담고 있다. 하나의 개념만으로도 개인의 문제에 대한 심층적인 이해가 가능할 만큼 깊이가 있다. 호소하는 문제를 중심으로 다층적이고도 다면적인 분석이 가능하다. 이러한 점에서 교류분석이론은 인간에 대한 심층적인 이해에 기여를 하고 있다.

셋째, 교류분석이론은 '재결단'을 변화의 핵심 요인으로 강조함으로써 실존주의적 인식을 극대화하였다. 재결단은 역기능적인 초기결정을 수정하는 것이다. 패배적인 인생각본의 주요 토대인 초기결정의 부정적인 내용들을 제거하거나 긍정적인 내용들로 변경하는 작업이다. 초기결정은 전 생애에 걸쳐 영향을 준다. 인생 태도와 방향에 대한 결정이므로 운명과도 같은 것이다. 초기결정의 상황과 당시의 결정 내용을 구체적으로 기억해 내는 것은 어렵다. 하지만 결정을 내린 당사자는 다름 아닌 바로 '나' 자신이다. 자신의 삶과 운명에 대한 결정을 내린 주체가 '나'라는 것이다. 따라서 그 결정에 대해 온전하게 책임을 져야 한다. 누구에게도 핑계를 댈 수 없다. 모든 행동은 자신이 선택한 결과이다. 어떤 형태의 생각이나 감정도 모두 내가 선택한 결과이다.

같은 맥락에서 선택과 책임을 강조한 선택이론은 우리가 태어나서 죽을 때까지 하는 모든 것이 행동이며, 모든 행동은 선택된다고 보았다. 심지어, 알츠하이머 치매, 간질, 두뇌 외상, 뇌 감염과 같이 명백한 뇌 손상과 관련된 경우만 정신적 질병이며 그 이외의 모든 증상이나 행동은 선택의 결과이다(Glasser, 2001).

상담심리학의 주요 이론들에서 제시하고 있는 내담자의 변화에 기여하는 핵심적 치료 요인을 살펴보면, Freud의 정신분석이론은 반복적인 '통찰(insight)'을 통한 '훈습'이 이에 해당한다. Adler 이론은 '격려' '재교육' 등을 꼽을 수 있고, 인간중심이론은 상담자의 일치성, 무조건적 긍정적 존중, 정확한 공감적 이해 등의 경험을 통한 '자기실현'이 이에 해당한다. 게슈탈트 이론은 '알아차림'과 '접촉', 인지행동이론에서는 '합리적 해석' 등을 변화를 위한 핵심적 치료 요인으로 제시하고 있다. 실존주의이론은 선택이론과 같은 맥락에서 선택이나 책임을 강조하고 있지만, 내담자의 '존재에 대한 자기 인식' '의미 찾기' 등이 더 부각된다. 이론마다 사용하는 용어는 조금씩 다르지만 결과적으로 어떤 이론이든 내담자의 '선택과 책임'이라는 지점에서 합류하는 것으로 이해할 수 있다.

교류분석이론에서는 자아상태의 구조, 자아상태의 기능, 구조병리, 인생태도, 인생각본, 라켓체계, 자율체계, 시간구조화, 스트로크, 디스카운트 등의 여러 개념들이 등장하는데, 이들과 근본적으로 연결되어 있는 것은 초기결정의 문제라고 할 수 있다. 모든 병리적이고 역기능적인 문제의 기저에는 부정적이고 패배적인 내용의 초기결정이 자리하고 있다. 교류분석이론에서는 이러한 초기결정의 내용을 수정하고 변화된 삶으로 나아가기 위한 궁극적인 해결책으로 '재결단'을 제시하고 있다. '선택(選擇)'이 여러 개의 선택지 중에서 어느 하나를 골라 뽑는 것이라면, '결단(決斷)'은 선택을 포함할 뿐만 아니라 속박이나 장애물을 칼로 끊어버리는 것과 같은 매우 확고하고도 단호한 의사결정 행동이다. 따라서 '결단'은 '선택'보다 주체적이고 실존적이며 변화의 강력한 동인으로 작용할 수 있다. 심리적 고통과 갈등을 유발하는 수많은 문제를 정리하고 변화를 경험하기 위해서는 무엇보다 '결단'이 필요하다. 크고 작은 '결단'을 수없이 반복하는 과정에서 변화를 경험할 수 있기 때문이다. 과거의 역기능적인 패턴들은 '결단'이라는 단호한 조치가 없이는 결코 쉽게 작별할 수 없는 것들이다. 교류분석은 삶에 대한 주체성과 심리적 독립을 위해서 '재결단'할 것을 지속적으로 요구한다. 재결단을 내리는 주체는 다른 사람이 아닌 바로 '나' 자신이다. 이런 점에서 교류분석은 내담자의 선택과 책임이라는 실존주의적 인식을 극대화한 이론으로 평가할 수 있다.

넷째, 교류분석이론은 다른 상담심리학 이론들에서 제시하는 기법들을 통합하기에 용이하다. 실제로 다양한 상담 이론과 기법들은 교류분석의 이론적 토대와 양립시킬 수 있는 것으로 분석되었다(Stewart & Joines, 1987). 교류분석은 정서적인 측면에서는 게슈탈트이론을, 인지적 측면에서는 인지행동이론과 통합한 것으로 볼 수 있다. 또한, 결정론적 측면에서는 정신분석이론과 대상관계이론 및 애착이론을 통합한 것이며 실존적 관점에서는 실존주의이론, 인간중심이론, 선택이론을 통합한 것으로 볼 수 있다. 교류분석상담자들은 정신분석이론에서부터 수용전념치료나 마음챙김, 신경언어프로그래밍과 같은 수많은 다른 이론의 개념과 기법들을 활용할 수 있다(Stewart & Joines, 1987).

한편, 이상과 같은 공헌점에도 불구하고 교류분석이론이 해결해야 할 과제도 적지 않다. 우선, 타 이론에 비해 활용되는 정도가 낮은 것으로 판단된다. 이는 교류분석이론을 주요 상담이론으로 활용한 상담사례를 찾기가 쉽지 않다는 점에서 확인된다. 예를 들면, 국내의 주요 학회 상담사례발표회에 올라오는 사례들에서 교류분석이론을 적용한 사례를 만나기가 어렵다. 따라서 교류분석상담전문가의 양성과 교류분석이론의 보급이 보다 확장적으로 이루어져야 한다.

둘째, 교류분석이론의 개념적 유용성과 상담 효과성에 관한 과학적 연구 노력이 강화되어야 한다. 교류분석이론의 풍부한 개념과 현장 활용도에 비해 이를 뒷받침할 체계적 연구 노력은 미흡한 측면이 있다. 1982년부터 2018년까지 약 40년간 국내에서 수행된 교류분석 관련 연구 동향을 살펴본 바, 석·박사 학위논문이 161편, 학술논문이 108편으로 총 269편으로 집계되었다. 이는 동일한 기간에 대상관계이론 관련 연구가 26,070편, 정신분석이론 관련 연구가 5,213건에 이르는 점에만 비추어 보아도 현저히 낮은 수준이다. 그간 발표된 269편의 연구 내용을 보면 교류분석이론을 활용한 프로그램 효과성을 측정한 것이 약 45%에 이르고 특정 개념의 효과나 변인 간의 관련성을 직접적으로 다룬 연구는 약 2% 정도에 지나지 않는다. 개념으로는 유일하게 '자아상태'에 대해서만 연구가 이루어졌다. 이러한 현상은 교류분석이론 관련 연구가 여러모로 미진함을 말해 준다. 따라서 교류분석의 여러 개념들이 상담 실제에서 어떠한 효과를 보이는지, 수많은 심리적 변인들과의 관련성은 어떠한지 등에 관한 양적 및 질적 연구 노력이 강화되어야 할 필요가 있다.

셋째, 교류분석이론의 여러 개념들을 일관된 표현으로 정리하는 노력이 필요하다. 교류분석이론을 국내에 소개하는 과정에서 자아상태 구조, 자아상태 기능, 구조병리, 인생각본, 라켓체계, 스트로크, 시간구조화, 디스카운트, 재결단 등과 같은 여러 개념들에 대한 일정한 합의가 없이 학자들마다 다양한 용어로 번역하여 현장에 소개하여 왔다. 이로 인해, 어떤 용어가 정확한 표현이고, 또 어떤 용어를 사용해야 하는지에 대한 혼선이 발생하고 있다. 예를 들면, 재결정과 재결단, 라켓체계과 라켓체계, 생활각본과 인생각본, 어버이 자아와 부모 자아, 성인 자아와 어른 자아, 금지령과 금지명령 등과 같은 용어의 혼용이다. 따라서 교류분석의 여러 용어를 일관되게 정리하여 보급하는 작업이 필요하다. 동시에, 용어의 단순한 정리에서 나아가 개념의 이해와 활용도를 높이기 위한 차원에서 친숙하고 이해하기 쉬운 용어를 제시하는 창의적인 노력이 요구된다. 이러한 노력은 교류분석이론의 대중화와 더불어 교류분석상담의 효과성 제고에도 기여할 것이라는 점에서 관련 학도들과 연구자들의 분발이 촉구된다.

마지막으로, 교류분석이론의 토착화를 위한 노력이 필요하다. 교류분석이 국내에 소개된 이후, 현재까지 우리나라의 문화적 요소를 반영한 학술연구나 저서 등은 찾아보기 어렵다. 앞서 언급하였듯이, 관련 연구 자체가 부족한 상황에서 교류분석이론의 토착화를 기대하는 것이 어쩌면 시기상조일수도 있다. 하지만 그 필요성만큼은 부인하기 어렵다. 우리나라 사람들만의 독특한 심리적, 행동적 특성이 있고, 우리나라만의 고유한 문화적 특성이 있기 때문이다. 예를 들면, 한국인은 효도, 자손의 번창, 평화, 명예, 인간관계, 정(情) 등을 중요한 가치로 여긴다(차재호, 1994). 또한, 우리의식(weeness), 눈치, 체면, 핑계, 의리, 한(恨) 등과 같은 심성을 특징으로 한다(최상진, 2000). 더불어, 한국 문화는 대인관계를 중시하는 '상호의존적 문화', 유교적 전통에 영향을 받은 '권위적 문화', 감정 표현을 억제하는 '억제적 문화', 의사소통의 많은 부분을 비언어적으로 하는 '비언어적 문화', 자신의 길흉화복(吉凶禍福)을 초자연적인 신과 같은 외부적 요인에 의한 것으로 보고 사주궁합, 풍수지리, 점(占) 등에 의존하는 '투사적 문화'의 특징을 지니고 있다(권석만, 2013).

이러한 문화적 특성은 구성원의 가치관, 사고방식, 정서반응, 행동양식 등에 영향을 미친다. 집단주의적 특성을 보이는 우리 문화는 서구 사회의 조직문화에 비해 대인관계에서 상당한 스트레스와 갈등으로 작용할 수 있다. 그럼에도, 우리 문화에서는 개인의 부정적 감정을 억제하거나 소극적인 방식으로 표현하는 것을 미덕으로 여기는 경향이 있다. 우리나라 사람들에게서 높은 유병률을 보이는 화병(火病)은 문화특수적 증후군으로써 유독 여성에게서 흔히 나타나는 심리적 증상이기도 하다. 이러한 점들을 고려할 때, 우리나라 사람들의 독특한 특징과 문화적 특성을 반영한 교류분석상담을 전개하는 노력이 필요하다. 즉, 개인의 자아상태 구조와 기능, 구조병리, 인생각본, 심리게임, 라켓체계, 디스카운트 등의 형성과 발생과정에 문화적 요인 및 이와 관련된 내용들이 포함되어 있을 개연성이 매우 높다. 따라서 우리나라 사람들의 심리적, 행동적 특성과 한국문화를 고려한 차별화된 분석과 진단 및 개입을 제공하자는 것이다. 이를 위해 토착화된 교류분석상담의 절차와 방법을 마련하는 노력이 이루어져야 할 것이다.

참고문헌

가족연구소 마음 역(2016). TA 심리상담 100가지 핵심기법. 서울: 시그마프레스.

권석만(2013). 현대 이상심리학(2판). 서울: 학지사.

김병석, 서은경, 이연미, 고은영, 고경희, 김수영, 유순덕, 조중신 역(2011). 공감 그 이상을 추구하며-진정한 만남을 통한 상담. 서울: 학지사.

박의순, 이진선 역(2008). TA 상담과 심리치료 기법. 서울: 시그마프레스.

박현주 역(2009). 에릭 번. 서울: 학지사.

양명숙, 김동일, 김명권, 김성회, 김춘경, 김형태, 문일경, 박경애, 박성희, 박재황, 박종수, 이영이, 전지경, 제석봉, 천성문, 한재희, 홍종관(2013). 상담이론과 실제. 서울: 학지사.

우재현(1995). 임상교류분석(TA)프로그램. 대구: 정암서원.

우재현(2006). 심성개발을 위한 교류분석(TA) 프로그램. 대구: 정암서원.

이영호, 박미현 역(2015). 마음을 여는 열쇠-교류분석을 통한 정서활용. 서울: 학지사.

임현정(2005). 음악활동이 교류분석에 기초한 성인의 자아상태 변화에 미치는 영향. 숙명여자대학교 대학원 석사학위논문.

제석봉, 최외선, 김갑숙 역(2010). 현대의 교류분석. 서울: 학지사.

차재호(1994). 문화설계의 심리학. 서울: 서울대학교 출판부.

최상진(2000). 한국인 심리학. 서울: 중앙대학교 출판부.

최외선, 최웅용, 김갑숙, 제석봉 역(2013). TA상담의 실제. 서울: 학지사.

한국교류분석임상연구회 역(2009). 교류분석 상담의 적용. 서울: 학지사.

Atwood, G. E., & Stolorow, R. D. (1979). *Faces in a cloud: Intersubjectivity in personality therapy.* Oxford. England: Rowman

& Littlefield Publishers.

Ayres, A. (2006). The only way out: A consideration of suicide. *Transactions Issue, 4*, 4-13.

Bandura, A. (1986). *Social foundations of thought and action: A social cognitive theory.* Englewood Cliffs, NJ: Prentice-Hall.

Baumeister, F., & Leary, R. (1995). The need to belong: Desire for interpersonal attachments as a fundamental human motivation. *Psychology Bulletin, 117*(3), 497-529.

Berne, E. (1957a). Ego States in Psychology. *American Journal of Psychology, 11*(2), 293-309.

Berne, E. (1957b). Intuition V: The ego image. *The Psychiatric Quarterly, 31*, 611-627.

Berne, E. (1961). *Transactional analysis in psychotherapy.* New York: Grove Press.

Berne, E. (1964). *Games people play.* New York: Grove Press.

Berne, E. (1966). *Principles of group treatment.* New York: Oxford University Press.

Berne, E. (1972). *What do you say after you say hello?* New York: Grove Press.

Berne, E. (2010). *A Montreal childhood.* Sevilla, Spain: Jeder.

Boyd, L., & Boyd, H. (1980). Caring and intimacy as a time structure. *Transactional Analysis Journal, 10*(4), 281-283.

Capers, H., & Holland, G. (1971). Stroke survival quotient-or stroke grading. *Transactional Analysis Journal, 1*, 40-41.

Clarke, S. L. (2011). *Clarke's dictionary of transactional analysis.* Peace Imprint.

Clarkson, P. (1992). *Transactional analysis psychotherapy: an integrated approach.* London: Routledge.

Drye, R. (2006). The No-Suicide Decision: Then and Now. *The Script, 36*(6), 3-4(reprinted in ITA News, 27: 1-6).

Drye, R., Goulding, R., & Goulding, M. (1973). No-Suicide decision:

Patient monitoring of suicidal risk. *American Journal of Psychiatry,* *130*(2), 118-121.

Dusay, J. M. (1977). *Ego-grams.* New York: Harper and Row Publishers.

English, F. (1971). The substitution factor: Rackets and real feelings. *Transactional Analysis Journal, 1*(4), 225-230.

English, F. (1972). Rackets and real feelings, Part II. *Transactional Analysis Journal, 2*(1), 23-25.

English, F. (1981). Letters to John McNeel, Editor, TAJ and Dr Eric Berne. *Transactional Analysis Journal, 11*(1), 46-49.

Erskine, R., & Zalcman, M. (1979). The racket system: A model for racket analysis. *Transactional Analysis Journal, 9*(1), 51-59.

Erskine, R., Moursund, J., & Trautmann, R. (1999). *Beyond empathy.* Taylor & Francis.

Erikson, E. H. (1963). *Childhood and society* (2nd ed.). New York: Norton.

Freud, D. (1949). *An outline of psychoanalysis.* New York: Norton.

Glasser, W. (2001). *Counseling with choice theory.* New York: Harper.

Goulding, M., & Goulding, R. (1976). Injunctions, decisions and redecisions. *Transactional Analysis Journal, 6*(1), 41-48.

Goulding, M., & Goulding, R. (1979). *Changing lives through redecision therapy.* New York: Bruuner-Mazel.

Haimowitz, M. (1974). Twenty-five strokes. *Transactional Analysis Journal, 4*(1), 5-6.

Halloway, M. M., & Holloway, W. H. (1973). *The Contract setting process* in the monograph series of midwest institute for human understanding Inc. Medina, Ohio: Midwest Institute for Human Understanding.

Harper, R., & Ellis, A. (1969). *A guide to rational living. New York:* Image Book Company.

Harris, A. (1969). *I'm OK-You're OK.* New York: Avon Books.

Heathcote, A. (2016). Eric Berne and Loss. *Transactional Analysis*

Journal, 46(3) 232-243.

Horewitz, J. (1977). *Family therapy and transactional analysis*. Jason Aronson.

James, M., & Jongeward, D. (1971). *Born to win: Transactional analysis with gestalt experiments*. Reading: Addison-Wesley.

Jorgensen, E. W., & Jorgensen, H. I. (1984). *Eric Berne: Master gamesman. A transactional biography*. New York, NY: Grove Press.

Kahler, T. (1978). *Transactional analysis revisited*. Little Rock: Human Development Publication.

Karpman, S. (1971). Option. *TA Journal, 1*(1), 78-87.

Lister-Ford, C. (2002). *Skill in transactional analysis counselling & psychotherapy*. Sage Publications.

McKenna, J. (1974). The stroking profile. *Transactional Analysis Journal, 4*, 20-24.

Minuchin, S., & Fishman, H. (1981). *Family therapy techniques*. Harvard University Press.

Mothersole, G. (1996). Existential realities and no-suicide contracts. *Transactional Analysis Journal, 26*(2), 151-159.

Schiff, A., & Schiff, J. (1971). Passivity. *Transactional Analysis Journal, 1*(1), 71-78.

Seligman, M. E. P. (1975). *Helplessness: On depression, development, and death*. San Francisco. CA: W. H. Freeman.

Spitz, R. A. (1965). *The first year of life*. New York: International Universities Press.

Steiner, C. (1974). *Scripts people live: Transactional analysis of life scripts*. New York: Grove Press.

Stewart, I. (1989). *Transactional analysis counselling in action*. London: Sage.

Stewart, I. (1992). *Eric Berne*. London: Sage.

Stewart, I. (1996). *Developing transactional analysis counselling*.

London: Sage.

Stewart, I. (2007). *Transactional analysis counselling in action.* London: Sage.

Stewart, I., & Joines, V. (1987). *TA Today: A new introduction to transactional analysis.* Nottingham & Chapel Hill: Life space Publishing.

Thomas, W. (1978). *A group comparison of teaching transactional analysis relative to internalization skills.* Idaho state University.

Weiner-Davis, M., deShazer, S., & Gingerich, W. (1987). Building on pre-treatment change to construct a therapeutic solution. *Journal of Marital and Family Therapy, 13,* 359-363.

Widowson, M. (2010). *Transactional analysis: 100 key points and techniques.* London and New York: Routledge.

Windholz, E. (1953). *Emanuel Windholz letter to Eric Berne, 1953-02-25.* University of California San Francisco Digital Collections. Retrieved from https://digital.library.ucsf.edu/items/show/2811

Yalom, I. (1970). *The theory and practice of group psychotherapy.* New York: Basic Books.

Young, J. F., Klosko, J. S., & Weishaar, M. E. (2003). *Schema therapy: A practitioner's guide.* Guilford Publications.

찾아보기

[인명]

[내용]

저자 소개

김장회(Kim, Jang Hoi)

인디애나대학교 대학원 교육학 석사(상담심리)
서울대학교 대학원 교육학 박사(교육상담)
현 국립 경상대학교 교육학과 교수
   국립 경상대학교 학생상담센터장
   한국교류분석상담학회 회장
   전국대학교 학생상담센터협의회 회장

이영호(Lee, Young Ho)

대구대학교 대학원 문학 석사(사회복지학)
대구대학교 대학원 철학 박사(가족상담 및 치료)
한국교류분석상담학회 초대 회장
현 인제대학교 사회복지학과 교수
   한국통합TA연구소 운영위원장
   (주)한국TA러닝센터 이사

상담 및 심리치료 이론 시리즈 8

교류분석상담
Transactional Analysis Counseling

2019년 3월 20일 1판 1쇄 인쇄
2019년 3월 25일 1판 1쇄 발행

지은이 • 김장회 · 이영호
펴낸이 • 김진환
펴낸곳 • (주) **학 지 사**

04031 서울특별시 마포구 양화로 15길 20 마인드월드빌딩
대표전화 • 02)330-5114   팩스 02)324-2345
등록번호 • 제313-2006-000265호

홈페이지 • http://www.hakjisa.co.kr
페이스북 • https://www.facebook.com/hakjisa

ISBN 978-89-997-9262-5 93180

정가 15,000원

이 도서의 국립중앙도서관 출판시도서목록(CIP)은 서지정보유통지원시스템 홈페이지(http://seoji.nl.go.kr)와 국가자료공동목록시스템(http://www.nl.go.kr/kolisnet)에서 이용하실 수 있습니다.
(CIP 제어번호: CIP2019005884)

교육문화출판미디어그룹 **학 지 사**

심리검사연구소 **인싸이트** www.inpsyt.co.kr
원격교육연수원 **카운피아** www.counpia.com
학술논문서비스 **뉴논문** www.newnonmun.com
간호보건의학출판 **학지사메디컬** www.hakjisamd.co.kr